2014 年海南省社会科学专项重点课题 HNSK(ZD)D06

海南地方史研究丛书

海口史

赵全鹏 ◎ 著

社会科学文献出版社
SOCIAL SCIENCES ACADEMIC PRESS (CHINA)

《海南地方史研究丛书》
编辑委员会

主　　　编　闫广林
副 主 编　张朔人　李长青
编委会成员（按姓氏笔画为序）
　　　　　　　闫广林　李长青　张朔人　赵全鹏
　　　　　　　阎根齐　焦勇勤

编写说明

由于地理环境和历史移民的原因，海南岛内有沿海平原地区和中部丘陵山区，有经济先发地区和后发地区，有汉族聚集地区和少数民族聚集地区，是一个宏观上多元文化共存而微观上文化个性相当鲜明的祖国宝岛。在构建面向21世纪的"海上丝绸之路"的今天，在开发建设海南国际旅游岛、打造有国际竞争力的旅游胜地的今天，加强对海南地域文化的研究，继承海南传统，弘扬海南精神，具有相当重要的价值。唯其如此，在顺利完成了国家"211工程"项目"海南历史文化与黎族研究"之后，海南省历史文化研究基地暨海南大学海南历史文化研究基地，就邀请了海南大学和海南省博物馆20位长期从事海南历史文化研究的学术同仁，成立了编委会，启动了"海南地方史研究丛书"项目。

值得庆幸的是，在项目进展的过程中，我们得到了海南大学的关怀和支持，学校为项目提供了工作经费和出版经费；也得到了海南省社会科学界联合会的鼓励和支持，批准该项目为"2014年海南省社会科学专项重点课题"；还得到了著名学者周伟民教授的理解和支持，周教授以其20多年来在海南历史文化方面的学术功力，于百忙之中拨冗为《海南地方史研究丛书》写下了精辟的序言。

凡此种种支持，一并致谢！

《海南地方史研究丛书》编委会

序

周伟民

苏轼初贬海南时写诗，结句说："他年谁作舆地志，海南万里真吾乡。"[①] 所谓舆地志，是指古代以记载一个区域内的范围、户口、特产、风俗等为内容的描述著作。

这里贡献给读者的20卷本的《海南地方史研究丛书》，就其辖地范围、治理措施、经济发展、文化教育、移民与族群分布、社会风俗、宗教信仰等七大类别内容来看，的确带有舆地志的某些性质。但本丛书是研究性著作，在研究旨趣、写作体例、叙述方法、学术规范、观念运用以及对历史文献和考古资料的处理等许多方面，又与古代的舆地志完全不同。

海南岛的历史，是以大陆移民为主体，结合黎、苗、回族和明清以后东南亚乃至欧美新嵌入的异族因素，彼此交融、相互渗透而形成的。在整个历史进程中，地理环境对于形塑海南历史的特殊性，起着至关重要的作用。

海南岛孤悬海外，远离中原的政治中心。长期以来，中原地区的战乱都没有波及海南岛，加上封建统治者对海南的管辖时紧时松，松动的时期比较长，使得海南长时间政治稳定，而且有相对的独立性。宋代苏

[①] 《吾谪海南，子由雷州，被命即行，了不相知，至梧乃闻其尚在藤也，旦夕当追及，作此诗示之》，《苏轼诗集》第7册，中华书局，1982，第2243页。

轼和明代丘濬,都论述过中原因战乱而大批汉族移民自北向南而到海南岛来居住的移民潮。因为海南的社会相对安定,移民在此发展,有些成为海南岛的大家族并形成不同地域的不同风貌。

独特的地理环境,民族的迁徙,贬官的到来以及南洋的影响,使海南逐渐形成了以热带、海洋为主要特色的文化风格,其中,以黎族文化、海洋文化、华侨文化、贬官和中原移民文化为主体,建构出海南多元文化,在中国文化多元一体的格局中独具特色。

第一是黎族文化。

黎族族群是最早迁徙到海南的族群,而与岭南地区的骆越族在文化上有许多共同的特征。例如在黎族的聚居地,最大的社会组织是"峒",峒由若干村落组成,每一个村落都有自己的标识,村落内的黎民住宅都是干栏式的茅草屋。他们密集而居、相依相助,形成非常牢固的生存体系以及社会组织——"合亩制"。在村落都有村规民约,全峒则有峒规民约。现代法学称之为"习惯法",是全村、全峒的行为准则;每个村落内部的事情,一般由各户的家长聚集在一起共同商议处理。而在众多家长中会有几名年长者,他们经验丰富、明晓事理且行事公正,很受人们尊重。人们称之为"长老"。长老对外还可以代表村落处理公务。峒的事务则由代表各村落的长老组成长老会来处理。

第二是海洋文化。

海南岛在南海中。明太祖将海南岛称为"南溟奇甸";丘濬读明太祖的"敕"文后写出《南溟奇甸赋》。但作为土生土长的海南大知识分子,却感叹"而甸之所以为奇也,容有所不能详!"为什么呢?

海南岛儋耳等地的居民,以在南海捞取珠玑、玳瑁等海产品谋生,并将产品集中运到广州出售。南海上光怪陆离的宝藏,都是陆上所没有的。这些居民以辛勤的劳作,创造了极其灿烂的海洋物质文明。

汉代,张骞出使西域,开通了中国和西亚之间一条横贯亚洲内陆的交通线。这条陆路交通线,史称"陆上丝绸之路"。但由于西方对中国的丝绸、瓷器和香料等商品需求量日增,而陆路运输运量少、速度慢,途中还有各种政治的、经济的麻烦;由于当时造船和航海技术的提高,于是出现运量大、速度快，也相对安全的海上航线。这条航线由广东徐闻出发（后来，广州取代徐闻，福建泉州超越广州），途经海南岛直到阿拉伯国家、北非乃至欧洲，史称"海上丝绸之路"。

对于海南岛来说，海上丝绸之路有两条航路（海道），古老的一条是秦汉时期经过多次航海试验以后在《汉书·地理志》中总结的，唐代贾耽《皇华四达记》中所记载的"广州通海夷道"，这条航路自徐闻开航后即穿过海南岛北部的琼州海峡，到今天的北部湾，航行到越南占城，然后再沿海岸线往南航行。对海南来说，这是西航线。

因为古代海航，由于船只及航海知识的限制，大多都避开了南海的西沙群岛。这是不得已的航路。这条西航线是传统的航线。向达甚至认为其一直延续使用到明代。[①]

与西航线相对应的是东航线。因为中国经济中心逐渐南移，到了唐代"开元盛世"的中期，特别是宋代，陶瓷、丝绸等关系到政府财用的经济资源，逐渐集中到江苏、浙江、江西和福建等地。产品要外销，通往南海的远洋贸易货船，比原先的吨位大得多。这样一来，西航线实在不划算。再加上宋代航海的罗盘、水密隔舱、链式铰接舵等航海新技术的推广，南海中的西沙群岛的险阻是可以克服的。于是西航线式微是必然的！

不论是古老的西航线还是宋代的东航线，海南岛在海上丝绸之路中的地位十分重要，是海路上的桥头堡、中转站及补给站，对海上丝路的发展和演变都发挥了相当大的作用。同时，海上丝路对海南岛的发展也有很大的贡献。它促进了海南的海路航行，同时也让海南的造船业、船舶修理业发展壮大；在促进海南商贸发展的同时，也带来海南诸多城镇的骑楼建筑，改变城市的面貌，促进海南农业的发展；向海南移民而产生移民文化，向海外移民产生融通中外的华侨文化。

海南之于海上丝绸之路的重要性及其海洋文化，在海南渔民独创的"更路簿"文化中可见一斑。

---

① 向达校注《两种海道针·序》，中华书局，2000，第 9~10 页。

"更路簿"是在海南岛由渔民创造的、形成于郑和七下西洋之前的明代初年,盛行于明清民国时期,是渔民到南海捕捞时必备的航海手册,有的老船长不用本子而是用脑子熟记。机动船代替风帆船、卫星导航及海图普及以后,它进入了历史博物馆。

"更路簿"的内容,包括南海海区的划分、渔船开航的起点和到达的目的地、航向(针路)、航线、航程、风浪、海底状况、岛礁名称及方位、海岸地形地貌等。每条更路在一般情况下所用的针路和更数大体一致,而在不同风向、风速及海况不同的时候,使用不同的针路等都有具体文字记录。可以说,"更路簿"是渔民在南海航行时的经典和指南书,是渔民世代在南海航行时用血汗甚至生命换来的集体智慧的结晶,是几百年来渔民在南海捕捞的实践经验总结,又反过来用于指导南海捕捞活动的实践。

明清及民国时期,风帆时代的渔船在南海航行时依靠"更路簿"指引,结合船长、火长、大工等的航海经验,战风斗浪,创造了许多可歌可泣的纪录!而从政治及文化层面看,"更路簿"的意义和价值,更加重要。

"更路簿"所展现的这种海洋文化,实实在在地批驳了黑格尔在《历史哲学》中的错误。黑格尔说,中国靠近海洋,但却"无法分享到海洋带给人们的文明",海洋"对他们的文化没有带来什么影响"。又说,在中国,海洋只是陆地的"中断"与"天限"。黑格尔这些论述,起码是不知道中国自明初以来,即拥有600多年历史的风帆时代的船长和渔民群体所体现的海洋文化;深一层来说,他的立论出发点是认定中国只有农耕的"黄色文明",即只有农耕文化而没有海洋文化!这是黑格尔偏见的悲哀![①]

第三是移民文化。

海南岛是移民岛。移民文化涵盖两个内容:一是从大陆向海南岛迁移的多民族移民文化;二是海南人向国际迁移而构成的融汇中外的华侨

---

① 参看周伟民、唐玲玲《南海天书——海南渔民"更路簿"文化诠释》,昆仑出版社,2015,第5页。

文化。

黎族是最早迁移到海南岛的族群。黎族在海南岛对于土地的利用和作物的栽培方式，构成了黎族早期的基本文化景观。黎族在相当长的历史时期内，是以"采集"、"种山栏稻"和"牛踩田种水稻"三种方式并辅以狩猎和捕捞获得生活资料的。黎族长期保留了以独木器具，制陶，纺、染、织、绣技艺，茅草房和文身等为代表的生活文化和崇尚自然的饮食习俗，并因此享誉民族之林。

苗族迁移到海南岛，大约是在明代万历年间，他们从广西作为士兵被朝廷征调到海南后落籍。他们的语言被称为"苗话"，属汉藏语系苗瑶语族一种，像黎族一样，没有本民族的文字。苗族文化以色彩庄重、做工精致的服饰，富有民族特色的饮食以及蜡染、刺绣手艺等著称。

回族是唐宋元时期穆斯林在海南的后裔，包括以波斯及阿拉伯人为主体的蕃人和信奉伊斯兰教的越南古占城区域的居民，主要聚居于三亚凤凰镇的回辉和回新两个村，人口大约8000人，操回辉话。他们以别具一格的民族服饰、古朴典雅具有伊斯兰风格的居所、恪守伊斯兰教规的饮食习俗、具有悠久历史的典型的民族风情，绽放于天涯海角。

"临高语族"在春秋战国时期继黎族先民迁徙到海南岛。

"临高语族"是指散落在海南岛北部，东起南渡江，西迄临高县的新盈港，南以琼山县的遵潭、澄迈县的白莲和儋州的南丰为界，包括临高全县和儋州、澄迈、琼山及海口市郊的一部分地区——这个地区在地域上连成一片，使用汉藏语系侗泰语族壮泰语支的一种语言——临高语的族群。从语言、社会、风俗习惯等方面来看，他们显然是海南岛上的一个少数民族，人口约50万。

"仡隆语族"是指在昌化江下游南北两岸约400平方千米区域里的约10万讲仡隆语的居民。

汉族移民，大抵是两部分人，一部分像苏轼说的"自汉末至五代，中原避乱之人多家于此，今衣冠礼乐，盖班班然矣"。[①] 除避乱人家以

---

① 《伏波将军庙碑》，《苏轼文集》第2册，第505页。

外，也还有受委派到海南任职、戍边或经商、旅游而落籍的。另一部分则是贬官，著名者如唐代因"二王八司马"事件而贬至海南的宰相韦执谊，唐文宗、武宗两朝宰相李德裕，北宋开国宰相卢多逊等。许多贬官的后裔落籍海南，子孙繁衍、支派绵长。

汉族移民文化的特点显著，诸如各宗祖的祠庙文化、家谱文化、碑刻的牌坊文化、兴办书院学校的教育文化以及丰富多彩的方言文化等，富有地方特色和民族特色。

因此可以说，岛内多民族的移民文化，是黎、苗、回、汉等多个民族世代积累和交流融汇的历史结晶。

第四是华侨文化。

华侨是指定居外国的中国公民。"华侨"一词源于1883年郑观应上李鸿章的呈文有"南洋各埠有华侨"的说法。此后，华侨一词被广泛使用。

作为一种文化类型，与其他文化的品格不一样。它是由某种地方文化人为移植到另一个地方，与当地文化嫁接起来，成为一种有本根文化基因，又吸收当地异质文化而形成的一种融通中外的跨文化、跨地域的新的文化系统。

以海南华侨文化在马来西亚为例，它的载体是海南在大马的华侨和马来西亚海南会馆联合会及其下属的分会等会馆组织。海南华侨在马来西亚谋生、发展，但他们的根又在海南。他们都保留海南话，在会馆和海南人群体里的交流语言是海南话，有与本土海南一样的习俗、伦理道德和价值取向。但同时，他们又深受马来西亚文化的浸润、感染，并接受马来西亚的文化，吸收其中异质文化因子，转换成自身的文化因素。如咖啡，马来人的喜爱甚于海南人。大马的海南人学习马来人咖啡的做法，加以改良，成为有海南味的咖啡。这样看来，海南的华侨文化，具有海南和国外两个源头，处于两种文化的边缘，故有特殊性。同时，对海南来说，又是海南文化系统在海外的延续和空间占用。如在马来西亚，有海南人群体和海南人居住的地域，即是海南文化的一部分。

在海南岛华侨集中的地方，在许多方面都具有明显的中外文化融合的品格。显著的如聚落建筑，海口、文昌、琼海、万宁等四个侨乡市，许多街道具有南洋建筑风格，是华侨文化的象征；还有中西合璧的华侨豪宅，是东方艺术精华和西洋建筑样式的巧妙融合。这些让海南城乡建筑大放异彩的景观，是海南宝贵的文化遗产。就海口来说，2007年3月，荣膺中国"国家历史文化名城"称号，一个重要因素就是拥有这片南洋风格的骑楼建筑群。

海南的侨乡，不仅是建筑，其他如语言文字、习俗、服饰乃至行为方式、思维理念等方面，都深刻地烙上了外来文化的印记。

最后，还要简明地说说这套丛书的基本目标。

海南岛解放以后，实行新的行政建制，在比较长的时期内，全岛一般可分为汉区、少数民族聚居区和农垦区三大块。对各个行政建制区域的历史和社会风貌，除了地方志和一般性的文字介绍外，一直缺乏全面叙述。现在，20卷本《海南地方史研究丛书》的出版，可以看作对20个叙述单位所做的一次社会经济文化的全面普查，将各个叙述单位的历史进程、特点、亮点及其形成的原因等做出分析和概括，目的是让读者清晰地看到这20个叙述单位的特征并自觉地保护这些地域特征的多样性，借以促进海南省更好更快地整体发展。

这套丛书是研究性著作，编委会经过认真的研究、讨论，确立撰写规范时，即以学术性、现实性、可读性三者的统一定为目标。

希望能在"现代大国的文化解释力"命题的统领下，让这套丛书以现代性意识和创新方法激活海南岛长久以来内蕴的活力，使它能够生动活泼地感动读者，让海南省人民在接受中国中原文化的凝聚力、辐射力影响的同时，极大地释放出我们边远海岛的"边缘活力"。

2015年国庆节于
海南大学图书馆三楼工作室

目 录

导 言 …………………………………………………………………… 1

第一章　史前时期的海口 ……………………………………… 7
第一节　海口的地理和自然环境 ……………………………… 7
第二节　原始人类在海口的活动 ……………………………… 11
第三节　黎族先祖在海口的活动 ……………………………… 12

第二章　西汉郡县制初置时期的海口 ………………………… 19
第一节　珠崖郡、瑇瑁、颜卢县等行政机构的设置 ………… 21
第二节　封建制度的建立及与原住民的关系 ………………… 26
第三节　中原移民及社会经济发展 …………………………… 30

第三章　东汉至南朝动荡时期的海口 ………………………… 35
第一节　朝代更迭时期行政机构的沿革 ……………………… 35
第二节　汉人移民和文化传播 ………………………………… 40
第三节　封建经济发展和社会生活的变革 …………………… 45
第四节　冼夫人在海口 ………………………………………… 47

第四章　隋唐时期海口的重建 … 51
第一节　官员向海口的流放 … 54
第二节　社会经济的快速发展 … 61
第三节　海口黎族的封建化 … 68

第五章　宋元时期海口的发展 … 72
第一节　海口浦的兴起 … 73
第二节　水利兴修和社会经济的发展 … 77
第三节　流放官员在海口的贡献 … 81
第四节　移民、社会结构和汉黎关系 … 84
第五节　儒学教育与科举的兴起 … 89
第六节　社会生活和救济 … 93

第六章　明代海口的鼎盛 … 99
第一节　城市基础设施建设 … 100
第二节　社会经济的发展 … 103
第三节　人口的增加和阶层的分化 … 106
第四节　儒学教育与科举的鼎盛 … 112
第五节　社会生活的繁荣 … 119
第六节　灾荒与社会救济 … 126

第七章　清代海口的定型 … 133
第一节　城市基础设施建设 … 133
第二节　社会经济的发展 … 139
第三节　人口和社会阶层的分化 … 143
第四节　教育、科举和文化发展 … 145
第五节　丰富多彩的社会生活 … 149
第六节　灾荒与救济制度的完善 … 153

第八章　近代海口的殖民化 159
第一节　琼海关：西方在海口的殖民 160
第二节　西方宗教在海口的传播 169
第三节　骑楼——海口城市的标志 173
第四节　灾荒与西方医疗卫生的传入 179
第五节　华侨向岛外迁徙 181

第九章　民国时期海口的建设 186
第一节　海口基础设施建设 187
第二节　民族经济的发展 192
第三节　人口与社会生活变迁 196
第四节　教育、文化和医疗的发展 200
第五节　海口市的琼崖革命 206
第六节　日本侵占时期的海口 210

第十章　海南解放至建省前的海口 215
第一节　城市基础设施建设的完善 216
第二节　公有制社会经济的发展 220
第三节　人口和民族结构的变化 230
第四节　教育、文化和医疗的发展 234
第五节　社会生活的变迁 238

参考文献 246

后　记 249

导 言

海口市地处海南岛的最北端,与雷州半岛隔琼州海峡相望,这里应是早期人类登陆海南岛的地点。流经海口市的南渡江是海南岛第一大河,向北注入琼州海峡。海口市地势平缓,在特有的自然地理环境下,形成了具有自身特征的地域文化。

一 海口地域文化发展阶段

从原始人类在海口市活动到新中国成立后,海口市地域文化大致经历了以下几个阶段。

(一)史前阶段

现代考古发现大量海南石器时代的遗址,按其所处的地理环境和遗址特征,大体上可以分为洞穴、沙丘(贝丘)和台地(山坡)三种类型。从时间序列来说,洞穴遗址最早,相当于旧石器时代;其次是沙丘遗址,相当于新石器早、中期;再次是台地遗址,相当于新石器中、晚期。史前时期考古所发现的洞穴遗址多分布在海南岛中部、南部一带,而台地(山坡)、沙丘(贝丘)类型的遗址在分布范围上也偏重在南半部地区。海口市位于海南岛的最北端,濒临琼州海峡,是史前时期族群迁徙和登陆海南岛的必经之地。但是目前在海口史前遗址考古发现较少,其原因在于海口缺乏适合早期族群居住的山洞条件。海口沿海地带虽然有较多的沙丘,但是由于历史上人类在此活动密集,沿海地区的地质地貌均已发生较大改变,故在海口发现的这类遗址较少。至于台地遗址,海口多火山岩地貌,适合早期农业的地质条件较少,因此目前尚未有所发现。

(二) 西汉至明清时期的封建化

汉武帝元封元年(前110)在海南设置儋耳、珠崖两郡和十六县。伴随着封建郡县在海南的设置,大量汉人也迁入海南岛,主要集中在海南沿海的河口地带。海南发源于中部山区的河流众多,有154条大小河流,其中有南渡江、昌化江、万泉河等大河。汉武帝派军队乘船进入海南时,岛上覆盖着茂密的热带雨林,汉军都是沿着河流深入海南内陆。因此当汉武帝在海南设置郡县时,郡县治所均在沿海的入海口处数十里之内,海口则是郡县治所设置的密集之地,例如珠崖郡治在瞫都县东南东潭都石陵村,濒临南渡江;瞫都县治在原琼山县南渡江西;珸瑁县治在今海口市与原琼山县沿海北部,也濒临南渡江;颜卢县治在今海口市美兰区灵山镇红峰村委会多吕村(旧称颜村),位于南渡江下流,毗近出海口。① 汉元帝时罢郡之后,汉人主要集中到海南北部——即琼山县所在的朱卢县。琼山县所在的琼北由于地理便利的缘故,加上有河流入海,河谷平地较多,适宜农业种植和交通贸易,汉人向海南迁徙时大多居住在这一地区。

宋代至清代,受海上丝绸之路发展的影响,海口进入一个快速发展的时期。宋代海口对外交通已经十分发达,主要有两条道路:一是从琼州至广州、福建的海路。乐史《太平寰宇记》记述了北宋时琼州至广州的交通:"泛大船使西风帆,三日三夜到地名崖门;从崖门山入小江,一日至新会县;从新会县入,或便风十日到广州,路经黎冈州,皆海之险路。约风水为程,如无西南风,无由渡海,却回舡本州石镘水口驻泊,候次年中夏,西南风至,方可行船。"② 二是海南北渡琼州海峡至徐闻、

---

① 符和积:《西汉海南岛建置区划探究》,《中国地方志》2005年第3期,第50~55页。
② (宋)乐史:《太平寰宇记》卷一六九,中华书局,2007,第3233页。

雷州。南宋赵汝适《诸蕃志·海南》记载："徐闻有递角场,与琼对峙,相去约三百六十余里,顺风半日可济,中流号三合溜,涉此无风涛,则舟人举手相贺。"① 周去非《岭外代答·琼州兼广西路安抚都监》："今雷州徐闻县递角场,直对琼管,一帆济海,半日可到,即其所由之道也。"② 宋代琼山县将儒学设置在海口浦。海口浦代替白沙津,成为海南渡海和物资交流的主要港口之一。海口浦成为今天海口市的开端,之后,元代在海口浦设置驿站,设驿令等官管理。明洪武二十年(1387)在此设千户所,称海口所。洪武二十八年开始筑城,称海口所城,为军事要地。清康熙二十三年(1684)在此置营,设都司防守。

(三) 鸦片战争至民国时期的殖民化

1840年6月至1842年8月,清王朝与英国之间爆发了第一次鸦片战争,清王朝被迫签订了中国历史上第一个不平等条约——《南京条约》。《南京条约》强迫中国开放广州、厦门、福州、宁波、上海为通商口岸,自此中国开始沦为西方列强的殖民地。1856年至1860年,中英之间又爆发了第二次鸦片战争,英国借口广东水师在广州黄埔抓捕在香港英国当局注册,但执照已经过期的中国船"亚罗号"上的海盗,派兵进攻广州。法国也借口法籍天主教神甫马赖在广西西林被杀,出兵入侵。1857年,英法组成联军,攻陷广州。1884年6月,法国军舰"萨尼号"闯入琼州海峡,在海口东北的新埠岛附近游弋,兵临海口城下,战争迫在眉睫。清政府震惊之余,急调清军赶赴海口横沟要塞,以阻止法军登陆。"萨尼号"见清军有所防备,随即起锚开赴香港。为了抵御法国殖民者对海南的威胁,清政府加强了对海口的防御设施建设。1858年,清王朝被迫与英国签订《天津条约》。琼州(今海口)等10处被列为通商口岸,准许英商船货往来、经商、买房居住、租地、传教等事宜。琼州被开辟为通商口岸后,西方国家纷纷前来海口设置领事馆,开办通商、传

---

① (宋)赵汝适著,杨博文校注《诸蕃志校注》,中华书局,1996,第216页。
② (宋)周去非著,杨武泉校注《岭外代答校注》卷一,中华书局,1999,第45页。

教等事务。

（四）解放以后社会主义改造

1950年海口解放后，市政建设得到全方位的发展，大体可分为两个阶段：第一阶段从1950年至1978年，海南岛因处在海防前线，对海口市城建投资较少，在近30年中仅投资2亿元（包含工业建设）。第二阶段从1978年改革开放至1988年建省，海口市城市基础设施建设也进入快速发展的时期。

二 海口地域文化的特征

在海南19个市县之中，海口市因其独特的自然地理位置、政治地位和社会环境，形成了独特的地域文化，主要特征如下。

（一）封建化时间最早

海口是海南岛最早设置封建郡县和大陆移民最先到达的地区。汉武帝设置郡县后，海南人口进行了粗略的统计，据《汉书·贾捐之传》记载："初，武帝征南越，元封元年立儋耳、珠崖郡，皆在南方海中洲居，广袤可千里，合十六县，户二万三千余。"[1] 这些户口主要是指"善人"，即迁徙过来的汉人和汉化百越人。汉王朝对岛上原住民实行羁縻政策，"以故俗治，毋赋税"，未纳入封建郡县的编户，所以也不存在户口统计。汉元帝初元三年（前46年），撤销儋耳、珠崖两郡，将北部未反的三县合并为朱卢县，隶属琼州海峡对岸的合浦郡，所领主要是"善人"。"善人"在海南一般从事商业贸易和农业种植，据《正德琼台志》载："越处近海，多犀象、玳瑁、珠玑、银铜、果布之凑，中国商贾者多取富焉，则秦有至者矣。"[2] 这些"善人"与海南原住民进行贸易，把海南岛上的珠玑、玳瑁、犀角、广幅布等物品运往内陆。除了贸易之外，

---

[1] （汉）班固：《汉书》卷六四《贾捐之传》，中华书局，1960，第2830页。
[2] （明）唐胄：《正德琼台志》卷三，海南出版社，2006，第58页。

"善人"也从事农业生产,并协助官府维护封建郡县的统治,汉武帝末年,"珠崖太守会稽孙幸调广幅布献之,蛮不堪役,遂攻郡杀幸。幸子豹合率善人还复破之,自领郡事,讨击余党,连年乃平。"①

(二) 海南文化的中心

海口是古代海南政治经济文化中心,汉武帝在海南岛置珠崖、儋耳两郡,其中珠崖郡治在今天的海口市。汉昭帝始元五年(前82年),罢儋耳郡入珠崖郡后,珠崖郡成为海南岛上唯一的行政中心。唐高祖武德年间,在隋代珠崖郡基础上复析珠崖郡置,崖、儋、琼、振、万安五州,贞观元年(627)置都督府,领崖、儋、振三州。后废都督府,隶广州经略使,后改隶安南都护府。隋唐时期的行政中心治所均位于今海口市,如珠崖、崖州、琼州、颜城、舍城、琼山县等。宋太祖开宝五年(972),废崖州,以崖州所属县归琼州。琼州领琼山、临高、乐会、澄迈、文昌等五县,② 并将琼州府治、琼山县治从白石都迁于今海口市府城一带,据《康熙琼山县志·建置志》记载:"琼山附郡之县,郡城即琼山城也。琼之城,始筑于宋开宝五年。"③ 宋神宗熙宁年间,以琼州为琼管安抚司,领琼州所属县,故琼州又称"琼管"。宋徽宗宣和年间又改琼管为安抚都监。南宋高宗绍兴六年(1136),又废昌化、万安、吉阳三军为县,隶属于琼州,据《宋史·地理志》记载:"儋、崖、万安三州,地狭户少,常以琼州牙校典治。"④ 其他州行政级别较低,琼州实际已成为海南岛的行政中心。明洪武元年(1368)十月,改元乾宁安抚司为琼州府。第二年降为州,第三年仍升为府。琼州府领崖州、儋州、万州三个州和十个县,府治所设在琼山县内。清代沿袭。

(三) 文化的多元性

在历史上,琼北地区是文化交汇之地,许多历史事件都在海口市发生,如汉人移民、官员流放、西方殖民、华侨外迁、红色革命等,类型

---

① (南朝宋)范晔:《后汉书》卷八六《南蛮西南夷列传》,中华书局,1964,第2835页。
② (元)脱脱:《宋史》卷九〇《地理志》,中华书局,1977,第2245页。
③ (清)潘廷侯:《康熙琼山县志》卷四《建置志》,海南出版社,2003,第51页。
④ (元)脱脱:《宋史》卷九〇《地理志》,中华书局,1977,第2249页。

丰富，所以这里集中着海南级别最高的文化遗址。比如海南唯一的国家历史文化名城（海口市），海南唯一的中国历史文化名街（海口骑楼老街），海南一半以上的全国重点文物保护单位（中共琼崖第一次代表大会旧址、丘濬故居及墓、五公祠、海瑞墓、秀英炮台），等等。

第一章 史前时期的海口

海口市地处海南岛的最北端，位于东经110°10′18″~110°41′05″，北纬19°32′~20°05′11″，濒临琼州海峡，与雷州半岛上的徐闻隔海峡相望。天气晴朗时，站在雷州半岛南端岸边向南眺望，隐约能看见一抹绿色凸现在蔚蓝色的海平面上，那就是今天海南岛最北端的海口市。

第一节 海口的地理和自然环境

海口市所处的海南岛，面积约3.4万平方公里，全岛地形地势呈椭圆形，中间高、四周低，呈阶梯状逐渐向四周降低，由内向外大致可以分为三级阶梯：中南部是500米以上的高山地带，其外是起伏不平的丘陵地区，最外面是沿海和海岛北部的台地平原。大致以五指山、鹦哥岭为核心，向外逐级下降，由山地、丘陵、台地、平原构成环形层状地貌，梯级结构明显。山地主要分布在岛中部偏南地区，海南岛的山地海拔多为500~800米，海拔超过1000米的山峰有81座。位于海南岛中部偏东琼中县、五指山市境内的五指山海拔高1867.1米，是海南岛的最高峰，整个山体均由花岗岩构成，长期的自然侵蚀使得山体起伏呈锯齿状，形成五座山峰依次排列，如同五指，故此得名。海拔超过1500米的山峰还有鹦哥岭（1811.6米）、鹅松岭（1588米）、猴猕岭（1655米）、雅加大岭（1519.1米）和吊罗山（1519米）等。海南岛的山地大体上分为三条山脉：五指山山脉、鹦哥岭山脉和雅加大岭山脉。山地和丘陵是海南岛地貌的核心，占全岛面积的38.7%，山地中散布着丘陵性的盆地。丘陵主要分布在岛内陆和西北、西南部等地区。在山地丘陵周围广泛分布着宽窄不一的台地和阶地，占全岛总面积的49.5%。环岛多为滨海平原，占全岛总面积的11.2%。海岸主要为火山玄武岩台地的海蚀堆积海岸、由溺谷演变而成的小港湾或堆积地貌海岸、沙堤围绕的海积阶地海岸，海岸生态以热带红树林海岸和珊瑚礁海岸为特点。海南岛上河流众多，多发源于中部山区，有154条大小河流，其中集水面积在10平方公里以上的独流入海河流38条、一级支流50条、二级支流10条，共98条，流域面积大于3000平方公里的，北有南渡江，西有昌化江，东有万泉河，素称海南三大河流。海南岛上最长的河流——南渡江——从海口市穿过并流入琼州海峡。南渡江是塑造海口市陆地的重要因素，江水每年携带大量的泥沙，这些泥沙沉积在三角洲地带，形成陆地。南渡江出海处的新埠岛属于三角洲平原。南渡江水源丰富，流量大，便于通航。

海口市濒临的琼州海峡是在地质年代形成的。海南岛原与华夏大陆相连，大约从地质时代的第四纪（250万年前）到更新世（250万～1.5万年前）中期，由于火山活动，地壳断裂和塌陷，形成15～30公里宽的琼州海峡，海南岛才与大陆分离，变成一个孤悬海外的岛屿。据称此后海平面多次升降，使海南岛与大陆多次分离和相连，直到第四纪冰期结束，海平面大幅度上升，才形成今天的琼州海峡。琼州海峡横亘在海南岛与雷州半岛之间，东西长度约80公里，南北平均宽度29.5公里，最宽处直线距离为33.5公里，最窄处直线距离仅18公里左右，平均海水深度100～140米。海口市是从雷州半岛登陆海南岛的必经之地，地理位置十分重要。

海口市地势平缓，南高北低，由西南向东北倾斜，属于滨海台阶型地区，海拔标高一般在10米以下，西部和南部较高，海拔40～60米。石山镇境内的马鞍岭（海拔222.2米）为最高点，另外旧州镇境内的旧州岭（199.9米）、永兴镇境内的雷虎岭（168.3米）等38个山丘较高，其他绝大部分为海拔 100 米以下的台地和平原。地貌分为几个区域：一是北部滨海平原区。包括海积阶地，主要由新生代更新世早期湛江组和更新世中期北海地层所组成。海积平原，由海流作用把大量物质在沿岸地带堆积而成。河积海积平原，在河口地段和海湾附近，由河流和海流的相互作用使大量泥沙沉积下来。二是东北部河流冲洪积堆积区。河流冲击而成，地势平坦，水网密布，主要在南渡江出口处的三角洲地带。三是南部、西南部山前剥蚀堆积平原区。在阳光、雨水和台风等作用下，风化侵蚀岩石而形成的平原地。四是东部、南部、西部火山岩台地区。新第三纪至第四纪火山喷发而成，喷出岩性属基性玄武岩，玄武岩流分布面积广，形成高度不同的台地。

海口市境内的地质岩性分布有志留系、白垩系、古近系—新近系、第四系、中新世和第四纪火山岩等不同地质年代的遗存。其中，新生代火山活动频繁，火山喷发始于中新世，第四纪更新世晚期达到了鼎盛时期，直到全新世火山活动才进入尾声，共有 19 次喷发，构成 5 个喷发旋回，17 个喷发韵律。火山喷出的玄武岩流分布面积广，形成海口西南部、南部的火山岩地貌，面积达 108 平方公里，火山地质遗迹主体为 40 座火山构成的火山群，其中马鞍岭火山口是世界上保存最完整的死火山口之一。火山类型齐全、多样，几乎涵盖了玄武质火山喷发的各类火山，既有岩浆喷发而成的碎屑锥、熔岩锥、混合锥，又有岩浆与地下水相互作用形成的玛珥火山。熔岩隧道有 30 多条，最长 2000 余米，其内部形态与景观丰富、奇妙。

海口市沿海地带属于海积阶地、海积平原和河积海积平原。海积阶地主要是由新生代更新世早、中期构造运动间歇抬升的结果，城西、坡高坡、头铺、水头等地属于此类。海积平原是由海流作用把大量物质在沿岸地带堆积而成，玉沙、博养、龙头、荣山一带属于此类。河积海积平原是在河、海共同作用下形成的地貌，河流和海流的冲积物沉淀而成，分布在河口地带和海湾。据考证，琼州海峡出现之后，海口市原海岸线在今东起五公祠，经龙岐村、大英山、秀英村，西至后海角一带。河沙的沉积和海沙的拥塞才逐渐形成攀丹、九村、流水坡、白龙、白沙等今天海口市的陆地。

在地质时期，海口经历了多期（次）构造运动，形成有4个方向的11条断裂构造，其中近东西向断裂有：（1）王五—文教深大断裂；（2）儒关村—云龙断裂；（3）富昌—群善村断裂；（4）新村—林鸟断裂；（5）长流断裂。近东西向断裂控制了琼北断陷盆地的形成和发展，导致海口历史上多次发生崩塌、滑坡等地质灾害现象，尤其是富昌—群善村断裂带是导致1605年琼州大地震的主要控震断裂。明万历三十三年五月二十八日亥时（1605年7月13日午夜）琼州发生大地震，据地方志记载："五月二十八日亥时地大震，自东北起，声响如雷，公署民房崩倒殆尽，城中压死者数千，（地）裂水沙涌出，南湖水深三尺，田地陷没者不可胜记。调塘等都田沉成海计千顷，二十九日午时复大震，以后不时震响不止。"① 地震遗址位于演海镇曲口圩北约2.5公里处，遗址里采集到许多明代陶瓷器及砖瓦。当地72个村庄（有的家谱记载是100个村庄）1000多平方公里的陆地变成海洋，这是中国历史上唯一陆陷成海的地震废墟，退潮时隐约可见村庄废墟，有不少石板棺材、舂米石臼等。北东向断裂有府城—卜亚岭断裂，该断裂控制了两侧地下水的分布，并成为海口市地下水东富西贫的分界线。南北向断裂包括南渡江断裂、铺前—长坡断裂和蓬莱—烟塘三条断裂。其中南渡江断裂控制了地下水的排泄，是崩塌、滑坡、泥石流等地质灾害频发的主要因素。

海口市地处低纬度热带北缘，属于热带季风海洋性气候，春季温暖少雨多旱，夏季高温多雨，秋季多台风暴雨，冬季冷气流侵袭时有阵寒。全年日照时间长，辐射能量大，年平均日照时数2000小时以上，太阳辐射量可达到11万卡到12万卡；年平均气温23.8℃，年平均降水量1664毫米；年平均蒸发量1834毫米，平均相对湿度85%。常年以东北风和东风为主，年平均风速3.4米/秒。

海口市是台风频繁经过的地区之一。台风一般发生在每年4~10月，八九月最多，强台风一般集中在9月。每年平均台风5.5个（次），年平

---

① （清）潘廷侯：《康熙琼山县志》，第344页。

均8级大风12天，年平均12级以上台风2~4个（次）。台风会伴随着暴雨和暴潮，暴雨一般持续3~4天。台风致使海潮顶托，发生海水倒灌。①

在史前时期，海口市境内覆盖着茂密的热带季雨林。植被以灌木为主，天然植被主要为南方热带地区常见的野生灌木、草丛植物种群。主要植被包括分布于东北部沿海一带的滨海红树林群落，主要有红树、海蓬、红海榄等；分布于东南部的灌木群落，主要有榕树、海棠、荔枝等；分布于东部和西南部的草原群落，主要有草根草、竹根草、桔子草，伴生蜈蚣草、鸭角草等；分布于西部羊山地区的杂木林群落，主要有重阳木、苦楝、山苦楝等，以及分布于北部沿海的热带滨海沙生群落、热带滨海草滩群落。

第二节　原始人类在海口的活动

现代考古尚未在海南岛上发现从古猿到人转化的痕迹，至少目前可以断定，海南史前时期的先民都是海南岛与大陆分离之后从岛外迁徙过来的。在临近海南岛的华南大陆上，广东肇庆市封开县河儿镇峒中岩发现的"封开人"生活在距今约14.8万年前，曲江"马坝人"生活在距今约12万年前。②在与海南岛隔海相望的马来半岛和印度尼西亚群岛上，约在150万年前也已有人类活动。③这些华南大陆或马来半岛上的先民，可能在流动寻觅食物过程中发现并登上了海南岛。

大约二万年前，当华夏民族的先民已活跃在广袤的东亚大陆上时，华夏大陆南端、琼州海峡之外的海南岛——仍像一块绿色的玛瑙镶嵌在蓝色的绸缎上，静静的伏卧在炙热的阳光下，沐浴着温暖的略带湿润的海风，海浪不知疲倦的一次一次拍打着海南岛四周的海岸，重复着单调

---

① 海口市情调查组编《中国国情丛书——海口卷》，中国大百科全书出版社，1992，第10页。
② 张悦：《岭南文化史推前28000年》，《瞭望》2004年第35期，第57页。
③ 周大鸣：《东南亚旧石器时代文化述略》，《东南亚》1988年第2期，第11~13页。

而喧哗的声响；茂密的森林覆盖着全岛，海风吹过椰林，树叶飒飒作响；溪流从高山密林中奔流而下，大灵猫、小灵猫、海南果子狸、水鹿、赤鹿、水牛、长臂猿、麂、华南豪猪、剑齿象、中国犀、鬣狗等动物在热带雨林中穿梭觅食，夹杂着一声声啼鸣；各种鱼类在清澈的河流、海洋中自由自在的徜徉，鸟儿在天空和树梢上高低婉转的鸣叫。二万年前的海口既生机盎然，又安谧肃穆。

海口境内目前发现的史前时期文化遗址有仙沟岭遗址。仙沟岭遗址位于琼山区甲子镇仙民村仙沟岭上，是一处占地范围南北长约 300 米，东西宽约 100 米，总面积约 30000 平方米的墓葬群。从已发掘出的墓葬看，墓葬的形制呈长方形竖穴土坑墓，墓葬方向为东西向。墓坑较浅，一般长 2.5 米、宽 1.2 米。随葬品放置在死者头部与脚部处。随葬品的种类主要有印纹陶罐、陶釜、陶碗等。陶器纹饰有同心圆纹、云纹、雷纹、菱形网纹、米字形纹和方格纹等。这是海南目前发现的最早的一处古代墓葬，属于青铜时代。① 《海南日报》1988 年 1 月 1 日报道，一批新石器时代遗物在琼山县新民乡发现。这批遗物分布在新民乡新沟岭村附近的 100 米斜坡范围内。其中有石锛、石刀、石斧、石铲、石锄、石凿等，经鉴定属新石器时代的器物。在琼山发现新石器时代遗物还属于首次。考古工作者认为，四五千年以前的原始社会时期，这一带就有了人类活动。②

第三节　黎族先祖在海口的活动

在汉武帝的军队进入海南岛之前，海口市境内就生活着黎族的先祖。今天称为原住民的黎族，约出现在三千年之前。另外历史文献和学术研究，还发现有"正（次）马来人"、"矮黑人"、"瓯越人"、"骆越人"、"儋耳人"等不同族群先后迁徙到海南岛上。早期迁入海南岛的各族群

---

① 王育龙、高文杰：《海南古代墓葬》，海南出版社，2008，第 30 页。
② 《海南日报》1988 年 1 月 1 日版，转引自海南人民政府网站，www.hainan.gov.cn。

处于相对和睦的生存状态，这大概与当时海南岛上人口稀少、动植物资源丰富的自然环境有关，不同族群都能够获得足够的生活资料和生存空间，相互之间较少为土地和生活资源进行争夺。

黎族先祖迁入海南岛的路线应是在琼州海峡，黎族传说保留了黎族先祖横渡的记忆。

"葫芦瓜的传说"：远古时候，黎族的先民在某一时期遇到了洪水暴发，天下的人几乎灭绝，只一男一女和一些动植物藏在葫芦瓜里幸存下来。后来，他俩结婚了，繁衍了人类。葫芦瓜不仅保住了黎族祖先的生命，繁衍了人类，也给他们的生产生活提供了多种多样的便利，因此，葫芦瓜便成了黎族图腾崇拜的对象，它还是后代船形屋的雏形。

"'纳加西拉鸟'的传说"：黎族的祖先有个女儿，出生后不久母亲就去世了，被一个名为"纳加西拉"的鸟口含谷类哺育长大。为了不忘鸟的养育之恩，以后的黎族妇女便一代传一代地在身体文上"纳加西拉"鸟翅膀的花纹，以志纪念。

在远古时期，黎族先民（很可能是具有血缘关系的一个群体）冒着风涛之险，经过艰苦跋涉横渡琼州海峡，其中一些亲人由于体力不支命丧波涛之中，琼州海峡就成为幸存下来的黎族先民难以磨灭的痛苦记忆，由于幸存下来的人口少，最早渡海过来的先民不得不通过血缘婚配繁育后代，"兄妹婚配"、"母子婚配"等文身传说反映了黎族先民上岛初期的生存状况。① "上古之时，天翻地覆，世界生物，尽被掩埋，人类同遭此厄，仅遗一姊一弟，相依为命。然姊弟虽情同手足，终不可以婚媾。于是姊觅夫，弟觅妇，分道扬镳，各自东西，久之各无所遇，终乃姊弟重逢，如此者再。雷公知其事，化为人身，下凡谓弟曰：'予在此，汝二人可结为夫妇。'弟曰：'姊弟不可以婚姻，否则必遭雷公打。'雷公曰：'我即雷公，决不打汝。'弟仍坚持不可，重出觅妻。于是雷公将姊之面画黑，无何，弟且遇姊，不识为谁，以为必非己姊，可以求婚。于

---

① 郑小枚：《黎族文身的伦理隐喻》，《海南大学学报》2007年第1期，第1~7页。

是姊弟结婚,繁衍生殖,而得今之黎人。"①

海南岛孤悬海外,原始居民如何渡过琼州海峡呢?一种说法是葫芦,古人称为瓠、包、壶等,远在中国新石器时代河姆渡文化遗址中就发现有葫芦和葫芦种子。《庄子·逍遥游》曰:"今子有五石之瓠,何不虑以为大樽而浮乎江湖。"在我国苗族、彝族、佤族和台湾高山族的神话中,都有把葫芦当作渡河工具的传说。海南岛海洋环绕、河流纵横,黎人先民也可能使用葫芦舟作为水上交通工具。河南新乡市博物馆收藏的一部明代《琼州黎民图》中,一条大河处在两山之间,一男子撑竹筏而过,对面另一男子腋下挟着一个凹腰葫芦游水而来,图侧配有文字说明:"黎中溪水最多,每遇大流急势艰徒涉,黎人往来山际辄用绝大壶芦,带于身间。至于溪流涨处,则双手抱之,浮水而过,虽然洇者不能如其跑捷,亦有于山中取竹来作一捆,藉其浮势,夹挈而渡者。"②《黎岐纪闻》记载:"黎水盛涨时,势涌流急,最苦难渡,黎人往来山际,多用大葫芦带身间,至溪流涨处,双手抱之,浮水而过,亦有于山中取竹束作一捆,藉其浮势,夹挈而渡者,不可谓非智矣。"③因此,葫芦舟应是黎人早期渡过琼州海峡重要的水上交通工具。

商周时期,中国南方百越中的一支族群——骆越人,居住在今广西南部、西南部的邕江和左、右江流域至越南红河三角洲一带。由于骆越人文明高于其他族群,势力范围不断扩大,并逐渐扩张到海南岛,距今约三千年前迁入海南。④骆越人已经创造出很高的农业文明,骆越人的族名就与其耕种"骆田"有关。据《史记·南越列传》注引《广州记》

---

① 刘咸:《海南黎人文身之研究》,载詹慈编《黎族研究参考资料》,广东省民族研究所,1983,第200~201页。
② 李露露:《海南黎族古老的水上交通工具》,《中国历史博物馆馆刊》1994年第1期,第93~97页。
③ (清)张庆长:《黎岐纪闻》,光绪三年刻本,第8页。
④ 罗香林:《海南岛黎人源出越族考》,《青年中国》创刊号,1939。20世纪60年代,刘耀荃根据历史文献、语言学、民族学和考古发现,断定骆越"大约是三千年前从我国南方沿海大陆地区陆续迁移到海南岛的"。(转引自练铭志《关于海南黎族族源的研究》,《广东技术师范学院学报》2003年第5期,第75~81页)

记载:"交趾有骆田,仰潮水上下,人食其田,名为'骆人'。"① 也就是说,骆越人已经懂得利用河流潮水涨落留下的河滩种植水稻,相对于百越中的其他族群,骆越人较早地进入了农业文明阶段。《汉书·地理志》记载:"武帝元封元年(前110)略以为儋耳、珠厓郡……男子耕农,种禾稻、纻麻,女子桑蚕织绩。"② 说明骆越人迁徙到海南后,也将农业文明带入海南。骆越人已经突破血缘关系形成的氏族部落组织,建立了地缘性的社会组织,《史记·南越列传》注引《广州记》云:骆越"有骆王、骆侯。诸县自名为'骆将',铜印青绶,即今之令长也。"秦朝灭亡后,南海龙川令赵佗趁中原混乱之机自立为南越王,割据岭南。汉文帝时,派遣陆贾出使南越,勒令赵佗去掉王号,赵佗被迫谢罪曰:"其东,闽越千人众号称王,其西,瓯、骆、裸国亦称王。"③ 借口自己身处闽越、瓯、骆、裸国等族群中间,不得已才称王,但从中反映出西瓯、骆等族群已经建立了地缘性的社会组织。西汉时期,中原人将海南岛上的原住民称为"骆越人",对骆越人的生活有了直接接触,"骆越之人,父子同川而浴,相习以鼻饮"。④《汉书·地理志》也记载:"民皆服布如单被,穿中央为贯头。男子耕农,种禾稻、纻麻,女子桑蚕织绩。亡马与虎。民有五畜,山多麈麖。兵则矛、盾、刀、木弓弩、竹矢,或骨为镞。"⑤ 此时,骆越人的生活方式与中原相差很大。

秦时,西瓯人迁入海南岛。西瓯是从古越族中的"瓯越"中分化出来的,"瓯越"居住在今浙江南部地区,靠近吴越,受华夏文明影响较大。周显王十四年(前355),楚国灭越国后,一批瓯越人为躲避战乱沿着东南海岸南下,迁徙至郁林(今广西贵县一带),为了与自己祖居地相对应,将祖居地的瓯越人称为"东瓯",自己称为"西瓯"。现代考古也证实广西和浙闽之间存在着文化上的渊源关系,在广西壮族自治区贵县罗泊湾出土了与古代越人所使用的铸有"双身船纹"等具有相同文化

---

① (汉)司马迁:《史记》卷一一三《南越列传》,第2967页。
② (汉)班固:《汉书》卷二八《地理志》,第1670页。
③ (汉)司马迁:《史记》卷一一三《南越列传》,第2967页。
④ (汉)班固:《汉书》卷六四《贾捐之传》,第2830页。
⑤ (汉)班固:《汉书》卷二八《地理志》,第1670页。

特质的铜鼓。"双身船纹"铜鼓反映瓯越人浮海迁徙时乘坐的交通工具，由此断定，瓯越人的一部分确实浮海迁徙到西瓯。① 西瓯迁入海南的时间应在秦汉时期。《舆地志》记载："交阯，周时为骆越，秦时曰西瓯，文身断发避龙。"② 可见西瓯人兴起于骆越人之后，后来势力逐渐强大并与骆越人并驾齐驱，秦汉时期经常"骆"、"西瓯"并称，随着势力范围的扩大，一部分西瓯人迁入海南。《史记·赵世家》《索隐》引刘氏云："今珠崖、儋耳谓之瓯人，是有瓯越。""瓯越人"是迁入海南岛的又一个重要族群。西瓯人已经拥有先进的农业文明，在向海南岛迁徙过程中也将先进的农业生产技术带到了海南。西瓯已经有铸铜业，考古发现大量先秦时期的西瓯铜器，包括武器（钺、斧、戈、剑等）、生产工具（锄、锸等）、生活用品（鼎、鉴、盂等）、乐器（编钟）等，说明西瓯人已经进入铜器时代。西瓯人有独特的服饰习俗，"夫剪发文身，错臂左衽，瓯越之民也。"③ 西瓯人已有文身的习俗。西瓯人已经建立了地缘性的社会组织，秦始皇派军南下岭南时，遭到西瓯的武力抵抗，秦军"以与越人战，杀西瓯君'译吁宋'"。④ 秦朝灭亡后，南海龙川令赵佗用财物笼络闽越、西瓯、骆越等族群，自立为南越王，盘踞南方。从赵佗笼络闽越、西瓯、骆越等族群的情况来看，此时的西瓯已不是落难的小族群，而是雄踞一方、建立了地缘性社会组织的大族群。

在今天海南岛北部的临高、儋州、澄迈、琼山、海口等市县生活着一支语言上接近壮族的族群，人口五十余万，其中以临高县聚集最多，故称为"临高人"。历史上把"临高人"划为黎人，后于元末明初逐渐融合于汉族。直到近代调查研究发现，"临高人"的语言不是汉族的一种方言，与黎族虽同属一个语系，但差异较大，而与广西壮语比较接近，因此多数研究者从语言角度判断，"临高人"应是壮族的一支。⑤ 由于

---

① 胡雪冈：《瓯、瓯人和瓯越初考》，《温州师范学院学报》1998年第5期，第67~70页。
② （汉）司马迁：《史记》卷四三《赵世家》，第1808页。
③ （汉）司马迁：《史记》卷四三《赵世家》，第1808页。
④ 曾昭璇：《西瓯国与海上丝绸之路》，《岭南文史》2004年第3期，第24页。
⑤ 詹慈：《试论海南岛临高人与骆越的关系》，《中央民族大学学报》1982年第3期，第84~92页。

"临高人"迁徙时间较早,目前对其具体迁徙时间难以确定。

除此之外,还有其他族群陆续迁徙而来,骆越与这些族群存在着婚姻关系。关于黎人族源的一个传说记载:"黎之种,旧无所考。或云黎母山有女自卵中诞生,适外来番男与之配,遂为黎种所自出,故名其山曰'黎母'。"另一种说法,"有女航海而来,入山中与狗为配,生长子孙,名曰狗尾王,遂为黎祖,其子孙即以王为姓"。① 黎人一些支系有崇拜狗的习俗,很可能是以狗为图腾的族群。《广东新语·女语》也记载:"琼州府城西,故有黎母庙,相传雷摄一卵于山中,生一女。有交趾人渡海采香,因与婚,子孙众多,是为黎母,亦曰黎姥,盖黎人之始祖妣云。"② 《古今图书集成·职方典·琼州府》记载:"定安县故老相传,雷摄一蛇卵在黎山中,生一女,号为黎母,食山果为粮,巢林木为居。岁久,交趾蛮过海采香,因与结配,子孙众多,开山种粮。"③ 在这些黎人族源的传说中,黎族祖先与"外来番男"或"交趾人"通婚,繁衍后代,反映出不同族群迁徙海南岛后,彼此之间存在着婚姻关系。

在传说的尧舜禹时期,海南原住民和中原之间存在着朝贡之旅。据《尚书·禹贡》记载:禹治水之后,划天下为九州,"随山浚川,任土作贡",扬州条下记载有"岛夷卉服,厥篚织贝",也就是说曾经有被中原人称为"岛夷"的部落向传说时期的禹进贡"卉服"。明代海南人丘濬也说:"唐虞时岛夷或以充贡,而中国未有也,故嫔妇之治,止于丝枲,民未有其服,宫未有其调也。"④ 那么,《尚书·禹贡》中记载的"岛夷"是哪个族群?后人众说纷纭,大致有五种观点:一是日本,二是浙江舟山,三是琉球、菲律宾群岛,四是台湾,五是海南岛。多数学者认为"岛夷"应是海南岛上的族群:首先,从地理位置看,海南岛属于《尚书·禹贡》所提的扬州范围内;其次,从"岛夷"服饰文明看,海南岛上的黎族所穿的是卉服;最后,从进贡的特产"织贝"看,海南居

---

① (清)张庆长:《黎岐纪闻》,光绪三年刻本,第2页。
② (清)屈大均:《广东新语》卷八《女语》,中华书局,1985,第271页。
③ (清)陈梦雷:《古今图书集成》卷一三九二《职方典》,中华书局、巴蜀书社,1986,第20276页。
④ (清)胡渭著,邹逸麟整理《禹贡锥指》卷六,上海古籍出版社,2006,第188页。

民从汉武帝开始就向中央进贡纺织品,汉代的"广幅布",唐代的"吉贝布"、"盘斑布"、"食单",宋代的"棋盘布"、"青花布"等,都反映海南居民纺织业的源远流长。① 如果上述说法成立,那么在传说的尧舜禹时期,海南岛居民就与中原王朝发生了"朝贡之旅",向中原进贡当地的一种叫"织贝"的特产,两地有了人员往来。"织贝",据后人解释,应是一种以木棉为原料、染色、织成图案的布品。②

海南岛上原住民的服饰非常独特。一是服布单,据《汉书·地理志》记载:"民皆服布如单被,穿中央为贯头。"③《后汉书》也载:"以布贯头而着之。"也就是说,岛上居民的裁剪技术非常简单,在一块布单中间挖一个洞,穿时从脖子套进去即可。二是光脚、项髻。据《后汉书》记载,海南原住民"项髻徒跣。"④"项髻徒跣"即是光着脚,梳着"项髻"的发型,据后人研究,"项髻"是指"椎髻(又作'椎结')",据《溪蛮丛笑》解释:"椎结,胎发不薙除,长大而无栉篦。"⑤ 即自生下来以后不剃发,长大后也不梳洗。

---

① 容观琼:《释"岛夷卉服,厥篚织贝"——兼谈南方少数民族对我国古代纺织业的贡献》,《中央民族大学学报》1979年第3期,第56~60页。
② 陈江:《"岛夷卉服"和古代海南黎族的纺织文化》,《广西民族研究》1991年第3期,第95~98页。
③ (汉)班固:《汉书》卷二八《地理志》,第1670页。
④ (南朝宋)范晔:《后汉书》卷八六《南蛮西南夷列传》,第2836页。
⑤ (宋)朱辅:《溪蛮丛笑》,文渊阁《四库全书》第594册,第51页。

第二章 西汉郡县制初置时期的海口

秦始皇统一六国后，于始皇三十年（前217）发兵征讨岭南，经过三年的战争征服了百越，在岭南地区设置南海、桂林和象三郡，其中象郡是否统辖海南岛？历史上就存在着分歧。如《乾隆琼山县志》就记录了两种观点。一种观点否定："琼郡在唐虞三代为扬越荒徼，秦为越郡外境"；一种观点肯定："雷为象郡，琼当附雷。"① 这一分歧成为海南历史上的悬疑事件之一。

一百多年后，即公元前112年（元鼎五年），因南越吕嘉反，汉武帝遣伏波将军路博德、楼船将军杨仆率军征南越，"卫尉路博德为伏波将军，出桂阳，下汇水。主爵都尉杨仆为楼船将军，出豫章，下横浦。故归义越侯二人为戈船、下厉将军，出零陵，或下离水，或抵苍梧。使驰义侯因巴蜀罪人，发夜郎兵，下牂柯江，咸会番禺"。② 第二年，汉军自合浦、徐闻港出发，渡过琼州海峡进入海南。

徐闻、合浦是出发到海口以及海南的两个重要港口。《汉书·地理志》记载伏波将军路博德、楼船将军杨仆"自合浦、徐闻南入海，得大州，东西南北方千里。武帝元封元年略以为儋耳、珠崖郡"。汉时兴起的海上丝绸之路也是从徐闻、合浦出发的，《汉书·地理志》记载从徐

---

① （清）杨宗秉纂修《乾隆琼山县志》卷一《疆域志》，海南出版社，2003，第21页。
② （汉）司马迁：《史记》卷一一三《南越列传》，第2975页。

闻、合浦出发经南海、印度洋到东南亚、南亚各国的航路：

> 自日南障塞、徐闻、合浦船行可五月，有都元国。又船行可四月，有邑卢没国。又船行可二十余日，有谌离国。步行可十余日，有夫甘都卢国。自夫甘都卢国船行可二月余，有黄支国，民俗略与珠厓相类。其州广大，户口多，多异物，自武帝以来皆献见。有译长，属黄门，与应募者俱入海市明珠、璧流离、奇石异物，赍黄金杂缯而往。所至国皆禀食为耦，蛮夷贾船，转送致之。亦利交易，剽杀人。又苦逢风波溺死，不者数年来还。大珠至围二寸以下。平帝元始中，王莽辅政，欲燿威德，厚遗黄支王，令遣使献生犀牛。自黄支船行可八月，到皮宗。船行可二月，到日南、象林界云。黄支之南，有已程不国，汉之译使自此还矣。①

徐闻对面就是海口，汉武帝的军队应是先抵达位于海口、被后人称为烈楼港的地方。烈楼港在明《正德琼台志》中有记载："在县西北三十里烈楼都，水自五原铺下田涧流出成溪，至此与潮汇成港……烈楼觜在烈楼都海边，大石一所，生出海北三墩，石觜相望，海南地接徐闻，此最近，舟一朝可返。"②《正德琼台志》又云："按《雷志》：'徐闻那黄渡开帆，小午至琼山烈楼，乃汉军渡海楼船布列之处。'本县都名作烈楼，又似焚楼之意，未知孰是。"《康熙琼山县志》认为汉军渡海登陆地点在烈楼港："（琼山）县西二十里。自徐闻那黄渡开船，小午可到。乃汉军渡海之处。"③《咸丰琼山县志》也称烈楼港是"汉伏波将军渡海之处。"明清人主张烈楼港为汉军渡海之处，不知何据，大概是因为此处距离徐闻港最近的缘故。

烈楼港在海口市何处？据王天意考证，烈楼港在新建的海南国际会展中心至五源河出海口一带海域。证据有二：一是《正德琼台志》关于

---

① （汉）班固：《汉书》卷二八《地理志》，第1671页。
② （明）唐胄：《正德琼台志》卷五《山川》，第89页。
③ （清）潘廷侯：《康熙琼山县志》卷二《建置志》，第25页。

烈楼港的词条中所载的"水自五原铺下田涧流出成溪,至此与潮汇成港",以及"烈楼觜"、"后海"等地名均在这一带。二是此地离徐闻最近,符合各类史志中关于烈楼港的描述:"海南地接徐闻,此最近。"①

汉军乘坐楼船渡过琼州海峡,表明汉代造船和航行技术均有较高的水平。汉代造船技术中以楼船建造为代表,高十余丈,甲板上建楼数层,船上设备有帆、橹、楫、纤绳等。长沙、合浦、交趾是南部三个主要造船地点。番禺地区也是华南沿海一带的造船中心之一。1974年,在广州发现了一处规模巨大的秦汉造船工厂遗址,1975年和1994年,先后两次在广州市中山四路发掘秦汉造船工场的船台遗址,船台的规模很大,共有三个,呈东北—西南走向,平行并列。1986年在广州市东山农林下路发现一座南越国时期的木椁墓,出土一艘彩绘木船模型,船上前舵有12位划桨木俑,后部是两层木楼,考古学家肯定这是一艘楼船模型。

伏波将军、楼船将军的军队乘船沿着海南岛周边的河流进入海南内陆,并在海南河口内陆设置儋耳、珠崖两郡和十六县,郡县治所均在沿海或者入海口处数十里之内,《万历琼州府志·沿革志》曰:"其初,环海以为郡县,多中土之流寓与近州县染化之人。"② 汉人集中居住在海南各条大河的入海口处,原住民被迫向内陆迁徙。原住民仍保持着传统社会结构和生活方式,形成海南岛最早的汉人族群与原住民之间的分布格局,即"外官内土"的布局。

第一节 珠崖郡、瑇瑁、颜卢县等行政机构的设置

汉武帝元鼎六年(前111),伏波将军路博德"遂定越地,以为南

---

① 王天意:《烈楼港考辨》,《新东方》2012年第5期,第38页。
② (明)戴熺、欧阳灿总裁,蔡光前纂修《万历琼州府志》卷二《沿革志》,海南出版社,2003,第40页。

海、苍梧、郁林、合浦、交阯、九真、日南、珠厓、儋耳郡"。珠崖、儋耳两郡在海南岛上，隶属于交州，其中珠崖郡治在今天的海口市境内。珠崖郡成为西汉时期海南行政中心之一，汉昭帝始元五年（前82年），罢儋耳郡入珠崖郡后，珠崖郡成为海南岛上唯一的行政中心。

　　珠崖郡名的来历出自海口市境内的物产。"珠崖"意思是出产珍珠之地，东汉人应劭注曰："（珠厓）郡在大海中崖岸之边，出真珠，故曰珠厓。"① 但到明清之时，海口市境内已不出产珍珠，《正德琼台志》引《旧志》解释说："元至顺壬申（1332），潭村（汉珠崖旧址）崖岸下有石穴至深，能水者沉入采蚌得珠。后洪水崖陷，不复有。据此，则郡曩或有之。今皆出于廉，琼则绝无。"② 可见，海口原来盛产珍珠，只是后来地理环境发生变化才绝产。

　　汉武帝为什么在海口设郡呢？历史文献上没有记载，笔者以为主要有以下三个原因：一是海南岛陆路交通不便。海口位于北纬20°9′~28°10′，属热带季风气候。阳光充足，雨量充沛，植物茂盛。汉武帝派军队乘船渡过琼州海峡进入海南岛时，岛上覆盖着茂密的热带雨林，虽然岛上已有土著居民，但仍处于原始采集狩猎向原始农业过渡阶段，陆地上没有宽敞的道路。二是南渡江的便利。海南岛呈椭圆形，地势中部高四周低，大河流多发源于中部山区，呈辐射状水系。全岛独流入海的河流共154条，南渡江、昌化江、万泉河是海南岛上最长的三条河流。三是汉武帝的军队是乘船渡过琼州海峡的，沿河上溯较为便利。据后人考证，这些郡县治所均在沿海的入海口处数十里之内，比如儋耳郡治在今儋州市三都镇旧州坡，地处半岛，毗邻大海。至来县治在今昌江黎族自治县昌城镇旧县村，地处昌感平原，昌化江下游，毗邻出海口。九龙县治在县南九龙山下，即今东方市南感城镇入学村西，地处昌感平原，毗邻感恩河入海口。苟中县治在今澄迈县老城镇南美亭乡东南隅，濒临大海。紫贝县治在今文昌市文城镇新衙村址，地处文昌江下游两江汇合处，直通八门湾出海口。临振县治在今三亚市崖城镇水南村，地处宁远

---

① （汉）班固：《汉书》卷六《武帝纪》，第188页。
② （明）唐胄：《正德琼台志》卷九《物产》，第209页。

河下游出海口。乐罗县治在今乐东黎族自治县九所镇乐罗村荣村坡，地处平原，在望楼河出海口。山南县治在今陵水县境。汉武帝的军队乘船渡过琼州海峡，并乘船从河口进入，沿着河流深入海南内陆，并在河口两岸设置郡县治所。

珠崖郡治旧址，一说在海口市遵谭镇，《茂陵书》："珠崖郡治瞫都。"① 《古今图书集成·职方典·琼州府城池考》："汉置珠崖郡于东潭。"② 一说在今海口市龙塘镇珠崖岭。1999 年，海南省文物考古研究所和琼山市博物馆联合对珠崖岭古城址进行发掘，位于海口市琼山区龙塘镇博抚村的博抚遗址，在南渡江西岸山冈上，北距珠崖岭约 1000 米。遗址南北长约 400 米，东西宽约 200 米，堆积厚 0.2~0.7 米。在地面上散布青灰板瓦、瓦当。采集有泥质灰陶罐、酱釉陶罐、青瓷碗、罐残片等。经确认，珠崖岭上的城墙为夯土所筑。从城墙及城内文化堆积中出土的遗物来看，多是平底和饼足的青瓷器。另据史书记载，珠崖岭城址始建于汉代，延续至唐代，至宋代已废弃。③ 考古勘探发掘表明，该城址坐落在海南岛第一大江——南渡江西岸的一块高台地上，这里地势西北高东南低，坐北朝南，依山傍水。可以看出，珠崖岭城址在选址时充分利用了这一带的丘陵地势地貌和周围的自然环境。

在西汉时期，珠崖、儋耳两郡郡守（太守）是海南的最高行政长官，隶属交州，治苍梧。见于史籍记载的郡守有珠崖太守孙幸和儿子孙豹，会稽（今浙江绍兴）人。郡守之下有郡丞、郡文学等，分别掌管一郡的行政、军事和教育。

西汉设郡之后，开始采集珠崖的珍珠。中国对珍珠的利用历史十分悠久，早在原始社会，华夏先祖在江河湖泊等淡水域中采集狩猎时就发现蚌和珍珠。人们把这种天然圆形的、晶莹剔透的珍珠用于装饰或其他用途。到西周之后，珍珠已成为社会上层崇尚的财富之一。《周礼·天

---

① （汉）班固：《汉书》卷六《武帝纪》，第 188 页。
② （清）陈梦雷：《古今图书集成》卷一三七五《职方典》，第 20276 页。
③ 丘刚：《海南古遗址》，海南出版社，2008，第 155 页。

官·玉府》:"若王合诸侯,则共珠盘玉敦。"① 即用珠玉装饰的器物作为王与诸侯合会的礼器。一颗大珠甚至可以换来一座城池,《左传·哀公十一年》记载:"卫大叔疾出奔宋……臣向魋纳美珠焉……宋公求珠,(向)魋不与,由是得罪。"② 贵族阶层以拥珍珠为豪,《史记·田敬仲完世家》记载梁惠王嘲笑齐威王曰:"若寡人国小,尚有径寸之珠照车前后各十二乘者十枚,奈何以万乘之国而无宝乎?"③ 贵族阶层用珍珠做衣服、车、马、刀、剑等物品的装饰。至少到春秋战国时期,南海已经成为中原采珠基地,战国时期人邹衍《邹子》曰:"珠生于南海,玉出于须弥,无足而至。"④

在南海沿海地区任职的官员会利用职权,搜刮大量奇珍异宝,卸任时携归内地,南海成为腐败的重要地区。西汉时,中央王朝制定法令,禁止官员携带南海珍珠进入内地,"内珠入于关者死"。西汉人刘向《列女传·珠崖二义》记载:

> 二义者,珠崖令之后妻及前妻之女也。女名初,年十三,珠崖多珠,继母连大珠以为系臂。及令死,当送丧。法,内珠入于关者死。继母弃其系臂珠,其子男年九岁,好而取之,置之母镜奁中,皆莫之知。遂奉丧归,至海关,关候士吏搜索,得珠十枚于继母镜奁中,吏曰:"嘻!此值法无可奈何,谁当坐者?"初在,左右顾,心恐母云置镜奁中,乃曰:"初当坐之。"吏曰:"其状何如?"对曰:"君不幸,夫人解系臂弃之。初心惜之,取而置夫人镜奁中,夫人不知也。"继母闻之,遽疾行问初,初曰:"夫人所弃珠,初复取之,置夫人奁中,初当坐之。"母意亦以初为实,然怜之,乃因谓吏曰:"愿且待,幸无劾儿,儿诚不知也。此珠妾之系臂也,君不幸,妾解去之而置奁中。迫奉丧,道远与弱小俱,忽然忘之,妾

---

① 《周礼·天官》,《十三经注疏》,中华书局 1980 年影印本,第 678 页。
② 《左传·哀公十一年》,《十三经注疏》,第 2167 页。
③ (汉)司马迁:《史记》卷四六《田敬仲完世家》,第 1891 页。
④ (宋)李昉:《太平御览》卷八三《珍宝部二》,中华书局 1960 年影印本,第 3564 页。

当坐之。"初固曰:"实初取之。"继母又曰:"儿但让耳,实妾取之。"因涕泣不能自禁。女亦曰:"夫人哀初之孤,欲强活初耳,夫人实不知也。"又因哭泣,泣下交颈,送葬者尽哭,哀动傍人,莫不为酸鼻挥涕。关吏执笔书劾,不能就一字,关候垂泣,终日不能忍决,乃曰:"母子有义如此,吾宁坐之?不忍加文,且又相让,安知孰是?"遂弃珠而遣之。①

汉武帝在海南设置珠崖、儋耳两郡,两郡设县的数量,一种说法是五县。《乾隆琼山县志·疆域志》记载珠崖、儋耳两郡领县五,分别是玳瑁、紫贝、苟中、至来、九龙。另一种说法是十六县,"按汉纪,贾捐之议弃珠崖。初,武帝置崖、儋二郡,时有十六县"。② 珠崖郡辖玳瑁、曋都、颜卢、苟中、紫贝、山南、临振、乐罗等十一县,儋耳郡辖儋耳、至来、九龙等五县。珠崖郡主要管辖从海南北部到三亚之间的东部地区。

玳瑁县 在南渡江西岸,今海口市区与原琼山县沿海北部境内,东面濒临南渡江。"玳瑁县"意思是出产玳瑁之地,因物而命名。玳瑁是生活在热带海洋中的动物,早在先秦时期,南方就向中原王朝进贡玳瑁,《逸周书·王会解》记载商汤时,伊尹谓汤曰:"正南……请以玳瑁为献。"③《史记·货殖列传》也记载南方出产玳瑁:"江南出楠、梓、姜、桂、金、锡、连、丹沙、犀、玳瑁、珠玑、齿革。"④ 在汉代,社会上层女性用玳瑁作装饰品,宫廷女性饰玳瑁簪。汉文帝时厉行节俭,"后宫贱玳瑁而疏珠玑",汉武帝时盛行奢侈之风,"宫人簪玳瑁,垂珠玑"。⑤ 司马相如《子虚赋》曰:"网玳瑁,钓紫贝。"⑥ 汉元帝初元三年(前46年),因岛上土著居民屡次反叛,朝廷在议论是否放弃珠崖郡时,主张弃郡的贾捐之所持理由也是"又非独珠崖有珠犀、玳瑁也,弃之不足

---

① (汉)刘向:《列女传》卷五,山东大学出版社,1990,第195页。
② (清)杨宗秉纂修《乾隆琼山县志》卷一《疆域志》,第21页。
③ 黄怀信:《逸周书汇校集注》,上海古籍出版社,1995,第975页。
④ (汉)司马迁:《史记》卷一二九《货殖列传》,第3254页。
⑤ (汉)班固:《汉书》卷八七《扬雄传》、卷六五《东方朔传》,第3560、2858页。
⑥ (汉)司马迁:《史记》卷一一七《司马相如列传》,第3013页。

借，不击不损威"。① 可见，海南岛在汉代时原出产玳瑁，并向中央进贡。

颜卢县 《古今图书集成·职方典·琼州府城池考》："汉置珠崖郡于东潭，跨江东于颜村侧置颜卢县。"② 因颜卢县城建在颜村之旁而得名。据有人考证，在今海口市美兰区灵山镇红峰村委会多吕村（旧称颜村），南渡江下流，毗近出海口。③

朱卢县 汉昭帝始元五年（前82年），罢珠崖郡，改置朱卢县。《古今图书集成·职方典·琼州府城池考》："郡罢，因颜卢为朱卢，温处慕义内属者。"④ 可见朱卢县是在颜卢县旧址上。1984年5月，乐东县志仲镇潭培村刘清高在村后山坡上种植橡胶时，在地面下0.3米深处挖出了一个小银块，银块上刻有文字，经文物部门鉴定，这是一枚2000多年前的西汉银印。该印呈正方形，高1.8厘米，边长2.4厘米，篆体白文银印，印纽类似兽首蛇身，通体布鳞，尾部有须纹，呈曲身爬行状，印铸有阴文"朱卢执圭"四个篆体字，字迹苍古，经考证系西汉朱卢县执刑律的官印。⑤ 至于朱卢县的官印为什么出现在乐东，学界说法不一，有多种推测。

西汉时期县设县令，"每县，大者置令一人，千石；其次置长，四百石；小者置长，三百石"。⑥ 珠崖郡和瑇瑁、颜卢两县的官吏由封建王朝委派，官吏来自中土，致仕后又回到内地。目前，汉代在海南的县令多已不可考。

第二节　封建制度的建立及与原住民的关系

汉武帝在海南设置珠崖、儋耳两郡和瑇瑁、颜卢等县后，最初并没

---

① （汉）班固：《汉书》卷六四《贾捐之传》，第2834页。
② （清）陈梦雷：《古今图书集成》卷一三七五《琼州府城池考》，第20276页。
③ 符和积：《西汉海南岛建置区划探究》，《中国地方志》2005年第3期，第50~55页。
④ （清）陈梦雷：《古今图书集成·职方典》卷一三七五《琼州府城池考》，第20276页。
⑤ 丘刚：《海南古遗址》，海南出版社，2008，第65页。
⑥ （南朝宋）范晔：《后汉书》卷二八《百官志》，第3617页。

有向原住民征收赋税，但时间不长，官府开始征收土贡。土贡是地方将土特产定期或不定期向中央王朝进贡，这是在中国古代地方向中央表示臣服的一种义务。海南盛产广幅布、玳瑁、珠玑、发髢等物品，这些物品就成为土贡征收的对象，《汉书·西域传》赞中说："孝武之世……天下殷富，财力有余，士马强盛，故能睹犀布、瑇瑁，则建珠崖七郡。"①可见，海南地方特产犀象、玳瑁、珠玑、土布等物品都作为土贡被地方官员大量征收，并输送到中原。繁重的土贡激起原住族群的反抗，孙幸任珠崖太守时，"调广幅布献之，蛮不堪役"。原住族群愤怒的攻入珠崖郡治，杀死孙幸。孙幸的儿子孙豹率领善人"讨平乱党"。②经汉王朝准许，孙豹接任其父任珠崖太守，继续变本加厉地向原住族群掠夺土贡。

地方官吏还向原住族群征收发髢。西汉时中原盛行假髻，这一习俗一直延续到东晋时，"太元中，公主妇女必缓鬓倾髻，以为盛饰。用髢既多，不可恒戴，乃先于木及笼上装之，名曰假髻，或名假头。至于贫家，不能自办，自号无头，就人借头。遂布天下，亦服妖也。无几时，孝武晏驾而天下骚动，刑戮无数，多丧其元。至于大殓，皆刻木及蜡或缚菰草为头，是假头之应云"。③陶侃家贫，其母亲也曾卖髮待客，《晋书·陶侃传》载："鄱阳孝廉范逵尝过侃，时仓卒无以待宾，其母乃截发得双髲，以易酒肴，乐饮极欢，虽仆从亦过所望。"④海南原住族群女子的头发秀美，晋初王范《交广春秋》记载："朱崖、儋耳二郡……周回二千里，径度八百里，人民可十万余家，皆殊种异类，被发雕身；而女多姣好，白皙、长发、美鬓。"⑤西汉时，珠崖郡县官员看见当地女子头发漂亮，就抓来剪下，输往中原地区制作假发："汉时法宽，多自放恣，故数反违法。珠崖之废，起于长吏睹其好发，髡取为髢。"⑥《太平御览》卷三七三引《林邑记》记载："朱崖人多长发，汉时郡守贪残，

---

① （汉）班固：《汉书》卷九六《西域传》，第3928页。
② （南朝）范晔：《后汉书》卷八六《南蛮西南夷列传》，中华书局，1965，第2835页。
③ （唐）房玄龄：《晋书》卷二七《五行志》，第826页。
④ （唐）房玄龄：《晋书》卷六六《陶侃传》，第1768页。
⑤ （北魏）郦道元：《水经注》，世界书局印行，1936，第455页。
⑥ （西晋）陈寿：《三国志》卷五三《薛综传》，第1243页。

缚妇女割头取发，由是叛乱，不复宾服。"①

瑇瑁、颜卢二县和珠崖郡所在的周边地区多土著居民，因地方郡县官吏的横征暴敛，很快就激起了原住族群的强烈反抗，据《汉书·贾捐之传》记载："自初为郡至昭帝始元元年（前86年），二十余年间，凡六反叛。"② 平均每三年就有一次反抗。昭帝以降，海南原住族群的反抗史不绝书：汉宣帝神爵三年（前59年），"珠崖三县复反。反后七年，甘露元年（前53年），九县反，辄发兵击定之"。"（甘露二年）夏四月，遣护军都尉禄将兵击珠崖。"③ 汉元帝初元元年（前48年），"珠崖又反，发兵击之。诸县更叛，连年不定"。④ 初元二年，"上即位之明年，珠崖山南县反，发兵击之，诸县更叛，连年不定"。⑤ 初元三年春，"珠崖郡山南县反"。⑥ 为此，贾捐之建议放弃珠崖郡：

> 今天下独有关东，关东大者独有齐楚，民众久困，连年流离，离其城郭，相枕席于道路。人情莫亲父母，莫乐夫妇，至嫁妻卖子，法不能禁，义不能止，此社稷之忧也。今陛下不忍悁悁之忿，欲驱士众挤之大海之中，快心幽冥之地，非所以救助饥馑，保全元元也。《诗》云"蠢尔蛮荆，大邦为雠"，言圣人起则后服，中国衰则先畔，动为国家难，自古而患之久矣，何况乃复其南方万里之蛮乎。骆越之人父子同川而浴，相习以鼻饮，与禽兽无异，本不足郡县置也。颛颛独居一海之中，雾露气湿，多毒草虫蛇水土之害，人未见虏，战士自死。又非独珠崖有珠犀瑇瑁也，弃之不足惜，不击不损威。其民譬犹鱼鳖，何足贪也。臣窃以往者羌军言之，暴师曾未一年，兵出不逾千里，费四十余万万，大司农钱尽，乃以少府禁钱续之。夫一隅为不善，费尚如此，况于劳师远攻，亡士毋功乎。求之

---

① （宋）李昉：《太平御览》卷三七三《人事部一四》，第1722页。
② （汉）班固：《汉书》卷六四《贾捐之传》，第2830页。
③ （汉）班固：《汉书》卷六四《贾捐之传》第2830页；卷八《宣帝纪》，第269页。
④ （汉）班固：《汉书》卷六四《贾捐之传》，第2830页。
⑤ （宋）司马光：《资治通鉴》，中华书局，1956，第906页。
⑥ （汉）班固：《汉书》卷九《元帝纪》，第283页。

往古则不合，施之当今又不便。臣愚以为非冠带之国，《禹贡》所及，《春秋》所治，皆可且无以为。愿遂弃珠崖，专用恤关东为忧。①

汉元帝接受了贾捐之的建议，初元三年（前46年）废珠崖郡。汉元帝在诏中曰：

> 珠厓虏杀吏民，背畔为逆，今廷议者或言可击，或言可守，或欲弃之，其指各殊。朕日夜惟思议者之言，羞威不行，则欲诛之。狐疑辟难，则守屯田。通于时变，则忧万民。夫万民之饥饿，与远蛮之不讨，危孰大焉？且宗庙之祭，凶年不备，况乎辟不嫌之辱哉。今关东大困，仓库空虚，无以相赡，又以动兵，非特劳民，凶年随之，其罢珠厓郡。民有慕义欲内属，便处之。不欲，勿强。②

西汉在海南设置郡县的过程，据《后汉书》记载："至武帝元鼎五年（前112），遂灭之，分置九郡，交阯刺史领焉。其珠崖、儋耳二郡在海洲上，东西千里，南北五百里。其渠帅贵长耳，皆穿而缒之，垂肩三寸。武帝末，珠崖太守会稽孙幸调广幅布献之，蛮不堪役，遂攻郡杀幸。幸子豹合率善人还复破之，自领郡事，讨击余党，连年乃平。豹遣使封还印绶，上书言状，制诏即以豹为珠崖太守。威政大行，献命岁至。中国贪其珍赂，渐相侵侮，故率数岁一反。元帝初元三年，遂罢之。凡立郡六十五岁。"③

汉元帝初元三年罢珠崖后，因颜卢县旧址建朱卢县。朱卢县隶属于合浦郡（今广西境内）。朱卢是珠崖、颜卢的合称，或称"珠卢"。由此可见，西汉并没有完全放弃海南岛。关于这一点历史上存在着争议，但是多数主张没有完全放弃，《乾隆琼山县志·疆域志》："按汉纪，贾捐

---

① （汉）班固：《汉书》卷六四《贾捐之传》，第2833~2835页。
② （汉）班固：《汉书》卷六四《贾捐之传》，第2835页。
③ （南朝宋）范晔：《后汉书》卷八六《南蛮西南夷列传》，第2835页。

之议弃珠崖。初，武帝置崖、儋二郡，时有十六县。后因十三县屡反，故罢之，而以三县之未反愿内属者，因并珠崖、颜卢为珠卢，属合浦。虽曰罢，然实未尝弃其地也。若尽弃之，则合浦郡何为书珠卢？盖所罢弃者，弃其反者，未尝弃其慕义内属者。不然，何八十六年后，马伏波军士未尝至海南，而珠崖之复不烦兵旅乎？"①

朱卢县的位于海南北部，亦即今天琼山一带。珠崖郡治所也在今天琼山县的曋都，也属于汉代珛瑂县境内。汉代的封建郡县是从外部强行置入海南，虽然设置了儋耳、珠崖两郡和十六县，但封建郡县存在的时间却很短暂，前后共65年。虽然如此，毕竟是封建郡县制度进入海南的开端，对海南社会结构的变迁产生重大意义。

第三节　中原移民及社会经济发展

汉武帝在海南岛设置郡县后，中原人开始从大陆向海南岛迁移，并集中居住在海南各条大河的两岸和入海口处，尤其是南渡江入海口和两岸，原住民被迫向海南内陆迁徙，形成中原人据外，黎人据中的形势。

中原向海南北部的迁移其实早在此前就已经开始了。秦始皇统一六国后，在始皇三十年（前217）发兵征讨岭南，经过三年的战争，征服了"百越"民族，在岭南地区设置南海、桂林和象三郡。为了巩固军事成果，秦王朝把大批中原人南迁岭南，向岭南地区移民的类型主要有四种：一是迁徙罪犯、赘婿、贾人、谪贬官员等。如秦始皇"三十三年，发诸尝逋亡人、赘婿、贾人，略取陆梁地，为桂林、象郡、南海，以适遣戍"。三十四年，"谪治狱吏不直者，筑长城及南越地"。② 二是移民实边。移民实边是秦汉时期巩固边防的一项重要政策，据《汉书·南越传》曰："秦并天下，略定扬越，置桂林、南海、象郡，以适徙民，与

---

① （清）杨宗秉纂修《乾隆琼山县志》卷一《疆域志》，第21页。
② （汉）司马迁：《史记》卷六《秦始皇本纪》，第253页。

越杂处。"① 三是军事移民。秦始皇对岭南采取的军事行动，前后用兵达50多万以上，后来在南海尉赵佗请求下，秦始皇又派遣15000名未婚女子到岭南"为士卒衣补"，实际上是解决驻守岭南士卒的婚配问题。在戍守五岭的50多万军队中，应有一部分留居在岭南地区。四是经商之人。此时内地的商贾早已到达南方沿海地区，据《正德琼台志》载："越处近海，多犀象、玳瑁、珠玑、银铜、果布之凑，中国往商贾者多取富焉，则秦有至者矣。"② 其中应有一些商贾留居下来。秦王朝向岭南地区移民，一些汉人很可能越过琼州海峡进入海南岛，尤其是灵渠的修筑，沟通长江流域与珠江流域的交通，使中原地区的人员更加便利的南下。

西汉在海南设置珠崖、儋耳郡后，如同秦王朝一样，实施将罪人"投诸四裔"的强制性政策。从记载来看，这一时期迁徙的罪犯至海南对岸的合浦郡。

如汉成帝河平二年（前27年），"（王）凤诬（王）章以大逆罪，下狱死，妻子徙合浦"。元寿二年（前1年）六月，哀帝去世，王莽秉政，"（大司马董）贤夫妻自杀，家徙合浦"。孔乡侯傅晏（汉哀帝傅皇后的父亲）、少府董恭（宠臣大司马董贤的父亲）等人"皆免官爵，徙合浦"。方阳侯孙宠，"坐前为奸谀免，徙合浦"。"外家丁、傅皆免官爵，徙合浦，归故郡。"息夫躬母圣犯大逆不道罪，"妻充汉与家属徙合浦"。东汉和帝永元三年（公元92年）大将军窦宪被诛，窦宪女婿侍中郭举被诬谋逆，"父子俱下狱死，家属徙合浦"。③

这类迁徙的例子还有很多，不一一列举。从西汉末年开始，海南北部地区的朱卢县隶属于合浦郡。此时虽然没有明确记载海南作为流放地，或者说谁被流放到海南，但岭南一带确实作为流放地，其中一些"罪人"可能会进入海南。

---

① （汉）班固：《汉书》卷九五《南越传》，第3847页。
② （明）唐胄：《正德琼台志》卷三，第58页。
③ 见《汉书》卷二七《五行志》、卷一二《平帝纪》、卷一八《外戚恩泽侯表》、卷四五《息夫躬传》，《后汉书》卷一〇《光武郭皇后纪》等。

汉武帝在海南岛设置封建郡县和中原人的进入，虽然激化了与原住民之间的矛盾，但是也带来了先进的农业生产技术。

农业 公元前 110 年，汉武帝派遣军队进入海南并设立封建郡县时，在海南看到骆越人"男子耕农，种禾稻、纻麻，女子桑蚕织绩"。① 骆越人原活动在今天的广西南部和东南部一带，因耕种骆田而得名，据《史记·南越列传》卷一一三《索隐》注引《广州记》云："交趾有骆田，仰潮水上下，人食其田，名为'骆人'。"② 骆越人在迁入海南之前已使用铜器，并能根据骆水水位涨落变化在两旁留下的淤地上种植农作物，已经进入了农业文明阶段，并已经在农业文明基础上建立了与此相适应的父系氏族社会组织，甚至地域性社会组织。晋人裴渊《广州记》记载："（骆越人）有骆王、骆侯。诸县自名为'骆将'，铜印青绶，即今之令长也。"③ 约在三千年前，一部分"骆越人"迁入海南岛，并将骆越人的农业文明带到了海南。

当中原人在秦汉时期向海南迁徙时，中原地区已经进入较高的农业文明阶段，已经使用铁制生产工具，采用牛耕、犁耕，种植小麦、稷、稻、麻、黍等农作物。秦汉时期的汉人居住在海南北部地区，以经商为主，农业并不发达。伴随着汉人大规模向海南迁徙，也将内地更为先进的农业技术传播进来。

手工业 西汉首次在海南设置儋耳、珠崖郡时，海南岛上的原住民仍使用木棉原料织成布匹，此时，中原人把海南原住民生产的布匹称作"广幅布"，因为当时中原地区有固定的布帛纺织标准，"布帛广二尺二寸为幅，长四丈为匹"。④ 而海南原住民生产的布匹要比中原生产的布幅宽，故被中原人称为"广幅布"。

贸易 早在秦代，中原人已经到海南贸易，有一条史料可以证明这一点，海南儋州一直到明代仍然沿用秦代的计量单位，"秦以水德王，

---

① （汉）班固：《汉书》卷二八《地理志》，第 1670 页。
② （汉）司马迁：《史记》卷一一三《南越列传》，第 2969 页。
③ （汉）司马迁：《史记》卷一一三《南越列传》，第 2969 页。
④ （汉）班固：《汉书》卷二四《食货志》，第 1117 页。

其数用六,儋人行使(通货),犹用六数,以六文为一钱,六十文为一两,六百文为一贯。又田禾,以六把为半担,十二把为一担,皆秦旧俗也"。① 汉武帝元封元年在海南设置郡县后,除了官员军士之外,最早踏入海南的汉人就是商人。商人将海南岛上的玳瑁、珍珠等物品运往内地,当时的广东番禺是岭南贸易聚集的大都会,《汉书·地理志》记载:"今之苍梧、郁林、合浦、交趾、九真、南海、日南,皆粤分也……处近海,多犀象、玳瑁、珠玑、银铜、果布之凑,中国往商贾者多取富焉。番禺,其一都会也。"② 海南地处热带海岛,盛产的物品与内地迥异,汉武帝在海南岛设置珠崖郡等郡县,许多郡县是因物产命名的,比如珠崖郡因"崖岸之边出珍珠"而得名,③ 玳瑁县因产玳瑁得名,紫贝县因县境有紫贝(木棉)岭得名,"紫贝"为黎语汉译,意思为"木棉",等等。在这一时期,海南处于中原汉人贸易范围之内。

珠崖的物品运送到中原的数量应非常多。汉元帝听从贾捐之的建议放弃珠崖郡后,扬雄十分高兴,在《法言》中曰:"珠崖之绝,捐之之力也,否则鳞介易我衣裳。"东汉人杨终也非常赞同:"孝元弃珠崖之郡,光武绝西域之国,不以介鳞易我衣裳。"④ "介鳞"是海洋物产,被汉人用来指代海南的原住族群文化,"衣裳"是指华夏礼仪之邦。汉代在海南设立封建郡县之初,一些人忧虑海南的"介鳞"风俗将会改变华夏之风,因此为朝廷放弃珠崖郡而感到高兴。

文化交流 海南在西汉武帝时期被纳入华夏版图后,中原地区的官员、军人、商人相继来到海南岛,在政治、经济、军事、文化等方面产生了交流。

秦汉时期的军政之旅,增加了中原人对海南的认识。一是关于海南的地理知识。"元封元年立儋耳、珠崖郡,皆在南方海中洲居,广袤可千里,合十六县,户二万三千余。"⑤ 班固《汉书·地理志》说"得大

---

① (明)曾邦泰等纂修《万历儋州志》,第42页。
② (汉)班固:《汉书》卷二八《地理志》,第1670页。
③ (明)唐胄:《正德琼台志》,第43页。
④ (南朝宋)范晔:《后汉书》卷四八《杨终传》,第1597页。
⑤ (汉)班固:《汉书》卷六四《贾捐之传》,第2830页。

洲，东西南北方千里"，较之以前更为清晰。到范晔《后汉书·南蛮传》时记载："其珠崖、儋耳二郡在海洲上，东西千里，南北五百里。"已经了解到海南岛是一个南北短、东西长的地理形状。二是关于海岛上族群的习俗。班固《汉书·地理志》："民皆服布如单被，穿中央为贯头。男子耕农，种禾稻、纻麻，女子桑蚕织绩。亡马与虎。民有五畜，山多麈麖。兵则矛、盾、刀、木弓弩、竹矢，或骨为镞。"

奇特的民风民俗　西汉时期，中原人将海南岛上的原住民称为"骆越人"，对骆越人的生活有了直接了解，"骆越之人，父子同川而浴，相习以鼻饮"。① 此时，骆越人的生活方式与中原相差很大。范晔《后汉书·南蛮西南夷列传》记载儋耳风俗曰："其渠帅贵长耳，皆穿而缒之，垂肩三寸。"② 东汉初期人杜笃在《论都赋》中歌颂汉武帝的丰功伟绩时提到"连缓耳，琐雕题"。缓耳，耳下垂，即儋耳也。《礼记》曰："南方曰蛮，雕题交阯"。郑玄注曰："谓刻其身以丹青卫之也。"王逸注《楚辞》曰："雕，画也。题，额也。"③

---

① （汉）班固：《汉书》卷六四《贾捐之传》，第 2834 页。
② （南朝宋）范晔：《后汉书》卷八六《南蛮传》，第 2835 页。
③ （南朝宋）范晔：《后汉书》卷八《杜笃传》，第 2595 页。

第三章 东汉至南朝动荡时期的海口

公元25年，刘秀在绿林军协助下以武力击败了篡位的王莽，夺得封建政权。刘秀是西汉汉高祖刘邦的后裔，仍定国号为汉，因建都洛阳，相对于定都长安的西汉，历史上称为东汉，年号建武，是为汉光武帝。汉光武帝年间收复海南，并在海南岛设置珠崖郡，重新恢复对海南岛的行政管辖，不过，从东汉至南朝时期的500多年，中央封建王朝对珠崖的管辖断断续续，并不稳定。在这一阶段，位于海南岛北端的海口是汉人聚集的地区，仍然在社会经济文化等方面取得发展。

第一节 朝代更迭时期行政机构的沿革

东汉时期，一个新的族群——"俚人"开始在海南岛的对岸形成。东汉初年的中原汉人开始称呼粤西、桂东、桂南一带族群为"里人"，东汉光武帝建武十二年（公元36年），"九真徼外蛮里张游，率种人慕化内属，封为归汉里君"。李贤注释曰："里，蛮之别号，今呼为俚人。"[①] 后改为"俚人"，其后历史文献多记载为"俚人"。俚人所居之地，在东汉之前是骆越人的居住地，因此，学术界普遍认为俚人实际上

---

① （南朝宋）范晔：《后汉书》卷八六《南蛮传》，第2836页。

就是生活在广西、广东一带骆越人的后裔。"俚人"的称呼是中原人依据自己的标准从外部强加给海南、粤西、桂东、桂南一带未接受封建化的各族群的。

东汉光武帝建武十六年（公元 40 年），"交阯女子征侧及其妹征贰反，攻郡。征侧者，麓泠县骆将之女也。嫁为朱鸢人诗索妻，甚雄勇。交阯太守苏定以法绳之，侧忿，故反"。东汉王朝遣伏波将军马援等率军征讨：

> （建武）十六年，交阯女子征侧及其妹征贰反，攻郡……于是九真、日南、合浦蛮里皆应之，凡略六十五城，自立为王。交阯刺史及诸太守仅得自守。光武乃诏长沙、合浦、交阯具车船，修道桥，通障溪，储粮谷。十八年，遣伏波将军马援、楼船将军段志，发长沙、桂阳、零陵、苍梧兵万余人讨之。明年夏四月，援破交阯，斩征侧、征贰等，余皆降散。进击九真贼都阳等，破降之。徙其渠帅三百余口于零陵。于是领表悉平。①

伏波将军马援的军队是否进入海南岛？历史上存在着争议。一种观点认为伏波将军马援的军队没有进入海南岛，但也有观点主张进入了海南岛，所列证据有以下三项。

一是文献记载。宋代《诸蕃志》载："马伏波之平海南也，命陶者作缸器，大者盛水数石，小者盛五斗至二三斗者，招到深峒归降人，即以遗之，任意选择，以测其巢穴之险夷。"② 据调查，海南解放之后黎族仍有以陶缸抬水储水之俗。

二是海南历史上建有许多祭祀马援的伏波庙。《舆地纪胜》曰："二伏波庙在郡城北六里龙岐村，宋建，祀汉二伏波将军。"③ 宋代所建的伏波庙原在今海口市海府路旁，现已废。宋代苏轼谪琼渡海，就祭拜过伏

---

① （南朝宋）范晔：《后汉书》卷八六《南蛮传》，第 2836~2837 页。
② （宋）赵汝适著，杨博文校注《诸蕃志校注》，第 220 页。
③ （宋）王象之：《舆地纪胜》，四川大学出版社，2005，第 374 页。

波庙，安全得渡，便题《伏波将军庙碑记》："自徐闻渡海适珠崖，南望连山，若有若无，杳一发耳。舣舟将渡，股栗魄丧。海上有伏波祠，元丰中诏封忠显王，凡济者必卜焉。某日可济乎？必吉然后敢济。使人信之，如度量权衡，必不吾欺者。"① 李纲贬官万州，在渡琼州海峡之前，"默祷海神，夜渡安然"，并书《伏波将军庙碑记》。

三是海南岛上有伏波井。海南东方市十所村现有汉马伏波井遗址。《正德琼台志·山川》称："后伏波将军乘白马跑沙得泉，因为井去海涛才四十五步，其味清，乡人于井上立伏波庙。"② 郭沫若也曾考证该井并赋诗："水泉清冽异江灌，古井犹传马伏波。"这些事例说明马援的军队曾渡过琼州海峡抵达海南。

马援平定交阯后，于建武十九年（公元43年）重新在海南设置珠崖县，隶属合浦郡，此时距离西汉元帝初元三年撤珠崖郡已经过去了86年。《乾隆琼山县志》记载："光武时交阯征侧、征贰反，诸蛮皆应之，乃命马援讨克。海外慕义贡献，故复置，自初元三年弃后至此八十六年。"③ "海外慕义贡献"，说明西汉时期罢郡之后，仍在朱卢县的善人重新归附。朱卢县在西汉隶属合浦郡，《汉书·地理志》记载："合浦郡，武帝元鼎六年开。莽曰桓合。属交州。户万五千三百九十八，口七万八千九百八十。县五：徐闻，高凉，合浦（有关），临允，朱卢（都尉治）。"④

在东汉大多数时间内，海南只设珠崖县，隶属合浦郡。珠崖县沿袭了西汉合浦郡"朱卢县"之建置。朱卢县位置在今琼山境内。《古今图书集成·职方典·琼州府城池考》："汉置珠崖郡于东潭，跨江东于颜村侧置颜卢县。郡罢，因颜卢为朱卢，温处慕义内属者。"⑤ 李勃考证，西汉颜卢县治故址"颜村"在今海口市美兰区灵山镇的多吕村。学术界关于朱卢县的地理位置多有争议，谭其骧认为朱卢的故址应在今广西博白

---

① （清）陈梦雷：《古今图书集成》卷一三八三《琼州部》，第20276页。
② （明）唐胄：《正德琼台志》卷六《山川》，第109~110页。
③ （清）杨宗秉纂修《乾隆琼山县志》卷一《疆域志》，第21~22页。
④ （汉）班固：《汉书》卷二八《地理志》，第1630页。
⑤ （清）陈梦雷：《古今图书集成》卷一三八五《琼州府城池考》，第20276页。

至玉林一带，杨式挺认为朱庐的故址应在今雷州半岛或广西合浦、博白、玉林一带，黄展岳也倾向于后一种观点。但是也有不少专家认为"朱庐"应是汉元帝初元三年（前46年）罢朱崖郡后所设置的县，其地理位置应在海南岛。徐松石首先提出朱庐应在海南岛北端，杨武泉和陈高卫等人经过大量考证，都认为朱庐应在海南岛。①

从三国（220~280）时期开始到隋朝之前，由于中原封建王朝分裂或北边少数民族南侵，中原封建王朝被迫南迁至长江流域，偏安一隅。从吴国开始，经东晋到宋、齐、梁、陈朝，被后世称为六朝时期。六朝时期的封建王朝面临着内忧外患，政治和军事实力大为削弱，对岭南时而经营、时而放弃，故在这一时期，封建王朝在海南设置郡县的时间断断续续，统治范围也局限在琼北地区。

三国时期的吴国都城建在建康（今南京），北部面临着强大敌对政权的军事威胁，为了收复北部领土或防御北面的军事威胁，需要首先稳定长江以南地区，同时也需要从南部地区获得经济支持，以拓展偏安朝廷的生存空间。因此，吴国时期，孙权积极经营岭南地区。当时珠崖在人们的心目中是一个道路险峻、充满瘴疠、民不开化的地方。海南岛地处热带，四周环海，古来被中原地区称为"瘴疠之地"，常年高温炎热、多雨潮湿，加上植物茂盛，各种蚊虫蝇蛇等危害人体健康的动物较多，故海南风土病较多。孙权想攻打夷州和朱崖，咨询陆逊。陆逊反对攻打珠崖，理由是"珠崖绝险，民犹禽兽，得其民不足济事，无其兵不足亏众"。②孙权又咨询全琮（时任大司马、左军师）的意见，全琮曰："殊方异域，隔绝障海，水土气毒，自古有之，兵入民出，必生疾病，转相污染，往者惧不能反。"③但是，孙权不听劝告，执意攻打。赤乌五年（242）七月，孙权派遣将军聂友、校尉陆凯率兵三万征讨珠崖、儋耳，征服海南的过程非常艰苦，军事活动持续一年多，果然军行经岁，十有

---

① 参见丘刚《海南古遗址》，第66页。
② （晋）陈寿：《三国志》卷五八《陆逊传》，第1350页。
③ （晋）陈寿：《三国志》卷六〇《全琮传》，第1383页。

八九的士兵染疾疫病死，但依靠军事力量一度恢复对海南的统治。

吴国赤乌五年，复置珠崖郡。黄武七年（228）改合浦为珠官郡，领徐闻、珠官、朱卢三县，隶属于交郡，其中朱卢县在今海南琼山境内。三国时期吴国的陆凯就曾担任过珠崖太守，陆凯是丞相陆逊的族子，① 《三国志·吴书·陆凯传》记载："陆凯字敬风，吴郡吴人，丞相逊族子也。黄武初为永兴、诸暨长，所在有治迹，拜建武都尉，领兵。虽统军众，手不释书。好《太玄》，论演其意，以筮辄验。赤乌中，除儋耳太守，讨朱崖，斩获有功，迁为建武校尉。"②

吴国孙亮时期（252~258），恢复合浦郡，领朱卢县及其他五县。

东晋时期北边少数民族南侵，中原封建王朝被迫南迁至长江流域，偏安一隅。岭南地区是后方，封建王朝加强对海南的经营。晋太康元年（280），撤销珠崖郡，把朱卢县并入合浦郡管辖，不久，又改朱卢县为珸瑁县。

南朝宋元嘉八年（431），复立珠崖郡，不久罢郡，省珸瑁县，仍置朱卢县，隶属越州合浦郡。南齐因袭。

南朝梁大同（535~545）年间，在海南设置崖州，统县十，户一万九千五百。陈朝因袭。③

南朝时期行政机构时常变置，反映出封建王朝在海南地区统治的不稳定。但是不管如何变化，位于海南北部的朱卢县（琼山）一直处在封建中央王朝的管辖之下。《通志》云："旧志每以梁置崖州，与隋之珠崖郡、唐之琼州相接，虽一缕可寻，而细按之，则琼山当上承朱卢，乃为正脉。"④ 在军事征服之下，南朝政府断断续续在海南恢复郡县制，总体上来说，南朝时期在海南设置的郡县很少、时间也很短暂，仍延续汉代以后的"汉依北、黎驻南"的分布格局。

---

① （晋）陈寿：《三国志》卷四七《吴主传》，第1115页。
② （晋）陈寿：《三国志》卷六一《陆凯传》，第1399~1400页。
③ （唐）魏徵：《隋书》卷三一《地理志》，第885页。
④ （清）郑文彩：《咸丰琼山县志》卷一《舆地志》，海南出版社，2003，第23页。

第二节　汉人移民和文化传播

东汉时期，海南北部地区隶属于合浦郡，而合浦郡的户口，据《后汉书·郡国志》记载：合浦郡有户二万三千一百二十一，口八万六千六百一十七。① 合浦郡户口包含合浦、徐闻、高凉、临元、珠崖等五县的户口，平均每县户数四千多，人口平均近两万人，当然，这些人口仍是汉人和已经汉化的百越人。

南朝时期，中央封建王朝在海南管辖的范围仍主要局限在海南北部地区。这一时期的人口数量也是粗略的统计，南宋时期的合浦郡领县七，户九百三十八，② 平均每县 134 户。南梁在海南设置珠崖郡，领县十，户一万九千五百，③ 平均每县 1950 户。这些户口数字同样是被纳入郡县编户的汉人和已经汉化的百越人。与汉代相比，这一时期海南郡县所管辖的人口大幅度的下降，原因是封建郡县在海南控制的范围小，同时在失去政治和军事保障的前提下，汉人数量减少。晋初王范《交广春秋》中记载："朱崖、儋耳二郡，与交州俱开，皆汉武帝所置，在大海中，南极之外，对合浦徐闻县，晴朗无风之日，迳望朱崖州，如囷廪大，从徐闻对渡，北风举帆，一日一夜而至。周回二千余里，径度八百里，人民可十万余家，皆殊种异类。"④ 这个数字包括黎人在内，也是一个粗略的描述。这一时期海南郡县管辖的民户主要是汉代留居下来的善人，这些善人仍主要从事农业和贸易活动，向郡县缴纳赋税。

从东汉到六朝时期，中原地区周期性的发生战乱，每当战乱发生，逃难的民众就向四周边远地区迁徙。比如两汉之交，王莽篡汉、赤眉绿林起义，为躲避战乱，大量中原人南迁。据《后汉书·胡广传》记载：

---

① （南朝宋）范晔撰，（晋）司马彪补《后汉书志》卷二三《郡国志》，第 3531 页。
② （梁）沈约：《宋书》卷三八《州郡志》，第 1208 页。
③ （唐）魏徵：《隋书》卷三一《地理志》，第 885 页。
④ （北魏）郦道元：《水经注》卷三六，世界书局，1936，第 455 页。

华容人胡广的六世祖胡刚,"值王莽居摄,(胡)刚解其衣冠,县(悬)府门而去,遂亡命交阯,隐于屠肆之间。后莽败,乃归乡里"。① 胡刚是逃而复返,也有许多逃而不返的,据《三国志·士燮传》记载:"士燮字威彦,苍梧广信人也。其先本鲁国汶阳人,至王莽之乱,避地交州,六世至燮父赐。"②《大越史记全书·外纪》记载:"李贲,其先北人,西汉末苦于征伐,避居南土,七世遂为南人。"③ 唐胄《正德琼台志》卷三记载东汉"建武二年(公元26年),青州人王氏与二子祈、律,家临高之南村,则东汉有父子至者矣"。④ 许多中原人避乱交阯。再比如六朝时期"五胡乱华",中原地区遭受外族入侵,大量避难人口纷纷南迁,"其南海、苍梧、郁林、珠官四郡界未绥,依作寇盗,专为亡叛逋逃之薮"。士燮为交阯太守时,"体器宽厚,谦虚下士,中国士人往依避难者以百数"。⑤ 程秉,汝南南顿人,后避乱交州。薛综,沛郡竹邑人,少年时跟随族人避地交州。⑥ 宋代苏轼在《伏波庙记》中曰:"自汉末至五代,中原避乱之人,多家于此。今衣冠礼乐班班然矣。"⑦

在海南设置郡县和汉人向海南的移民,对海南文化产生了巨大的影响,三国时期的薛综向孙权介绍海南情况时说:"汉武帝诛吕嘉,开九郡,设交阯刺史以镇监之……自斯以来,颇徙中国罪人杂居其间,稍使学书,粗知言语,使驿往来,观见礼化。及后锡光为交阯,任延为九真太守,乃教其耕犁,使之冠履。为设媒官,始知聘娶。建立学校,导之经义。"⑧ 海南的风俗逐渐汉化和习尚礼仪。

东汉时期的马援对该地区的汉化影响较大,据《后汉书·马援传》:"(马)援所过辄为郡县,治城郭,穿渠灌溉,以利其民。条奏越律与汉

---

① (南朝宋)范晔:《后汉书》卷四四《胡广传》,第1504页。
② (晋)陈寿:《三国志》卷四九《士燮传》,第1191页。
③ 张龙春:《秦汉时期中原移民对岭南的开发及影响》,《乌鲁木齐职业大学学报》2005年第4期,第44~47页。
④ (明)唐胄:《正德琼台志》卷三,第58页。
⑤ (晋)陈寿:《三国志》卷四九《士燮传》,第1191页。
⑥ (晋)陈寿:《三国志》卷五三《薛综传》,第1251页。
⑦ (清)陈梦雷:《古今图书集成》卷一三八三《琼州部》,第20347页。
⑧ (晋)陈寿:《三国志》卷五三《薛综传》,第1251页。

律驳者十余事，与越人申明旧制以约束之，自后骆越奉行马将军故事"。①

黎族文身这一习俗就是在东汉时期开始转变的。黎族源于岭南地区的古百越，是百越中"骆越"的一支，约在三千年前从华南大陆迁入海南。百越族群数量众多，《汉书·地理志》注引臣瓒曰："自交趾至会稽七八千里，百越粤杂处，各有种姓。"② 大致分布在今天浙、闽、赣、湘、粤、桂、黔、滇以至越南北部的广大范围内，民国时期学者罗香林在《中夏系统中之百越》一书中考证出"百越"中有于越、瓯越、闽越、扬越、滇越、骆越等17个分支。"断发文身"是百越习俗中的一个重要特征。百越许多支系中都有"断发文身"的习俗。《庄子·逍遥游》记载："宋人资章甫，適诸越，越人短发文身，无所用之。"③ 比如：（1）于越。《淮南子·齐俗训》记载："越王勾践劗发文身，无皮弁搢笏之服，拘罢拒折之容。"④《墨子·公孟篇》记载："越王勾践，剪发文身，以治其国。"⑤《史记·吴太伯世家》："太伯、仲雍二人，久奔荆蛮，断发文身。"《史记·越王句践世家》："越王句践……文身断发，披草莱而邑焉。"⑥ （2）西瓯。《淮南子·原道训》记载："九嶷之南，陆事寡而水事众，于是民人劗发文身，以象鳞虫。"⑦ （3）瓯越、骆越。《史记·赵世家》记载："夫翦发文身，错臂左衽，瓯越之民也。"《正义》引《舆地志》云："交趾周时为骆越，秦时曰西瓯，文身断发，避龙。"百越之所以"文身断发"是为了适应南方自然环境的需要，《史记·吴太伯世家》《集解》云："应劭曰：常在水中，故断其发，文其身，以像龙子，故不见伤害"。《史记·赵世家》《正义》引《舆地志》云："周

---

① （南朝宋）范晔：《后汉书》卷二四《马援传》，第839页。
② （汉）班固：《汉书》卷二八《地理志》，第1669页。
③ 《庄子》，《诸子集成》，中华书局，1986，第201页。
④ （汉）刘安：《淮南子》卷一一《齐俗训》，《诸子集成》，中华书局，1986，第231页。
⑤ 《墨子·公孟篇》，《诸子集成》，中华书局，1986，第135页。
⑥ （汉）司马迁：《史记》卷三一《吴太伯世家》，卷四一《越王句践世家》，第1445、1739页。
⑦ （汉）刘安：《淮南子》卷一《原道训》，《诸子集成》，第131页。

时为骆越，秦时曰西瓯，文身断发，以避蛟龙。"①《汉书·地理志》记载："今之苍梧、郁林、合浦、交阯、九真、南海、日南，皆粤（越）分也。其君禹后，帝少康之庶子云。封于会稽，文身断发，以避蛟龙之害。"② 海南岛与华南大陆隔海相望，相对来说，生活在海南岛上的黎族受汉文化影响较晚，因此文身消失的时间和程度也不同。东汉时人杨孚在《异物志》中说："儋耳，南方夷，生则镂其颊皮，连耳匡，分为数支，状如鸡肠，累累下垂至肩。"③ 北魏郦道元《水经注》引晋代王范的《交广春秋》记载，朱崖、儋耳二郡"皆殊种异类，被发雕身"。这些文献中没有专指女性才有文身，说明此时的黎族先民中仍盛行文身。郡县的官员都肩负着移风易俗的使命，必然对原住民的文身习俗产生影响。东汉初年，丹阳人僮尹担任儋耳太守，移风易俗，"永平中，拜儋耳太守。戒饬官吏毋贪珍贿赂。劝谕其民毋镂面颊，以自别于雕题之俗，自是蛮风日变"。④ 与百越其他族群不同的是，黎族先民首先是男子接受了汉化，逐渐放弃了文身。

黎族女性文身却保留下来，没有如同男子一样发生变化。自宋代及之后的历史文献中多记载黎族女性文身，比如宋人范成大《桂海虞衡志》记载："女及笄，即黥颊，为细花纹，谓之绣面。女既黥，集亲客相庆贺。惟婢获则不绣面。"⑤ 周去非《岭外代答》记载："其绣面也，犹中州之笄也。女年及笄，置酒会亲旧女伴，自施针笔，为极细花卉、飞蛾之形，绚之以遍地淡粟纹。有皙白而绣文翠青，花纹晓了，工致极佳者。唯其婢使不绣。"⑥ 赵汝适《诸蕃志》记载："女笄即黥颊，为细花纹，谓之绣面。女既黥，集亲客相贺庆，惟婢获则不绣面。"⑦ 随后的明清时期海南地方志中大多沿袭宋人的说法，而记载黎族男子文身的文

---

① （汉）司马迁：《史记》卷四三《赵世家》，第1808~1809页。
② （汉）班固：《汉书》卷二八《地理志》，第1669页。
③ （南朝宋）范晔：《后汉书》卷二《显宗孝明帝纪》，第95页。
④ （清）潘锡恩：《嘉庆大清一统志》卷四五三《琼州府》，第1512页。
⑤ （宋）范成大：《桂海虞衡志》《文渊阁四库全书》，第589册，第1334页。
⑥ （宋）周去非著，杨武泉校注《岭外代答校注》卷一〇，第419页。
⑦ （宋）赵汝适著，杨博文校释《诸蕃志校释》，第219页。

献较少。民国时期的学者刘咸深入黎族地区调查,也发现黎族中只有女性文身,"诸黎之中,现在并非全数皆涅面文身,且仅女子行之,而男子不尚焉"。① 1949年后,黎族文身消失之前最后残存下来的也都是女性。

  东汉时期,周边郡县官员的移风易俗对海南也产生影响。一些官员在岭南地区兴办教育,传播中原文明,影响较大的是任延、锡光。《后汉书·循吏传·序》记载:"任延、锡光移变边俗,斯其绩用之最章章者也。""岭南华风,始于二守焉。"②

  锡光,字长冲,汉中西城县人,汉哀、平间为交州刺史,徙交阯(治今越南河内)太守。《后汉书·任延传》:"初,平帝时,汉中锡光为交阯太守,教导民夷,渐以礼义,化声侔于延。王莽末,闭境拒守。建武初,遣使贡献,封盐水侯。"③据《后汉书·南蛮西南夷列传》记载:"光武中兴,锡光为交阯,任延守九真,于是教其耕稼,制为冠履,初设媒娉,始知姻娶,建立学校,导之礼义。"④

  任延,字长孙,东汉南阳宛县(今河南南阳)人,年十二学于长安,显名太学。更始元年(公元23年)任会稽都尉。刘秀即位,被征为九真太守。"九真俗以射猎为业,不知牛耕,民常告籴交阯,每致困乏。延乃令铸作田器,教之垦辟。田畴岁岁开广,百姓充给。又骆越之民无嫁娶礼法,各因淫好,无适对匹,不识父子之性,夫妇之道。延乃移书属县,各使男年二十至五十,女年十五至四十,皆以年齿相配。其贫无礼娉,令长吏以下各省奉禄以赈助之。同时相娶者二千余人。是岁风雨顺节,谷稼丰衍。其产子者,始知种姓。咸曰:'使我有是子者,任君也。'多名子为'任'。于是,徼外蛮夷夜郎等慕义保塞,延遂止罢侦候戍卒。"⑤

  史书记载海南风气,"一变于汉之锡光,再变于唐之义方,三变于

---

① 刘咸:《海南黎人文身之研究》,民族学研究集刊,1936年第1期,第203页。
② (南朝宋)范晔:《后汉书》卷七六《任延传》,第2457、2462页。
③ (南朝宋)范晔:《后汉书》卷七六《任延传》,第2462页。
④ (南朝宋)范晔:《后汉书》卷八六《南蛮西南夷列传》,第2836页。
⑤ (南朝宋)范晔:《后汉书》卷七六《任延传》,第2462页。

宋之守之。兼以名贤放谪，士族侨寓，故风声气习反薄还淳"。① 对海南社会风俗的转化起到推动作用。"汉仍雕题之俗，言语各异，顶髻徒跣。晋永嘉中，中国人杂居，言服渐变。唐、宋、明以来，声教日洽。"② 宋《进士题名记》也曰："琼管在古荒服之表，历汉及唐，至宣宗朝，文化始洽。宋祖车书混一，人始知为士。庆历间，宋守之知琼州，教诸生讲《五经》于先圣庙，建尊儒亭，暇日躬自讲授，州人始知向学，嗣是风教有自来矣。"③ 经过东汉官员的教化，海南社会日益汉化，文明程度也大幅度提升。

第三节　封建经济发展和社会生活的变革

东汉人杨孚撰《异物志》是我国古代第一部专门记载周边地区奇异物产的文献，这类体裁产生于汉末，繁盛于魏晋南北朝，至唐开始衰落，宋以后消亡。据研究，这一时期见于史志著录和它书征引的《异物志》共有二十二种之多，这些著作今已全部亡佚，只有零散的内容散布在各种史籍中，④ 其中一些内容反映海南的风土人情。晋代盖泓撰《珠崖传》，被后人认为是海南最早的方志，已失传。这些著作的作者或是亲身游历或是听闻，所记载的内容已接近实际。这一时期中原对海南的印象是奇风异俗，土著居民喜欢装饰耳朵，盛产珍珠的地方。

在中原人印象中，包括海南在内的南越是一个盛产"珍珠、香药、象牙、犀角、瑇瑁、珊瑚、琉璃、鹦鹉、翡翠、孔雀奇物"的地方，因此，吴国曾任合浦太守的薛综建议这些地方不必要交田赋，只交地方特产就行了，"贵致远珍名珠、香药、象牙、犀角、瑇瑁、珊瑚、琉璃、鹦

---

① （清）谢济韶修，李光先纂《嘉庆澄迈县志》卷一《地理志》，第43页。
② （清）李琰纂修《康熙万州志》卷三《土俗志》，第140页。
③ （明）戴熺、欧阳灿总裁，蔡光前纂修《万历琼州府志》卷三《地理志》，第114页。
④ 王晶波：《汉唐间已佚〈异物志〉考述》，《北京大学学报》2000年第1期，第178~184页。

鹈、翡翠、孔雀奇物，充备宝玩，不必仰其赋入，以益中国也"。① 《三国志·吴书·士燮传》载："（交阯太守士）燮每遣使诣权，致杂香细葛，辄以千数，明珠、大贝、流离、翡翠、瑇瑁、犀象之珍，珍奇异果，蕉邪、龙眼之属，无岁不至。"② 三国时期，中原与岭南地区仍然保持着秦汉以来的贸易关系。

吴国薛综，沛郡竹邑人。少年时随从族人到交州避难，师从刘熙学。交阯太守士燮归附孙权后，孙权召薛综为五官中郎将，授合浦、交阯太守。刺史吕岱率师讨伐交州，薛综也随军俱行，"越海南征，及到九真"。后来，吕岱从交州被召出，薛综担心后任者不能胜任。上书介绍岭南不同地方习俗，其中提到珠崖居民的习俗，"自臣昔客始至之时，珠崖除州县嫁娶，皆须八月引户，人民集会之时，男女自相可适，乃为夫妻，父母不能止"。③ 可见薛综曾经游历过海南岛，故对其他民俗比较熟悉。

《三国志·魏书·东夷传附倭传》记载倭人风俗与海南相似：

> 男子无大小皆黥面文身……今倭水人好沉没捕鱼蛤，文身亦以厌大鱼水禽，后稍以为饰。诸国文身各异，或左或右，或大或小，尊卑有差。计其道里，当在会稽、东冶之东。其风俗不淫，男子皆露紒，以木绵招头。其衣横幅，但结束相连，略无缝。妇人被发屈紒，作衣如单被，穿其中央，贯头衣之。种禾稻、苎麻，蚕桑、缉绩，出细纻、缣绵。其地无牛马虎豹羊鹊。兵用矛、楯、木弓。木弓短下长上，竹箭或铁镞或骨镞，所有无与儋耳、朱崖同。④

晋至南北朝时期，海南北部隶属合浦郡，交州刺史陶璜上疏曰："合浦郡土地硗确，无有田农，百姓唯以采珠为业，商贾去来，以珠贸

---

① （晋）陈寿：《三国志》卷五三《薛综传》，第1252页。
② （晋）陈寿：《三国志》卷四九《士燮传》，第1191页。
③ （晋）陈寿：《三国志》卷五三《薛综传》，第1251页。
④ （晋）陈寿：《三国志》卷三〇《魏书·东夷传附倭传》，第855页。

米。而吴时珠禁甚严,虑百姓私散好珠,禁绝来去,人以饥困。又所调猥多,限每不充。今请上珠三分输二,次者输一,粗者蠲除。自十月讫二月,非采上珠之时,听商旅往来如旧。"① 在政府政策的保护下,南北贸易更为繁荣,"南海、交趾,各一都会也,并所处近海,多犀象、瑇瑁、珠玑,奇异珍玮,故商贾至者,多取富焉"。② 海南岛盛产的珍珠、玳瑁等物品成为内地商人交易的重要物品。

中原地区的汉人很早就种植水稻,当汉武帝在海南设置郡县时,海南岛上的原住民也已经种植水稻,"男子耕农,种禾稻",③ 因此秦汉时期汉人进入海南时,饮食原料中已有稻米。

薯蓣、薏苡等也是海南居民的主要食物。珠崖种植薯蓣有悠久的历史,东汉时期广东人杨孚在《异物志》记载:"薯类为南人专食,以当米谷,稻谷次之,再次为薏苡。""甘薯似芋,亦有巨魁,剥去皮,肌肉正白如脂肪。"又说"儋耳夷……食薯,纺织为业"。④ 晋朝嵇含《南方草木状》也谈到珠崖种甘薯:"甘薯,盖薯蓣之类,或曰芋之类。根叶亦如芋,实如拳,有大如瓯者,皮紫而肉白,蒸鬻食之,味如薯蓣,性不甚冷。旧琼崖之地,海中之人,皆不业稼穑,惟掘种甘薯。秋熟收之,蒸曝切如米粒,仓贮之以充粮糗,是名薯粮。"⑤ 甘薯一般采取蒸吃,《南越笔记》记载:"旧珠崖之地不业耕稼,惟种甘薯,秋熟收之,蒸曝,切如米粒,仓团贮之,名之薯粮。"⑥

第四节　冼夫人在海口

从东汉时期开始,俚人势力在岭南地区逐渐形成,一些俚峒在扩张

---

① (唐)房玄龄:《晋书》卷五七《陶璜传》,第1561页。
② (唐)魏徵:《隋书》卷三一《地理志》,第887~888页。
③ (汉)班固:《汉书》卷二八《地理志》,第1670页。
④ (汉)杨孚:《异物志》,《南越王五主传及其他七种》,广东人民出版社,1982,第8页。
⑤ 陈光良:《海南"薯粮"考》,《农业考古》2005年第1期,第110~114页。
⑥ (清)李调元:《南越笔记》卷一,中华书局,1985,第6、44页。

过程中形成了跨越山洞的世家大族。东汉初年，就有俚人南迁进入海南岛。交阯女子征侧、征贰反叛，"合浦蛮里皆应之"，伏波将军马援率军征讨并登上海南岛，至今海南还保留着马援在岛上挖的井，被后人称为"伏波井"。马援率军进入海南岛很可能是追击从粤西、桂南、桂东逃入海南的俚人。从三国到南朝时期，封建王朝断断续续对岭南俚人进行征讨，在这个过程中应当有不少俚人迁入海南岛。

三国到南北朝时期，在海南对岸的俚人族群势力逐渐强大。在这一时期，中原封建王朝或因分裂，或因外族入侵，都面临着内忧外患，对岭南地区的经营势单力薄，而俚人势力趁机向外扩张。三国时期吴人万震著《南州异物志》记载："广州南有贼曰俚。此贼在广州南、苍梧、郁林、合浦、宁浦、高凉五郡中央，地方数千里。"俚人族群已经从粤西、桂东等地扩张到粤东地区的广州一带。封建王朝为了稳定南方，采取笼络岭南俚人世家大族的措施，世家大族也利用封建王朝的支持扩大自己的势力范围，结果，从三国到隋时期，俚人族群逐渐形成了一些松散的地域性社会组织，在"峒主"之上出现渠帅、酋帅。渠帅、酋帅是中原人对岭南地区部落首领的称呼，往往是联合众多"峒"而形成的社会组织，比如高凉冼氏家族，"世为南越首领，跨据山洞，部落十余万家。"① 许多建立在跨越峒之上的渠帅、酋帅，控制地区大小不一，形成一个个不同的地域势力集团。俚人各势力集团之间经常发生冲突，一些强大的俚人部落经常对外进行武力扩张。俚人部落之间的武力争夺也波及海南岛，因此，当冼夫人以"仁政"统御岭南时，海南岛的弱势族群也产生了强烈的归附感。

为了稳定岭南地区以及获得岭南地区的资源，从六朝时期开始，封建王朝实施封爵授官的羁縻政策，主要针对世家大族授以官职。这些世家大族往往控制数十、数百甚至数千个峒。封建王朝任命俚人渠帅出任郡县守令，《隋书·食货志》记载东晋时期："岭外酋帅，因生口、翡翠、珠玑、犀杖之饶，雄于乡曲者，朝廷多因而署之，以收其利。历宋

---

① （唐）魏徵：《隋书》卷八〇《谯国夫人传》，第1800页。

齐梁陈，皆因而不改。"①

南朝时期是俚人大量迁入海南的时期。冼夫人是高凉冼氏之女，冼氏家族数世为南越首领，是俚人历史上最大的组织，"世为南越首领，跨据山洞，部落十余万家"。冼夫人施以仁义，"海南儋耳归附者千余洞"。② 海南部分原住民在这一时期隶属于俚人世家大族。冼夫人嫁给高凉太守冯宝后，协助丈夫冯宝多次挫败地方反叛，维护封建王朝对岭南地区的统治，如高州刺史李迁仕反叛，冼夫人率军击败。陈代梁后，冼夫人遣使归顺。后广州刺史欧阳纥谋反，召冼夫人儿子冯仆至高安，挟为人质，诱逼一起为乱。冼夫人以维护国家统一为重，置儿子安危于不顾，率领百越酋长平叛，击败欧阳纥，冼夫人因此被朝廷册封中郎将、石龙太夫人。隋灭陈后，冼夫人又归顺隋朝，并协助朝廷安抚岭外。不久番禺人王仲宣叛乱，各地首领群起响应，冼夫人遣孙子冯暄帅师救助。冯暄与逆党陈佛智素相友善，迟留不进，冼夫人闻知大怒，将冯暄逮入州狱，又遣孙子冯盎率军攻打佛智，平定叛乱，岭南遂定，隋朝册封冼夫人为谯国夫人。

海南是冯冼家族的势力范围。隋王朝时期，朝廷非常赞赏冼夫人维护岭南地区稳定的功绩，"赐夫人临振县汤沐邑一千五百户，赠仆（冼夫人儿子）为崖州总管、平原郡公"。临振县（在今海南三亚市境内）成为隋王朝赐给冯冼家族的私有领地，崖州也是冯冼家族的管辖范围，冯冼家族统治下的部曲也南迁进入海南。隋亡唐兴之际，冼夫人的孙子冯盎在岭南联合部落，人数达五万多人，先后剿灭番禺、新兴等珠江三角洲一带的草寇，又渡过琼州海峡，消灭珠崖林士弘叛乱余党，冯盎自称总管，占有苍梧、高凉、珠崖、番禺地区，控制了东起番禺，南至崖州沿海一带区域。唐高祖武德五年（622），冯盎归降唐高祖，唐把这一地区分为高、罗、春、白、崖、儋、林、振八州，授冯盎为上柱国、高罗总管，封吴国公，不久改封越国公。《旧唐书·冯盎传》记载："（冯）

---

① （唐）魏徵：《隋书》二四《食货志》，第 673 页。
② （唐）魏徵：《隋书》卷八〇《谯国夫人传》，第 1800~1801 页。

益奴婢万余人,所居地方二千里。"① 隋唐时期,冯冼家族势力逐渐迁移到海南,冯冼家族的南迁必然带动俚人的迁徙,海南成为俚人的主要活动区域,而继续留在桂东、桂南等地的俚人逐渐演变成为僮族,后改为壮族。

位于海口市琼山区新坡镇新坡圩南的冼夫人庙,由明代进士、湖广巡抚提督军门梁云龙于明万历三十年(1602)所建,清道光十六年(1836)重建,是海南岛50多个冼庙中规模最大、参拜人数最多的冼庙。

---

① (五代)刘昫:《旧唐书》卷一〇九《冯盎传》,中华书局,1975,第3288页。

第四章 隋唐时期海口的重建

开皇九年（589），隋文帝遣裴矩为使者到南越安抚诸州，冼夫人亲自迎接，并载诏书宣告其他诸州，于是，岭南十余州归顺隋朝。因冼夫人招抚有功，隋王朝赐冼夫人临振县（在今海南三亚境内）汤沐邑1500户，冼夫人儿子冯仆为崖州总管、平原郡公。隋代开皇中建置临振郡，大业三年改为珠崖郡，领十县，其中有颜卢县。颜卢县上承东汉至南朝时期的朱卢县，位置在原玳瑁县的东境，《乾隆琼山县志》记载："隋置颜卢县，即玳瑁东境，属珠崖郡。"①

唐朝是中国历史上统一时间最长、国力最强盛的朝代之一。武德五年（622）七月，原隋朝的汉阳太守冯盎接到唐朝大将军李靖的檄书，带领部属归降。冯盎是冼夫人之孙，冯仆之子，开皇九年（589）受荫封为宋康令。十年，番禺俚人首领王仲宣反隋，包围广州。冯盎受冼夫人派遣，率兵与隋援军会合，于次年击败叛军，受封为高州刺史。仁寿二年（602），潮、成等五州叛乱，冯盎奉命出兵讨平，被授为金紫光禄大夫，封汉阳太守。唐高祖将其地分为高、罗、春、白、崖、儋、林、振八州，以冯盎为高罗总管，海南由此正式归入唐王朝的版图。

唐高祖武德年间，在隋代珠崖郡基础上复析珠崖郡，置崖、儋、琼、振、万安五州，贞观元年（627）置都督府，领崖、儋、振三州。后废

---

① （清）杨宗秉纂修《乾隆琼山县志》卷一《疆域志》，第22页。

都督府，隶广州经略使，后改隶安南都护府。隋唐时期的行政建制特点，一是行政机构名称、设置变化较大；二是这些行政中心治所均位于今海口市境内，如珠崖、崖州、琼州、颜城、舍城、琼山县等。

崖州治所　在海口市境内，即汉代颜卢、朱卢地。武德四年平萧铣，置崖州。崖州领舍城、平昌、澄迈、颜罗和临机等五县，治所在颜罗境内，《乾隆琼山县志》："按武德初置崖州，亦颜卢地也。"① 天宝元年，改为珠崖郡。乾元元年复改为崖州，旧领县七，户六千六百四十六。至京师七千四百六十里，至东都六千三百里，广府东南二千余里。据明正德、清道光和民国《琼山县志》等记载，唐武德年间（618～626）在此设崖州。1999 年，海南省文物考古研究所和琼山市博物馆联合对位于海口市琼山区龙塘镇博抚村的珠崖岭古城址进行发掘，遗址在南渡江西岸山冈上，北距珠崖岭约 1000 米。遗址南北长约 400 米，东西宽约 200 米，文化堆积厚 0.2～0.7 米。在地面上散布青灰板瓦、瓦当。采集有泥质灰陶罐、酱釉陶罐、青瓷碗、罐残片等，经文物部门初步认定属唐代建筑遗址。但是，尚不能确定就是唐代崖州旧址。②

颜城　唐武德四年设置颜罗，贞观元年改颜罗为颜城。唐崖州颜城遗址位于灵山镇多吕村。《琼山县志》载："崖州在县东 20 里，本隋颜庐县，唐改名颜城，武德置崖州于此，今颜村侧颜庐洞即其故址。" 1984 年文物普查时在遗址范围内发现有清代后人凿刻的"唐颜城迹"石碑和清咸丰年间（1851～1862）刻制的为纪念李德裕而立的"望阙亭旧址"石匾。望阙亭为唐丞相李德裕被贬崖州时所建，石匾背面刻有李德裕诗："独上江亭望帝京，鸟飞犹用半年程。青山也恐人归去，百匝千回绕郡城。"

舍城　唐太宗贞观元年，改颜罗县为舍城，因舍城水而得名。属崖州，开元后罢。

琼山　唐太宗贞观元年，析舍城置琼山县，县治在白石都，琼山县名从此开始使用。白石都在郡南六十里，那里有土石白如玉而润，山下

---

① （清）杨宗秉纂修《乾隆琼山县志》卷一《疆域志》，第 22 页。
② 丘刚：《海南古遗址》，第 155 页。

有琼山、白石二村。贞元七年（791）十一月，省容琼县并入。

琼州治所　贞观五年以崖州之琼山县建置琼州，治所在琼山县白石都，郡名开始于此，领琼山、万安二县。其年又割崖州临机来属。贞观十三年，废琼州以属崖州，寻复置琼州，领琼山、容琼、曾口、乐会、颜罗五县。天宝元年改琼州为琼山郡，乾元元年复改为琼州。贞元五年十月，岭南节度使李复奏曰："'琼州本隶广府管内，乾封年，山洞草贼反叛，遂兹沦陷，至今一百余年。臣令判官姜孟京、崖州刺史张少逸，并力讨除，今已收复旧城，且令降人权立城相保，以琼州控压贼洞，请升为下都督府，加琼、崖、振、儋、万安等五州招讨游弈使。其崖州都督请停。'从之。领县五，户六百四十九。"①

唐琼州治遗址位于旧州镇西北1.5公里的旧州村，至宋开宝年间（968~975）城废，旧州因故得名。据1957年文物普查登记，旧州遗址之城郭，规模不大，城垣是结实的夯土，并发现有青砖和布纹陶片。1984年文物普查时，残垣尚存，东西长约400米，南北宽约200米，最高处约7米，西隅还遗存一段城濠遗址，长约50米，宽2米，深0.5米。旧州城遗址已经被列为该市的第三批重点文物保护单位。现代文物考古人员考古队以城址为中心，对城址和周边地带进行了详细踏查，并局部解剖了北城墙中段。在城址内外采集到各类遗物，可辨器形有绳纹板瓦、筒瓦、瓦当、青砖、罐、盘、碟、碗、缸等，年代从汉、唐、宋到明清时期。城址呈长方形，方向为北偏东，南北长约400米、东西宽约300米，四周有环濠拱卫。整个城除西面破坏严重外，其他三面保存得较为完整。城墙系在原有平地地面上起建，个别地方有夯筑。城墙底部最宽处达8米以上，随高度增加而有收分。省文物考古研究所的专家认为，旧州城和海口龙塘镇的珠崖岭古城的形制，均为平面近似正方形的城址，但就范围和规模而言，旧州城要比珠崖岭古城大得多，其面积约12万平方米，后者面积约2.5万平方米。②

---

①　（五代）刘昫：《旧唐书》卷四一《地理志四》，第1763页。
②　《海口市琼山区唐代旧州城城址》，《中国考古学年鉴（2012）》，文物出版社，2013，第353页。

曾口 古城址位于海口市琼山区永发镇卜罗村。明正德《琼台志》记载，唐天宝十五年（756），析琼山县地置曾口县，南汉时（917~971）将曾口地归澄迈，县治设在曾家东隅都（今卜罗村）。城址平面呈长方形，东西长约400米，南北宽约250米。东面有石砌护城河，宽30米，深2~3米。地面散存石制门楣、门框、圆柱、础石等建筑构件。

隋唐时期，郡守、县令等官员虽然处于海南社会的最上层，但这些官僚大多是贬谪过来的，"唐武德改郡守为刺史，丞为别驾，长史、司马、参军皆沿六朝之旧，然郡县正官大抵左谪"。① 王维送一朋友到琼州任典尉而作《此乡多宝玉》："不择南州尉，高堂有老亲。楼台重蜃气，邑里杂鲛人。海暗三山雨，花明五岭春。此乡多宝玉，慎勿厌清贫。"蜃气是海面风平浪静时远处出现由折光所形成的城郭楼宇等幻象，古人常误以蜃气为蜃所吐之气而成。鲛人是传说中居于海底的人。诗中所提到的"此乡多宝玉"，其实是从"琼州"地名顾名思义而来，唐贞观五年始在珠崖置琼州，与崖、儋、振等州并列。"琼"是"美玉"之义，《诗经·卫风·木瓜》："投我以木瓜，报之以琼琚。"王维所作大概是对朋友一种善意的安慰。

第一节 官员向海口的流放

流刑全称为流放刑。流放刑在中国有悠久的历史，《尚书·尧典》中有"流宥五刑"的记载。有人解释为："宥，宽也，以流放之法宽五刑。"就是罪犯本应处于墨、刖、宫、大辟等刑，宽大处理，改用流作，将罪犯押解到荒僻的地方去服劳役或生活的刑罚。中国封建社会称为"流"，自北齐列为五刑之一，沿用至清。

隋唐时，笞、杖、徒、流、死等封建五刑制正式确立，流放里程分

---

① （明）戴熺、欧阳灿总裁，蔡光前等纂修《万历琼州府志》卷九《秩官志》，第460页。

二千里、二千五百里、三千里三等，自此流放之刑一直影响到清末。在隋唐时期，许多官员被络绎不绝地流放到海南，其中，地处海口境内的崖州、琼州是安置的重要地点之一。

隋时，邵国公、滕王杨纶是第一个被流放到海南的官员。杨纶是滕穆王杨瓚之子，据《隋书》记载："性弘厚，美姿容，颇解钟律。高祖受禅，封邵国公，邑八千户。明年，拜邵州刺史。晋王广纳妃于梁，诏纶致礼焉，甚为梁人所敬。纶以穆王之故，当高祖之世，每不自安。炀帝即位，尤被猜忌……有人告纶怨望咒诅，帝命黄门侍郎王弘穷治之。弘见帝方怒，遂希旨奏纶厌蛊恶逆，坐当死……帝以公族不忍，除名为民，徙始安。诸弟散徙边郡。大业七年，亲征辽东，纶欲上表，请从军自效，为郡司所遏。未几，复徙朱崖。及天下大乱，为贼林仕弘所逼，携妻子窜于儋耳。后归大唐，为怀化县公。"①

唐代贬谪到海南的官员数量很多，比如有曾任黄门侍郎、同中书门下三品的韩瑗，贬为振州刺史；曾任朗州刺史、授平阳郡王的敬晖，贬为崖州司马；唐顺宗时任宰相的韦执谊，贬为崖州司马；曾任门下侍郎、同平章事的皇甫镈，贬为崖州司户；唐文宗时任宰相的李德裕，贬为崖州司户参军；曾任水部郎中、知制诰的刘崇鲁，贬为崖州司户；曾任检校太保、左龙武统军的朱友恭，贬为崖州司户；等等（见表4-1）。

表4-1 唐代流放崖州、琼州的官员

州县名	贬官	详情	资料来源
崖州	敬晖	任朗州刺史、平阳郡王，贬为崖州司马，死于崖州	《旧唐书》卷7《中宗睿宗纪》
	杨炎	任尚书左仆射等职，贬为崖州司马，距崖州百里赐死，年五十五岁	《旧唐书》卷12《德宗纪》
	韦执谊	任中书侍郎、平章事，贬为崖州司马，死于崖州	《旧唐书》卷15《宪宗纪》

---

① （唐）魏徵：《隋书》卷四四《滕穆王瓚传附嗣王纶传》，第1222~1223页。

续表

州县名	贬官	详情	资料来源
崖州	皇甫镈	任门下侍郎、同平章事等职,贬为崖州司户	《旧唐书》卷16《穆宗纪》
	李佐	嗣郢王佐宜于崖州安置,坐妄传禁中语也	《旧唐书》卷16《穆宗纪》
	武汇	流崖州	《旧唐书》卷17《敬宗纪》
	刘崇鲁	任水部郎中、知制诰等职,贬为崖州司户	《旧唐书》卷179《刘崇鲁传》
	李彦威	任检校太保、左龙武统军等职,贬为崖州司户同正	《旧唐书》卷20《哀帝纪》
	李邕	任户部员外郎等职,贬为崖州舍城丞	《旧唐书》卷190《李邕传》
	李德裕	任中书舍人、御史中丞、兵部尚书、同平章事等职,贬为崖州司户,死于崖州。时年六十四岁	《旧唐书》卷20《哀帝纪》
	郑赏	任西都留守判官、左谏议大夫,贬为崖州司户,寻赐死	《旧唐书》卷20《哀帝纪》
	孙乘	河阳节度副使,贬崖州司户,寻赐自尽	《旧唐书》卷20《哀帝纪》
	崔邃	不知近事,遂入右神策,中尉奏之,帝怒,杖邃四十,流崖州	《新唐书》卷50《兵志》
	王定远	任河东监军,配流崖州,坐专杀也	《旧唐书》卷13《德宗纪下》
	崔河图	任通州别驾,长流崖州,赐死	《旧唐书》卷13《德宗纪下》
	薛枢、薛浑	士族子弟,因李元本故,长流崖州	《旧唐书》卷142《李宝臣传》
	王方翼	以方翼与务挺连职素善,追赴都下狱,遂流于崖州而死	《旧唐书》卷185《王方翼传》
	元献	元庆子,其父为来俊臣诬谋反被害,配流崖州	《旧唐书》卷194《突厥传》

续表

州县名	贬官	详情	资料来源
崖州	崔元藻	德裕恶元藻持两端，奏贬崖州司户参军	《新唐书》卷 181《李绅传》
	薛元龟	宣宗立，罢德裕，而元龟坐贬崖州司户参军	《新唐书》卷 197《薛元赏传》
	阎朝隐	朝隐崖州，并参军事	《新唐书》卷 200《文艺传》
	欧阳秬	其子积拒命，秬方休假还家，积表斥损时政，或言秬为之，诏流崖州，赐死	《新唐书》卷 203《文艺传下·欧阳詹传附秬传》
	柳璨	及玄晖死，而全忠恚璨背己，贬登州刺史，俄除名为民，流崖州，寻斩之	《新唐书》卷 223 下《奸臣传下·柳璨传》
	朱友恭	帝东迁，为左龙武统军，贬崖州司户参军	《新唐书》卷 223 下《奸臣传下·柳璨传附朱友恭传》
	弘衍	崖州录事参军	《新唐书》卷 27《礼仪志》
琼州	杨知至	中散大夫、比部郎中、知制诰、柱国、赐紫金鱼袋杨知至为琼州司马	《旧唐书》卷 19《懿宗纪》
	独孤损	曾任礼部尚书、兵部侍郎、同平章事等职，责授棣州刺史独孤损可琼州司户	《旧唐书》卷 20 下《哀帝纪》
	思结	卢山都督思结归国，长流琼州	《旧唐书》卷 107《玄宗诸子传》
	余庆	高宗诏放琼州。会赦当还，朝廷恶其暴，徙春州	《新唐书》卷 199《儒学传中·郎余令传附余庆传》
琼山县	姚绍之	绍之后坐赃污，诏传弓按之，获赃五千余贯以闻，当坐死。韦庶人妹保持之，遂黜放为岭南琼山尉	《新唐书》卷 43《酷吏传下·姚绍之传》

自古以来，中原地区汉人将珠崖视为畏途，隋唐时依然如此。《隋书·地理志》曰："自岭已南二十余郡，大率土地下湿，皆多瘴厉，人

尤夭折。"① 珠崖还有许多害虫，如毒蛇、蝇、臭虫（木蚤）、蝎蛭等，故海南的水中和部分食物中含有致病的细菌，海南谚语："清水疟疾、浊水赤痢。"② 都容易造成疾病，因此海南在隋唐时仍是人们谈之色变的多疾病岛屿。对唐代官员来说，崖州又是一个路途遥远、充满艰险、令人忌讳的地方，李德裕在《岭南道中》写道："岭水争分路转迷，桄榔椰叶暗蛮溪；愁冲毒雾逢蛇草，畏落沙虫避燕泥。"在流放海南崖州的途中胆战心惊、唯恐染上疾病。沈佺期《三日独坐驩州思忆旧游》："铜柱威丹徼，朱崖镇火陬。炎蒸连晓夕，瘴疠满冬秋。西水何时贷，南方讵可留。无人对炉酒，宁缓去乡忧。"流放崖州，亲人都要凄切的送行。贾至《送南给事贬崖州》："畴昔丹墀与凤池，即今相见两相悲。朱崖云梦三千里，欲别俱为恸哭时。"白居易《寄隐者》："卖药向都城，行憩青门树。道逢驰驿者，色有非常惧。亲族走相送，欲别不敢住。私怪问道旁，何人复何故。云是右丞相，当国握枢务。禄厚食万钱，恩深日三顾。昨日延英对，今日崖州去。由来君臣间，宠辱在朝暮。青青东郊草，中有归山路。归去卧云人，谋身计非误。"③

韦执谊（769~814），京兆人。出身于官宦世家，据史料记载，韦执谊"幼有才"，"年逾冠入翰林为学士"，但也善媚，得到唐德宗的宠幸。唐顺宗时，受王叔文的荐引任尚书左丞、同中书门下平章事，参与王叔文、王伾、柳宗元、刘禹锡等人的政治改革，结果失败。永贞元年（805）受牵连流放崖州，任司户参军，最后死在崖州。韦执谊在任职时就非常忌讳岭南州县。据《新唐书·韦执谊传》记载："始未显时，不喜人言岭南州县。既为郎，尝诣职方观图，至岭南辄瞑目，命左右彻去。及为相，所坐堂有图，不就省。既易旬，试观之，崖州图也，以为不祥，恶之。果贬死。"④ 韦执谊夫妇墓位于海口市龙华区龙泉镇东占村南。该墓面向南，为唐代所建，占地面积532平方米。墓丘外表石砌，八边形，

---

① （唐）魏徵：《隋书》卷三一《地理志》，第887页。
② 陈植：《海南岛新志》，商务印书馆，1949，第111页。
③ （清）曹寅、彭定求等：《全唐诗》，中华书局，1999，第1202页。
④ （宋）欧阳修：《新唐书》卷一六八《韦执谊列传》，第5124页。

底边长 1.4 米，高 1.8 米。墓前存有后人增补的一座墓碑，墓碑高 260 厘米、宽 80 厘米、厚 15 厘米，上刻"唐始祖赐进士翰林院礼部尚书延英殿丞相韦执谊文静公杜夫人范夫人墓"，清光绪三十二年（1906）立。

李德裕（787～850），字文饶，出身于名门望族，宰相李吉甫之子。李德裕少年好学，以父荫补校书郎。唐穆宗时擢为翰林学士，累迁中书舍人、御史中丞、兵部尚书、同平章事等。后因朋党之争，先贬为太子少保，留守东都，唐宣宗大中元年（847）秋，再贬为潮州司马，明年冬又贬潮州司户。大中二年，李德裕自洛阳水路经江、淮赴潮州，同年冬天至潮阳，很快又贬为崖州司户。至大中三年正月，抵达珠崖郡，同年十二月卒，时年六十三。李德裕在贬谪琼崖途中，一路愁肠满腹，心情郁闷，经过岭南时，触目是桄榔、椰树、红槿等，与中原景色迥异，更添惆怅。他在《谪岭南道中作》："岭水争分路转迷，桄榔椰叶暗蛮溪。愁冲毒雾逢蛇草，畏落沙虫避燕泥。五月畲田收火米，三更津吏报潮鸡。不堪肠断思乡处，红槿花中越鸟啼。"经过鬼门关时，又触景生情，写《贬崖州司户道中》："一去一千里，千之千不回；崖州在何处？生度鬼门关。"据《旧唐书·地理志》记载："鬼门关"在广西北流县西，有两石对峙，其间阔三十步，俗号"鬼门关"。"鬼门关"是古代通往钦、廉、雷、琼和交趾的交通要道。由于热带、亚热带潮湿环境很容易滋生瘴疠，危害着行人的生命安全，遂令人感到无比凄楚与绝望，故称其为"鬼门关"。李德裕被贬崖州。崖州北边有望阙亭，李德裕经常到此登临，北望中原。他在海南《望阙亭》："独立江亭望帝京，鸟飞犹是半年程；青山似欲留人住，百匝千遭绕郡城。"该诗就是当时所作。王谠《唐语林》卷七云："李卫公在珠崖郡，北亭谓之望阙亭。公每登临，未尝不北睇悲哽。"①

李德裕在崖州期间，还前往祭韦执谊墓，作《祭韦相执谊文》："维大中四年 月 日，赵郡李德裕，谨以蔬醴之奠，敬祭于故相韦公仆射之灵。呜呼！皇道咸宁，藉于贤相。德迈皋陶，功宣吕尚。文学世雄，

---

① （宋）王谠：《唐语林》卷七，学苑出版社，1998，第 135 页。

智谋神贶。一遘逸疾,投身荒瘴。地虽厚兮不察,天虽高兮难谅。野掇涧蘋,晨荐秬鬯。信成祸深,业崇身丧。某亦窜迹南陬,从公旧丘。永泯轩裳之顾,长为猿鹤之愁。嘻吁绝域,寤寐西周。倘知公者,测公无罪。不知我者,谓我何求。其心若水,其死若休。临风敬吊,愿与神游。呜呼!尚飨。"① 但是也有人说这篇祭文为李德裕仇人所作,意在讥讽李德裕,因为韦执谊没有"仆射"之称。

吴贤秀(742~808),福建莆田人,历经唐玄宗、肃宗、代宗、德宗四朝,官至户部尚书,于永贞元年(805)"永贞革新"时流放崖州。吴贤秀出身于书香门第、官宦之家,自幼聪明,勤奋好学,读书过目成诵,学高才博。唐乾元己亥,吴贤秀考中进士,初任于衡州,次当建宁令,刺史称其能,乡民服其公。《中国移民史》记载,唐朝顺宗永贞乙酉(805)秋,吴贤秀携家属三十多人出长安,神策节度使高崇文将军带卫士十余人护送,水陆兼程到福建莆田驿站,经会昌抵广东雷州而入琼州,落户在琼山张吴图都化村,即今美兰区演丰镇大林村(旧市村)。公元807年,高崇文升任兵部尚书,是年吴贤秀去世,享年66岁。吴贤秀到达贬地后,兴建祠堂,修建学校,相继建成了琼台书院、孔庙等文化场所,引导当地士民学习儒家文化,尊崇孔孟之道,带动一方风气,对琼州"文运之开"具有重要的影响。吴贤秀夫妇墓位于海口市美兰区演丰镇博渡村西。墓面向东北,为唐代所建,占地面积约80平方米。墓丘外表石砌,八边形,底边边长1.6米,高2米。墓碑高215厘米、宽64厘米、厚14厘米,上刻"大唐户部尚书吴贤秀元配萧易王夫人之墓"。该墓由吴贤秀后裔、明嘉靖户部郎中吴会期重修,清嘉庆年间(1796~1820)生员吴大任复修。另有捐修墓人名石碑3块。

流放崖州官员中也流传着佳话。王义方,"贞观二十三年,改授洹水丞。时张亮兄子皎,配流在崖州,来依义方而卒,临终托以妻子及致尸还乡。义方与皎妻自誓于海神,使奴负柩,令皎妻抱其赤子,乘义方之马,身独步从而还。先之原武葬皎,告祭张亮,送皎妻子归其家而往

---

① (清)董诰等:《全唐文》卷七一一,山西教育出版社,2002,第873页。

洹水。转云阳丞，擢为著作佐郎"。①

韦执谊在海南期间，筹划建设了山旁严塘陂和亭塘陂水利工程，该工程位于现海口市琼山区龙塘、龙泉、龙桥三镇之间，主要由岩石砌成，韦执谊病逝后，其后人继续修建至明朝完工，整个工程灌溉周边农田数百顷，至今仍发挥重要作用。2012年被列入海口市文物局公布的第三批重点文物保护单位。

第二节 社会经济的快速发展

隋唐时期，伴随着中央封建王朝国力的强大，在海南全面恢复郡县制，大陆人口向海南迁徙数量骤增，明代海南人邢宥《海南风景》诗中曰："二郡舆图兴自汉，五州编户盛于唐。故家大半来中土，厚产偏多起外庄。弦诵声繁民物庶，宦游都道小苏杭。"② 宋代苏轼在《伏波庙记》中曰："自汉末至五代，中原避乱之人，多家于此。今衣冠礼乐班班然矣。"③ 民国《海南岛志》曰："海南孤悬海外，距中土辽远，在昔水土气恶，视为虫蛇所居，汉晋之间一再罢弃。洎至唐代，乃复置版籍，移军屯戍，而谪臣罪囚窜逐流配之迹，遂由是日繁。自唐迄宋，其间500年，中土之人流寓岛中，子姓蕃衍，已万有余户。"④ 因此，隋唐时期是海南历史上人口数量大幅度增长时期，大量官员贬到海南、移民等使这一时期人口大量增长。

从族谱反映的各姓始祖迁徙海南的时间看，大多是唐、宋、元、明等不同时期迁徙到海南。唐代迁琼的始祖有冯、韦、李、林、黎、梁、吴等姓。⑤

自唐朝始，一些在海南任职的官员任满后，发现海南地广人稀、物

---

① （五代）刘昫：《旧唐书》卷一八七《王义方传》，第4874页。
② （清）陈梦雷：《古今图书集成》卷一三八三《琼州部》，第20347页。
③ （清）陈梦雷：《古今图书集成》卷一三八三《琼州部》，第20347页。
④ 陈铭枢总纂《海南岛志》，第121页。
⑤ 林日举：《海南史》，吉林人民出版社，2002，第68~70、104~106页。

产丰富、气候适宜，不愿意回原籍，很多官员就留居下来，比如：林裕，祖籍福建福清县，唐昭宗年间担任琼山县知事，落籍琼山；符元生，祖籍河南省淮阳县，唐昭宗天顺年间任参议中书，落籍文昌；黎中乐，祖籍福建莆田县，任琼管副使，落籍海南。

疍民 海南疍民的先民源于百越，隋唐之前迁徙到海南，最早分布在海南沿海地带。关于疍民的来源说法不一，一说源于鲸鲵族，一说源于南雄北江的富户，一说来自台湾、海南等海岛，若把前后各种说法总结一下，计有三十多种不同的说法。① 不过，多数史学研究者认为疍人源于百越。疍民向海南迁徙的时间在秦汉之后。秦王朝征服岭南百越地区后，在岭南设置南海、桂林、象三郡，迁移汉人与百越人杂居，大部分百越族逐渐被纳入封建郡县，而疍人的先民不愿接受封建王朝的统治，向南迁入海上居住。晋代张华《博物志·异人》中记载："南海外有鲛人，水居如鱼，不废织绩，其眼能泣珠。"后人推测"鲛人"可能就是迁入海中的源于百越的疍人先民。② 南朝时期，中原汉人称生活在海上的居民为"蜑"或"龙户"。《陈书·徐世谱传》记载：徐世谱为主帅，"征伐蛮、蜑"。《隋书·蛮夷传》也记载："南蛮杂类，与华人错居，曰蜑，曰獽，曰俚，曰獠，曰㐌，俱无君长，随山洞而居，古先所谓百越是也。"③ "蜑"被认为是疍人的前身。唐代开始将生活在海上的族群称为"疍"。目前发现文献上最早称为"疍"的是唐代柳宗元《岭南飨军堂记》中的"胡夷疍蛮"。④ 唐人之所以改称为"疍"，说法不一，或认为"蜑"是"疍"的俗字，或认为疍民"舟"的形状似"疍"，或源于古越族中的"但人"。疍人先民分布在南方和东南沿海一带，即在今天广东、广西沿海一带，何时迁徙到海南？时间不详。不过至少到唐代时，疍人在海南已有大量活动的痕迹，唐代琼山县东厢有"番诞村"，是疍人聚集之地。直到明代时，除内陆县定安没有疍户之外，海南其他沿海

---

① 陈序经：《疍民的研究》，商务印书馆，1946，第1页。
② 岑家梧：《广东史前时代的文化》，转引自《海南文史资料》第10辑，南海出版公司，第195页。
③ （唐）魏徵：《隋书》卷八二《蛮夷传》，第1831页。
④ 蒋炳剑：《疍民的历史来源及其文化遗存》，《广西民族研究》，1998年第4期，第77~84页。

州县都有疍户，数量多少不等，其中主要分布在南部的崖州、陵水，北部的儋州、文昌、临高、琼山、澄迈等州县，据《正德琼台志》记载，琼州府共有疍户1913户，约占海南总户数的3.49%。清代疍人仍然生活在海南沿海地区，但逐渐集中在万州、临高、儋州等少数州县，万州"疍人隶州者，若新泽、东澳等处，茅屋，居海滨"。临高"疍居海滨，葺茅为宇"。儋州"疍人居海滨沙洲茅舍"。① 这些州县仍然居住着疍人。疍民的流动一直持续到民国时期，到民国36年（1947）时，陈植《海南岛新志》记载，疍人已集中分布在崖县三亚港附近和儋县海头湾、昌江县的海上。②

番民 番民（今回民）是在唐、宋、元等不同时期分别从海上和占城（今越南）迁徙到海南岛上，其中以占城为多。最早一支番民在隋唐时期流落到海南。中国通往西方的海上丝绸之路兴起于秦汉，隋唐时期海上丝绸之路更为繁忙，据《新唐书·地理志》记载的"广州通海夷道"：商船从广州出发，沿越南东海岸至马六甲海峡，由此往南，经苏门答腊东南部至爪哇；往西，则出马六甲海峡，经尼科巴群岛到斯里兰卡，然后再沿印度半岛西海岸至卡拉奇。③ 海南正处在海上丝绸之路的要道上，由于遭遇风浪、劫掠等原因，一部分穆斯林商人流落到海南岛。陈武振是一个大海盗，经常掳掠海上过往商人，据《太平广记》记载："唐振州民陈武振者，家累千金，为海中大豪。犀、象、玳瑁，仓库数百。先是，西域贾漂泊溺至者，因而有焉……凡贾船经海路，与海中五郡绝远，不幸风漂失路，入振州境内，振民即登山披发以咒诅，起风扬波，舶不能去，必漂至于所咒之地而止。武振由是而富"。④ 振州即在今天三亚市境内。《唐大和尚东征传》也记载冯若芳劫掠海上商人："每年劫取波斯船二三艘，取物为己货，掠人为奴婢。其奴婢居处，南北三日

---

① （清）李琰纂修《康熙万州志》卷三《土俗志》；聂缉庆、张延主修《光绪临高县志》卷四《疆域类》；韩祐重修《康熙儋州志》卷一《民俗志》。
② 陈植：《海南岛新志》，海南出版社，2003，第80页。
③ （宋）欧阳修：《新唐书》卷四三《地理志》，第1146页。
④ （宋）李昉：《太平广记》卷二八六《陈武振》，中华书局，1961，第2282页。

行，东西五日行，村村相次，总是若芳奴婢之住处也。"① 宋代，胡则任广西路转运使时，"有番舶遭风至琼州，且告食乏，不能去。（胡）则命贷钱三百万，吏白夷人狡诈，又风波不可期。（胡）则曰：'彼以急难投我，可拒而不与邪？'已而偿所贷如期"。② 这些记载证明隋唐时期确实有大量番商路经海南。考古也发现穆斯林商人在海南登陆，在陵水、三亚濒海沙滩先后发现梅山墓葬群、大疍墓葬群、番岭坡墓葬群、土福湾墓葬群、干教坡墓葬群等五处古代穆斯林墓葬群，据研究，这五处古墓葬都是穆斯林墓葬，时间在唐代和元代之间。

天宝（742~756）以前，汉族移入本岛共计34272人，唐末已经达7万人。这些中原移民，有战乱南迁的农民，有举家赴琼的朝廷命官，有戍边驻琼的将官及从征卒，也有贬官谪宦和贸易山客等。唐代，海南正式有了户籍统计，《太平寰宇记》记载唐玄宗开元年间（713~741）的户数是11535户（其中儋州3300户，琼州649户，崖州6646户，振州819户，万安州121户）。③《新唐书·地理志》记载唐玄宗天宝年间（742~755）的户口是8593户（其中崖州819户，琼州649户，振州819户，儋州3309户，万安州2997户），④ 这些户数大多是迁移来的汉人和被纳入郡县制的俚人，不包括原住民。下面三种史籍上记载的户口数量略有差异，原因大概是唐代不同时期的人口数量，可做参考（见表4-2）。

表4-2 唐代各州人口

总数	崖州	琼州	振州	儋州	万安州	资料来源
11535	6646	649	819	3300	121	《太平寰宇记》卷169《岭南道》
15067	6646	649	819	3956	2997	《旧唐书》卷41《地理志》
8593	819	649	819	3309	2997	《新唐书》卷43《地理志》

① 〔日〕真人元开：《唐大和尚东征传》，中华书局，1979，第267页。
② （元）脱脱：《宋史》卷二九九《胡则传》，第9941页。
③ （宋）乐史：《太平寰宇记》卷一六九，《钦定四库全书》，第12~14页。
④ （宋）欧阳修：《新唐书》卷四三《地理志》，第1095~1101页。

隋唐之后，汉族移民虽然户籍多集中在海南沿海地区，但分布的密度有所不同（见表4-3）。

表4-3 唐代户口在各州县分布

地区	户数	比例（%）
崖州	819	9.5
振州	819	9.5
琼州	649	7.6
儋州	3309	38.5
万安州	2997	34.9
总数	8593	100

资料来源：(宋)欧阳修《新唐书》卷四三《地理志》，第1095~1101页。

贸易 唐时，海南城乡之间的贸易市场已十分繁荣，贸易市场称为"墟"。《南越笔记》曰："南越志云：越之市名为墟，多在村场，先期招集各商，或歌舞以来……李德裕崖州诗：鱼盐家给无墟市。故村镇赶集者谓之'赶墟'。"①

商人贸易岛上的珍珠、砒瑙、香料、槟榔、荔枝、龙眼、五色藤、高良姜、益智、沉香等土特产品，有的作为"贡品"进入中原。唐德宗年间，琼山郡守韦公干蓄奴数百，都为他纺织高级品，如"花嫌文纱"和制作镶嵌金银的角、木器具等，并驱使工奴采伐深山中的"乌文"、"去陀"等珍贵木材，制造了两只大船远航广州。《太平广记》载：

> 崖州东南四十里至琼山郡，太守统兵五百人，兼儋、崖、振、万、安五郡招讨使。凡五郡租赋，一供于招讨使。四郡之隶于琼，琼隶广海中。五州岁赋，廉使不得有一缗，悉以给琼。军用军食，仍仰给于海北诸郡。每广州易帅，仍赐钱五十万以犒铁。琼守虽海渚，岁得金钱，南边经略使不能及。郡守韦公干者，贪而且酷，掠

---

① （清）李调元：《南越笔记》卷一，第7页。

良家子为臧获，如驱犬豕。有女奴四百人，执业者太半，有织花缣文纱者、有伸角为器者、有镕锻金银者、有攻珍木为什具者。其家如市，日考月课，唯恐不程……既牧琼，多乌文呋陀，皆奇木也。公干驱木工沿海探伐，至有不中程以斤自刃者。前一岁，公干以韩约婿受代，命二大舟，一实乌文器杂以银，一实呋陀器杂为金，浮海东去。且令健卒护行。将抵广，木既坚实，金且重，未数百里，二舟俱覆，不知几万万也。书曰："货勃而入，亦勃而出。公干不道，残人以得货，竭夷獠之膏血以自厚，徒秽其名，曾不得少有其利。阴祸阴匿，苟脱人诛，将鬼得诛也。"①

唐宋时期，海南椰器已经作为珍贵物品销售到岛外各地，唐代军士都使用椰器，"征蛮将士率持之，故唐李卫公有椰杯一，尝佩于玉带环中"。②《水浒传》中吴用智取生辰纲，在黄泥岗上用酒醉倒杨志，喝酒使用的就是椰瓢。

交通 据《旧唐书·地理志》记载：崖州距京师七千四百六十里，至东都洛阳六千三百里，在广府东南二千余里。琼州，西南至振州四百五十里。

唐代，白沙津（现海口市白沙门地方）设有古渡驿站，是当时琼州与雷州海渡和贸易的港口。从徐闻乘船过海峡，需要一天一夜的时间，向北返航也是如此。《旧唐书》卷四一《地理志·岭南道》："雷州徐闻县南舟行，渡大海，四百三十里达崖州。"又言："其崖、儋、振、琼、万安五州，都在海中洲之上，方千里，四面抵海。北渡海，扬帆一日一夜，至雷州也。"③ 此时的距离记载有误差。横渡海峡是一件危险的事情，经过海峡时要祈祷海神的保佑。唐太宗贞观年间，王义方贬为儋州吉安丞，"道南海，舟师持酒脯请福，义方酌水誓曰：'有如忠获戾，孝见尤，四维廓氛，千里安流。神之听之，无作神羞。'是时盛夏，涛雾

---

① （宋）李昉：《太平广记》卷二六九《韦公干》，第 2113 页。
② （清）李调元：《南越笔记》卷六，第 280~281 页。
③ （五代）刘昫：《旧唐书》卷四一《岭南道》，第 1762 页。

蒸涌，既祭，天云开露。人壮其诚"。① 《旧唐书》记载更为详细：王义方"坐与刑部尚书张亮交通，贬为儋州吉安丞。行至海南，舟人将以酒脯致祭，义方曰：'黍稷非馨，义在明德。'乃酌水而祭，为文曰：'思帝乡而北顾，望海浦而南浮。必也行愆诸己，义负前修。长鲸击水，天吴覆舟。因忠获戾，以孝见尤。四维雾廓，千里安流。灵应如响，无作神羞。'时当盛夏，风涛蒸毒，既而开霁，南渡吉安。"② 唐《元和郡县图志》："朱崖如囷廪大，与徐闻对渡，北风举帆，一夕一日而至。"

唐代时，和尚鉴真于天宝七年（748）七月出发，第五次东渡日本，结果被季风漂流到海南崖州，在海南时，他们看到海南人的饮食，据《唐大和尚东征传》记载："彼处之珍异口味有益智子、槟榔子、荔支子、龙眼、甘蔗、枸櫞、楼头等，大如钵盂，其甘甚于蜜……十月作田，正月收粟，年养蚕八次，稻收二次。男戴木笠，女穿布絮，人皆雕题、凿齿、绣面、鼻饮。"③

海南以牛作为陆路交通工具，唐代"琼州不产驴马，人多骑黄牛，亦饰以鞍鞯，加之衔勒，可骑者即自小习其步骤，亦甚有稳快者"。④（唐）刘恂撰《岭表录异》卷上记载趣闻："自琼至报溪涧，涧中有石鳞次，水流其间，或相去二三尺，近似天设，可蹑之而过。或有乘牛过者，牛皆促敛四蹄，跳跃而过，或失则随流而下。见者皆以为笑，彼人谚曰：'跳石牛骨碌——好笑，好笑。'"⑤

椰汁是海南黎人喜爱喝的饮品。唐人段成式《酉阳杂俎》中把珠崖称为"木饮州"。《酉阳杂俎·境异》中曰："珠崖一州，其地无泉，民不作井，皆仰树汁为用。"⑥ 大概是依据当地人饮用椰子汁传闻而来。宋代《太平寰宇记》也曰："其俗以土为金，器用瓢匏，无水，人饮木汁，

---

① （宋）欧阳修：《新唐书》卷一一二《王义方传》，第 4159~4160 页。
② （五代）刘昫：《旧唐书》卷一八七《王义方传》，第 4874 页。
③ 转引自〔日〕小叶田淳《海南岛史》，张迅斋译，学海出版社，1979，第 21~21 页。
④ （唐）刘恂：《岭表录异》卷中，文渊阁《四库全书》，第 589 册，第 92 页。
⑤ （唐）刘恂：《岭表录异》卷上，文渊阁《四库全书》，第 589 册，第 60 页。
⑥ （唐）段成式：《酉阳杂俎》卷四《境异》，中华书局，1981，第 44 页。

谓之木饮州。"①"树汁"所指应当是椰树果实的汁。

第三节 海口黎族的封建化

隋唐时期，大量俚人从岛外迁徙而来，居住在汉人与土著之间，称为熟黎。唐后期，中原人开始改称海南的原住族群为"黎人"，唐昭宗年间广州司马刘恂所著《岭表录异》中曰："儋振夷黎，海畔采（紫贝）以为货。"②《新唐书·杜佑传》曰："朱崖黎民三世保险不宾，佑讨平之。"③ 到宋代，文献中已经全部改"俚人"为"黎人"。

"黎"在宋代已被普遍使用，表明黎人族群在整合原住族群的基础上正式形成。唐宋时期为何将"俚人"改称"黎人"？一种说法是因地而名，《宋史》记载："黎洞，唐故琼管之地，在大海南，距雷州泛海一日而至。其地有黎母山，黎人居焉。俗呼山岭为黎，居其间者，号曰黎人。"④《桂海虞衡志·志蛮》记载："岛之中有黎母山，诸蛮环居四旁，号黎人。"⑤ 另一种说法认为是将"俚"讹为"黎"，清人认为"俚人"居住在"黎母山"，以讹传讹，将"俚"讹传为"黎"。清代《皇清职贡图》曰："按黎人，后汉谓之俚人，俗呼山岭为黎，而俚居其间，于是讹俚为黎。"⑥《广东通志·列传·俚户》曰："俗称山岭为黎，而俚居其间，于是讹俚为黎。"顾炎武《天下郡国利病书·广东》曰："按俚讹为黎，声之转也久矣。"⑦ 不管哪一种说法，海南岛上的原住族群之间进行了整合。从海南史前时期各族群向海南迁徙，到秦汉时期的骆越人，然后到东汉至隋时期的俚人，再到宋代的黎人，原住族群从分散完成了

---

① （宋）乐史：《太平寰宇记》，中华书局，2007，第3234页。
② （唐）刘恂：《岭表录异》，广西民族出版社，1988，第159页。
③ （宋）欧阳修：《新唐书》卷一六六《杜佑传》，第5087页
④ （元）脱脱：《宋史》卷四九五《黎洞传》，第14219页。
⑤ （宋）范成大：《桂海虞衡志·志蛮》，文渊阁《四库全书》，第589册，第387页。
⑥ （清）傅恒：《皇清职贡图》卷四，文渊阁《四库全书》，第594册，第508页。
⑦ （清）顾炎武：《天下郡国利病书》，上海商务印书馆，1936，第227页。

整合，在这个过程中，海南原住族群在民族心理、语言等方面逐渐形成了一定的共同基础。但是也应该注意到，黎人族群的整合主要是从外部完成的，比如黎人族群的称呼，无论称呼为骆越人、俚人还是黎人，都是汉人站在自己的角度，依据自己的标准称呼海南族群的，而黎人自称为"赛"，黎人族群内部实际上还缺乏一个民族所应具备的共同经济生活、共同心理、共同文化等方面的有机联系。今天黎族有五个支系，这五个支系在语言、服饰、婚姻、生产等方面都存在着差异，是海南原住族群未能充分整合的例证，因此黎人族群的整合是松散的、不彻底的。

"熟黎"是从岛外迁徙而来的，至于从什么地方迁来的，哪些族群迁来的，存在着两种不同的说法。一种说法认为熟黎来自南、恩、藤、梧、高、化等地，即岭南的雷州半岛、粤西、桂南桂东一带。"熟黎，旧传本南、恩、藤、梧、高、化人，多王、符二姓，言语皆六处乡音，因从征至者，利其山水田地，占食其间。"① 另一种说法认为是来自湖广、福建地区的汉人。宋人周去非《岭外代答》中记载：熟黎"多湖广、福建之奸民也，狡悍祸贼，外虽供赋于官，而阴结生黎以侵省地，邀掠行旅居民。官吏经由村峒，多舍其家"。② 对于熟黎来源的不同说法，其实并不矛盾，上述两种情况应都存在，无论是岭南地区的俚人，还是湖广、福建地区的汉人，在南朝隋唐时期都有大量人口南移海南岛，在迁徙过程中，湖广、福建汉人和俚人交叉在一起。据《光绪澄迈县志》记载："今按在东路者，皆福建漳、泉等处乡音，在西路者，皆广西藤、梧等府乡音及本土良民。"也就是说福建等地的移民多集中在海南东部，而广西一带的移民多集中在海南西部。另外还有广东一带迁徙过来的俚人，"初皆闽商荡资亡命，及本省土人，贪其水土，占食其间，种类繁衍"。③ 海南在明清时期隶属于广东省，因此上文所说"本省"应当是指广东省。由于这些人口在大陆接受过封建郡县制统治，迁徙到海南岛上后也

---

① （明）戴熺、欧阳灿总裁，蔡光前等纂修《万历琼州府志》卷八《海黎志》，第410页。
② （宋）周去非著，杨武泉校注《岭外代答校注》卷二《海外黎蛮》，第70页。
③ （清）龙朝翊主修，陈所能等纂修《光绪澄迈县志》卷五《海黎志》，海南出版社，2003，第264页。

易于接受封建郡县制管理，纳粮当差，因此被称为"熟黎"。所以，宋代海南"生黎"和"熟黎"的形成，主要是南朝隋唐时期岭南、湖广和福建等地俚人和汉人迁徙的结果。

隋唐时期，封建王朝的政治军事力量十分强大，这一时期封建郡县在海南扩张迅速，随着封建郡县在海南的全面恢复，大量俚人转化为民户，服役纳粮，承担封建国家的赋役负担，《隋书·南蛮传》记载："南蛮杂类，与华人错居，曰蜒，曰獽，曰俚，曰獠，曰㐌，俱无君长，随山洞而居，古先所谓百越是也。其俗断发文身，好相攻讨，浸以微弱，稍属于中国，皆列为郡县，同之齐人，不复详载。"① "岭南俚户，旧输半课，及延祐到，遂勒全输。"② 这一时期，大量俚人被纳入郡县制之中。

隋唐时期，冯冼家族迁入海南。冼夫人去世后，冯氏家族仍然在岭南俚人当中最具统治力，隋亡唐兴，"冯盎以南越之地来降，岭表悉定"。③ 海南岛上的骆越人与岭南俚人都是百越人的后裔，在血缘和文化上具有认同感，以冯冼家族为首的势力集团的崛起，维护了他们的现实利益，加上岭南地区的俚人族群濒临中原王朝，相对于海南族群更早地接受华夏文明，因此海南原住族群对海峡对岸的俚人族群产生强烈的认同。隋唐时期，岭南地区重新被纳入郡县控制之下，岭南一部分俚人被纳入郡县，另一部分南迁进入海南岛。隋唐时期，冯冼家族势力逐渐迁移到海南。冯冼家族的南迁必然带动俚人的迁徙，海南成为俚人的主要活动区域，而继续留在桂东、桂南等地的俚人逐渐演变成为僮族，后改为壮族。

冼夫人的儿子冯仆，初封信都侯，隋时又封为平原郡公、崖州总管等。世家大族虽然接受了封建化，但在这一时期，并没有改变海南黎峒的基层组织。封建王朝授予俚人酋长不同级别的官职，甚至任用俚人酋长担任州一级的官职。这一时期封爵授官政策的对象主要是对跨越山峒

---

① （唐）魏徵：《隋书》卷八二《南蛮传》，第1831页。
② （五代）刘昫：《旧唐书》卷一九〇《刘胤之传附弟子延祐传》，第4982页。
③ （五代）刘昫：《旧唐书》卷一《高祖本纪》，第1页。

的世家大族，一旦被封爵、授官的世家大族和酋长势力衰微，黎人又重新回归各峒，自立雄长，游离在郡县之外，相互争斗，甚至处于叛乱的状态。隋唐时期，冯冼家族迁入海南。世家大族虽然接受了封建化，但在这一时期，并没有改变海南黎峒的基层组织。

隋唐时期，在海南扩张封建郡县制的过程中，也加剧了汉俚之间的矛盾冲突。一部分不愿意失去自己土地的俚人被迫起来反抗，如隋炀帝年间，朱崖人王万昌举兵作乱，封建王朝派遣陇西太守韩洪讨平。不久，王万昌弟仲通复叛，又诏韩洪讨平之。唐高宗乾封年间，琼州俚人反叛，并控制了琼东南一带地区，一直持续 124 年之后的唐德宗年间才收复。

第五章 宋元时期海口的发展

宋太祖开宝五年（972），废崖州，以崖州所属县归琼州。琼州领琼山、临高、乐会、澄迈、文昌等五县，①并将琼州府治、琼山县治从白石都迁于今海口市府城一带，据《康熙琼山县志·建置志》记载："琼山附郡之县，郡城即琼山城也。琼之城，始筑于宋开宝五年。"②宋神宗熙宁年间，以琼州为琼管安抚司，领琼州所属县，故琼州又称"琼管"。宋徽宗宣和年间又改琼管为安抚都监。南宋高宗绍兴六年（1136），又废昌化、万安、吉阳三军为县，隶属于琼州，据《宋史·地理志》记载："儋、崖、万安三州，地狭户少，常以琼州牙校典治。"③其他州行政级别较低，琼州实际已成为海南岛行政中心。宋王朝延续隋唐时期的流放政策，将犯罪官员贬谪海南，但与唐代不同的是，海南各州县的正官由朝廷重臣担任，《万历琼州府志·秩官志》曰："宋命朝臣出守列郡，号知州军使，实统兵民县令，总民政，有戎兵则兼兵马，或监押。"④兼管民政和军事，民政合一。流放官员不再任州郡正官。

元至元十三年（1276），南宋皇帝流亡海上，琼、雷、全、永等州均起兵勤王。至元十五年冬，元平章阿里海牙偕宋旧琼管帅马成旺，统

---

① （元）脱脱：《宋史》卷九〇《地理志》，第 2245 页。
② （清）潘廷侯：《康熙琼山县志》卷四《建置志》，第 51 页。
③ （元）脱脱：《宋史》卷九〇《地理志》，第 2249 页。
④ （明）戴熺、欧阳灿总裁，蔡光前等纂修《万历琼州府志》卷九《秩官志》，第 460 页。

兵数十万攻打至雷州。阿里海牙遣使至琼，企图招降宋琼州安抚使赵与珞。赵与珞拒不降元，马成旺统兵渡海准备攻琼州。由于宋军坚守，数日不得登岸。降臣马成旺利用自己治理琼管十余年的关系，招募旧部叛宋降元，马成旺旧部擒获赵与珞及其他琼州守将。明人屈大均《广东新语》说："宋末，琼州人谢明、谢富、冉安国、黄之杰，从安抚赵与珞拒元兵于白沙口，皆被执不屈以死，于是终元之世，郡中无登进士者。"① 至元十五年十一月，"琼、儋、崖、万四州以其地版图入贡"。海南被元王朝占领，改为琼州路安抚司，至元二十八年改为琼州路军民安抚司，天历二年（1329）改为乾宁军民安抚司。宋代海南隶属广南西路，下设一州三军十二县，即琼州（琼山县、澄迈县、临高县、文昌县、乐会县），昌化军（宜伦县、昌化县、感恩县），万安军（万宁县、陵水县），朱崖军（吉阳县、宁远县）。其间时兴时废，建置不一。元地方最高行政机构为行中书省，初海南属湖广行省，元后期设广西行省，海南又隶属广西。行省之下依次分为路、府、州、县。到元文宗即位后，由于文宗早年潜邸于琼，故又改为乾宁军民安抚司，后又改为乾宁安抚司。元代海南府州县的正官主要由蒙古人担任，汉人担任助手，辅助蒙古官员管理政务，"贱儒贵吏，郡县皆以蒙古人为达鲁花赤，汉人在郡为总管，在县为尹，用以辅之"。② 明太祖洪武元年（1368）六月，元朝海南海北道元帅罗福、海南分府元帅陈乾富相继归附，"海南诸郡县皆降于大明"，结束了元王朝自至元十五年以来对海南岛长达 90 年的统治。

第一节　海口浦的兴起

宋太祖开宝五年（972），将琼州府治、琼山县治从白石都迁至今海口府城一带，筑城方圆共三里。南宋高宗绍兴年间，因许益叛乱，管帅李锷又筑外罗城，奠定了元明清琼州府城的基础。元因宋旧城。

---

① （清）屈大均：《广东新语》卷九，中华书局，1985，第 285 页。
② （明）戴熺、欧阳灿总裁，蔡光前纂修《万历琼州府志》卷九《秩官志》，第 460 页。

琼州府城址在今天海口市府城一带。据清道光《琼州府志》记载：琼州府城廓，又名海南卫城池，在今之府城镇，建于北宋开宝四年。据现代考古发掘，宋代琼州府城址位于海口市琼山区府城镇南部城区。原城址平面呈不规则四边形，主城池长 4134.9 米，高 8.91 米，阔 5.94 米，雉堞 1830 个，并在东、南、西 3 个城门上各置敌楼一座，北边天城门则建一座望海楼。南筑长堤，引南渡江支流为濠，四周构筑护城河，十分雄伟壮观。由于自然和人为因素的破坏，琼州治城池的东、西、北门及大部分城墙倾圮，现仅剩西城门段约 110 米的城墙以及东门护城河，成为琼州府城的历史遗迹。1983 年大部分城墙被拆除，现仅存西城门及长约 110 米的城墙，城墙用砖石砌成，宽 5~6 米，残高 1~2 米。①

海口浦 在琼州府城北面南渡江入海分叉处，主流向北入海，支流海甸溪从新埠岛、海甸岛之间穿过进入琼州海峡，两岸形成滩涂，"浦"意为水边或河流入海之地，"海口浦"在今天海口市美兰区海甸岛南部、海甸溪北岸之间的区域，即海甸一、二、三、四、五、六庙等村一带。"海口"地名出于南宋，用"浦"字表示其地境。宋代琼山县将儒学设置在海口浦。海口浦代替白沙津，成为海南渡海和物资进出口的主要港口之一。海口浦成为今天海口市的开端，之后，元代在海口浦设置驿站，设驿令等官管理。洪武二十年（1387）在此设千户所，称海口所。洪武二十八年开始筑城，称海口所城，为军事要地。康熙二十三年（1684）在此置营，设都司防守。咸丰八年（1858）6 月 27 日法国强迫清政府订立《中法天津条约》，海口被开放为商埠。民国初年置海口镇，隶属于琼山县。1926 年改设海口市。新中国成立后沿用海口市（县级），1986 年 5 月 31 日经国务院批准，升格为地级市。1988 年 4 月 13 日经第七届全国人民代表大会第一次会议通过，决定海口市为海南省省会。

驿站 北宋时期，位于琼山县治北十里的白沙门，逐渐成为琼州郡治要津和全岛海上航路的中枢。南宋政府为了便于公文书信往来和加强对海府间驿道关津管理，在白沙口设星轺驿站，设置渡口，渡过琼州海

---

① 丘刚：《海南古遗址》，第 158 页。

峡，经徐闻沓磊驿，通往京都，方便官宦使节往来，传递京师、省城文图，这是海口最早设立的驿站。元代，海口有白沙、烈楼等驿站，白沙驿设在海口东面白沙，与琼州路安抚司治地（今府城镇）相距约 5 公里；烈楼驿设在烈楼都（今长流镇）。

桥梁 海口濒临南渡江入海口，境内河流纵横，宋代为便利交通，先后修筑了一些桥梁。如瑞云桥（城外南桥，旧名虹桥，长六十五丈，宽一丈一尺，九洞）、洗马桥（在县西南二里，人多在此处洗马，又名驭仙。水自龙井流来，出瑞云桥，经博冲河入海）、堤桥（县东南四里顿林都，水自那梅村田涧流出，合博冲桥水，达大河入海）、博冲桥（县东南四里顿林都，水自龙潭流达番诞江，经白沙港入海）、五原桥（县南二十里五原都官道，宋南渡无名僧建）、杜村桥（县西北二十五里，旁有石刻，宋淳熙年间杜公立）、苏稔桥（县东南六十里苏寻都）、梁老桥（县东南六十里，水自南湖流出，西潭都达江）、滴天桥（县西南六十里梁老都）等等。

对外交通 宋代，海口对外交通已经十分发达。（1）琼州至广州、福建的海路。《太平寰宇记》记载了北宋时琼州至广州的交通："泛大船使西风帆，三日三夜到地名崖门；从崖门山入小江，一日至新会县；从新会县入，或便风十日到广州，路经黎冈州，皆海之险路。约风水为程，如无西南风，无由渡海，却回舡本州石镬水口驻泊，候次年中夏，西南风至，方可行船。"① （2）海南北渡琼州海峡至徐闻、雷州。《诸蕃志·海南》记载："徐闻有递角场，与琼对峙，相去约三百六十余里，顺风半日可济，中流号三合溜，涉此无风涛，则舟人举手相贺。"② 《岭外代答·琼州兼广西路安抚都监》："今雷州徐闻县递角场，直对琼管，一帆济海，半日可到，即其所由之道也。"

白沙津（又称神应港）等港口设施的修建。在南渡江和海水的共同作用下，早在宋代之前，已在南渡江入海口以及沿海形成由泥沙堆积的沙洲，分布在今东起五公祠，经龙岐村、大英山、秀英村，西至后海角

---

① （宋）乐史：《太平寰宇记》卷一六九，第 3233 页。
② （宋）赵汝适著，杨博文校注《诸蕃志校注》，第 216 页。

外面一带。白沙外出现白沙河和沙洲，称外沙，最初这里是一个津口。宋代海南与大陆之间频繁的人员、贸易往来，需要加强港口建设。王光祖元帅（王光祖字君俞，开封人。父珪，为泾原勇将，号"王铁鞭"）曾动工开掘，未修成。淳祐戊申（1248）年间，飓风冲成港口，时人以为神应，故称神应港。据《正德琼台志·纪异》记载："（琼山）县北十里白沙津，商舟所聚处也。然浅窄不通大舟，每夏秋飓发，多风涛之虞。宋自熙宁王光祖以来，累欲穿港而未能，至淳祐戊申飓风大作，忽自冲成港，人以为神，因名神应港。"神应港的繁荣带动海口浦的建设，今海甸岛在宋代时也是冲击而成的沙洲，宋代在这里建设海口浦，海口市得名于此。

宋代已经建有伏波、妈祖、昭应庙等，过海要祭神。伏波信仰最早，苏轼在《伏波庙记》中曰："自徐闻渡海适珠崖，南望连山，若有若无，杳一发耳。舣舟将渡，股栗魄丧。海上有伏波祠，元丰中诏封忠显王，凡济者必卜焉。某日可济乎？必吉然后敢济。使人信之，如度量权衡，必不吾欺者。"① 宴公庙在琼山县，据说江西清江镇人宴成儒，平生疾恶如仇，元初"以人才应选为文锦局堂长，谢病归，登舟即逝，时灵显于江河湖海，舟行遇风，叩之即浪平风息。元代封其为平浪侯。明洪武初，有司以其事闻，诏封为显应平浪侯。江淮间香火甚盛，丘文庄屡祷有应，建庙于下田村祀之。"②

生活设施 海口境内大部分属于火山地貌，饮水较为困难。宋代开凿了一些井泉。如双井（宋景定三年凿）、羊拜井（在宅念都，宋时，群羊于此跪致水气，乡人遂凿得泉）、惠通泉（在县东五十里符离三山庵下，东坡命名）、双泉（宋哲宗绍圣四年六月，苏轼贬往儋州昌化军，途中路过琼州郡城，寄宿在城北金粟庵。一日，苏轼父子漫步至城东北处，发现有洗心、浮粟两泉，尝之，泉水味道甘甜，而且奇异的是，两处泉水距离虽然很近，但泉水味道不同。苏轼将消息传出后，此后很多人来这里汲水）。

---

① （清）陈梦雷：《古今图书集成》卷一三八三《琼州部》，第 20276 页。
② （清）李文烜修，郑文彩纂《咸丰琼山县志》卷五《建置志》，第 236 页。

元代修建了城内街，是海口至府城的主要道路，又称南北所街，明洪武二十八年（1385）海口所筑城，改称城内大街。1924年拆城扩建，始名博爱路，以纪念孙中山倡导的博爱精神。元代在海口浦设置"南蕃兵营"、"蕃民所"。元代在今中山路一带建"天妃庙"。

交通设施 元代马端临的《文献通考·黎峒》记载："黎峒，唐故琼管之地在大海；南距雷州，泛海一日而至。"《宋史·黎峒传》："黎峒，唐故琼管之地，在大海南，距雷州泛海一日而至。"①

元代修的桥梁，如水街桥（在府城南门外，水自城壕流出，经南湖入海）、河口桥（在城东）、第一水桥（俗名湳一，在县西北二里下田村前，水经大小英村入海）、钟桥（县东十四里上那邕都，元士人钟姓捐建）、买舍桥（县东二十里大林都，元僧无我募建，水自南渡江流出，塞港入海）、白沙桥（县东二十里小林都，元建以木，水自灵山田涧流出，经碌松陂，塞港入海）、波蔡桥（县东三十里小林都，僧无我建砌，水自灵山田涧流出，经白沙桥，出港入海）、烈楼桥（本都县西北三十里。水自上石山都田涧流出，烈楼港入海）、博合桥（县东南五十里万都，水自本都田涧流出那廉桥，经铺前港入海）、那廉桥（县东南符离都，元僧无我建，水自万都山涧流，出庄天渡，达铺前港入海）等等。

第二节 水利兴修和社会经济的发展

农业 宋代修建了一些水利设施，促进了农业的发展。据《康熙琼山县志·地理志》卷三记载："史志河渠水利，其来旧矣。琼自唐以前无可考，洎宋开宝间修溉之后，元人渐知潴泄，至我朝而始加详。"② 宋代修建的水利设施有以下四处。

一是度灵塘。《宋史·河渠志》：开宝八年，知琼州李易上言："州

---

① （元）脱脱：《宋史》卷四九五《蛮夷传》，第14219页。
② （清）潘廷侯：《康熙琼山县志》卷三《地理志》，第30页。

南五里有度灵塘，开修渠堰，溉水田二百余顷，居民赖之。"① 据《康熙琼山县志·地理志·水利》记载，度灵塘在大来都响水桥下流至那梅都英吴桥上流，有塘蓄水，即其故迹。

二是南桥水道。在县南城外，源自西湖、龙井，合流至南桥。宋人浚河，导番旦达大江。

三是岩塘陂。在县东南四十五里郑都。高山间岩塘水涌出，汇而为塘。宋端平间，乡人于塘门筑石，高一丈六尺，阔三丈八尺。架桥砌陂为堤堰，延袤二百余丈，阔半之。至土名将军流，分为三派：南派灌溉郑暂、遵麻等都田，北派灌溉洒塘、抱蔺大小等都田，共数百余顷。其陂隶官职掌，各都立陂甲三十二名，以供其役，以陂长一名督之，任水性分流，不得擅利塞泄。

四是义丰堤闸。元王侪翁《水利碑略》云："其间义丰、遵化、丰好等处，民田往因洪水冲决，陵谷变迁，难于稼穑。后至元丁丑（1337）春，诸田老以实闻于郡，檄委前雷庠学正张宜举董其役，有田之民不期而至。堤桥车闸修制有方，七年始效，获水利者一十八处，成熟田者有十万余顷。"滨壅圩岸。在县东南十八里，自上那邕都达于顿林都。元至正间，郡以民苦水患，委前雷庠教张宜举董筑。

手工业 吉贝即木棉，原是黎人先民的服饰原料。在宋代时木棉仍是黎人主要的纺织原料，贬到海南的苏轼在《和陶拟古九首·之九》一诗中，记述当地黎人对他十分友好，天气寒冷时送衣服给他，"遗我古贝布，海风今岁寒"。古贝布即是吉贝、木棉布。木棉多为野生树种，《黎岐纪闻》载："山岭多木棉树，妇女采实取其棉，用竹弓弹为绒，足纫手引以为线，染红黑等色，杂以山麻，及外贩卖彩绒而为布，名曰吉贝。"②《文昌杂录》载："闽峤以南多木棉，采其花为布，号吉贝。"③由此可知，琼州盛产木棉，宋时称古贝、吉贝或劫贝，也是汉人的服饰

---

① （元）脱脱：《宋史》卷九六《河渠志》，第 2379 页。
② （清）张庆长：《黎岐纪闻》，光绪三年刻本，第 3 页。
③ （宋）庞元英：《文昌杂录》商务印书馆，1936，第 35 页。

原料，"琼人以吉贝织为衣衾，工作皆妇人"。①

贸易 海南与广东、福建、浙江、雷州等地有广泛的贸易往来。早在唐代因海外贸易的发展，市舶机构已开始出现于广州，到了宋代，我国已建立了一整套完备的市舶制度。宋孝宗乾道九年（1173）七月，广州市舶即请求在海南琼州设立市舶分公司，先是诏令拒绝，但不久又由提举市舶黄良心创议，终于派主管一员于琼州置市舶司。《诸蕃志》载，宋时"琼山、澄迈、临高、文昌、乐会皆有市舶"。《舆地纪胜·景物》载："神应港，琼州白沙津，蕃舶所聚之地。其港自海岸屈曲，不通大舟，而大舟泊海岸，又多风涛之虞。王帅光祖欲直开一港，以便商旅。已开，而沙复合，人亦难之。忽飓风作，自冲一港，尤径于所开者。神物所相如此，遂名神应港。时淳熙戊申也。"②

元至元三十年（1293）九月，于琼州设立海北海南博易提举司，是与市舶提举司同类机构。据《太平寰宇记》所载，商船从琼州经崖山、新会县而至广州，"如无西南风，无由渡海，却回船本州石水口驻泊，候次年中夏西南风至方可行船"。海口浦和白沙津等处是商舶重要停泊港口，白沙津更是中外商船重要的停泊地点，据《舆地纪胜》："琼州白沙津蕃舶所聚之地，其港自海岸屈曲不通大舟，而大舟泊海岸。"到了元代，海口港已发展起来而成为海货的起货和集积地。元代在海口和白沙津都建立了天后（即妈祖）庙。

宋代赵汝适在《诸蕃志》卷下《志物》"海南"条中记载，海南有沉香、蓬莱香、鹧鸪斑香、笺香、生香、丁香、槟榔、叶子、吉贝、芋麻、褚皮、赤白藤、花蔓、黎模、青桂木、花梨木、海梅脂、琼枝菜、海漆、革麦、高良姜、鱼鳔、黄蜡、石蟹等。这些货物多出自黎峒，先是周边地区的省民用盐、铁、鱼、米等与黎人贸易，继而转卖给其他商贾。

宋时，琼州粮食欠缺，依赖广东供给，海南把广东来的运粮船称为"北船"，如果琼州储存的大米快吃完了，而从广东运米船还没到，琼州

---

① （元）脱脱：《宋史》卷四〇六《崔与之传》，第12258页。
② （宋）王象之：《舆地纪胜》，四川大学出版社，2005，第1135页。

米价就会飞涨。苏轼在《谪居三适三首·夜卧濯足》中曾提到："得米如得珠，食菜不敢留。"《纵笔三首之三》中也曰："北船不到米如珠，醉饱萧条半月无。"① 说明粮食严重依赖与大陆贸易。海南虽然大量饲养牛，但仍然不够食用，需要从外地输入才能满足消费。苏轼《书柳子厚牛赋后》记载："岭外俗皆恬杀牛，而海南为甚。客自高、化载牛渡海，百尾一舟，遇风不顺，渴饥相倚以死者无数。牛登舟皆哀鸣出涕。既至海南，耕者与屠者常相半。"② 输入海南的米、牛等货物多来自海南岛对岸的雷州半岛，而海南货物输出的地区多是福建、浙江、湖广等地区，这些地区再转手销到内地。《宋史·食货志·商税》记载："贾物自泉、福、两浙、湖广至者，皆金银物帛……自高、化至者，唯米包、瓦器、牛畜之类……故高、化商人不至，海南遂乏牛米。"③

赋税 地方政府对民户和商舶课以重税，《宋史·食货志·赋税》："海南四州军税籍残缺，吏多增损，辄移税入他户，代输者类不能自明。琼州、昌化军丁税米，岁移输朱崖军，道远，民以为苦。至是，用体量安抚朱初平等议，根括四州军税赋旧额，存其正数。二州丁税米止令输钱于朱崖自籴以便民。"④ 沉重的商税影响到海南岛的贸易，琼管上奏建议改变税收方式，《宋史·食货志·商税》琼管奏："'海南收税，较船之丈尺，谓之'格纳'。其法分三等，有所较无几，而输钱多寡十倍。贾物自泉、福、两浙、湖、广至者，皆金银物帛，直或至万余缗。自高、化至者，唯米包、瓦器、牛畜之类，直才百一，而概收以丈尺。故高、化商人不至，海南遂乏牛米。请自今用物贵贱多寡计税，官给文凭，听鬻于部内，否则许纠告，以船货给赏。'诏如所奏。"⑤《宋史·仁宗纪》："罢琼州岁贡瑇瑁、鼍皮、紫贝。"⑥ 崔与之任广西提点刑狱时，因政务巡海南："朱崖地产苦蓡，民或取叶以代茗，州郡征之，岁五百缗。琼

---

① （清）王文诰：《苏文忠公诗编注集成》卷四一，第 3531 页；卷四二，3560 页。
② 《苏轼集》，江苏古籍出版社，2006，第 135 页。
③ （元）脱脱：《宋史》卷一八六《食货志》，第 4544 页。
④ （元）脱脱：《宋史》卷一七四《食货志》，第 4209 页。
⑤ （元）脱脱：《宋史》卷一八六《食货志》，第 4544 页。
⑥ （元）脱脱：《宋史》卷九《仁宗纪》，第 183 页。

人以吉贝织为衣衾，工作皆妇人，役之有至期年者，弃稚违老，民尤苦之。与之皆为榜免。其他利病，罢行甚众。琼之人次其事为《海上澄清录》。"①

第三节　流放官员在海口的贡献

宋代，琼州仍是封建王朝贬谪官员的地方，有人统计，宋代贬谪到海南的官员前后共有27人。② 其中有许多官位高的官员，如丁谓，担任过左仆射、太子少师、同平章事、太子少保等职，贬崖州司户；苏轼，贬琼州别驾；李光，上虞（今属浙江）人，曾任吏部侍郎、参知政事等职，因与秦桧不合，谪至昌化军；李纲，钦宗时授兵部侍郎、尚书右丞等职，贬海南万安军；赵鼎，宋绍兴四年（1134）任尚书右仆射兼知枢密院事，绍兴八年，因力主抗金与奸臣秦桧不和，被贬海南吉阳军；胡铨，绍兴七年任枢密院编修官，因坚持抗金，上书请斩秦桧等三人，遭秦桧迫害，谪吉阳军；王珪，曾任左仆射、宰相，被贬为万安军司户参军；③ 等等。

在宋代，中原人对海南的印象已经有所改观。宋太宗时，兵部尚书卢多逊被贬崖州，曾做过广州知府兼转运使的李符企图加害卢多逊，向宰相赵普建议："珠崖虽远在海中，而水土颇善。春州稍近，瘴气甚毒，至者必死，愿徙多逊处之。"但赵普并没有答应。后来李符也因罪被贬为春州（今广东阳春市）知府。李符至郡岁余卒，年五十九岁。④

苏轼于宋哲宗绍圣四年（1097）四月十七日接到诰命，贬为琼州别

---

① （元）脱脱：《宋史》卷四〇六《崔与之传》，第12258页。
② 刘丽、陈海波：《宋代贬谪文人与海南文化》，《新东方》2012年第4期，第31~34页。
③ 见《旧唐书》卷九一《敬晖传》、卷一三五《韦执谊传》、卷一六《穆宗纪》、卷二〇《昭宗纪》、卷二下《哀帝》、卷一九中《李邕传》、卷二〇下《哀帝》、卷一七六《杨虞卿传附汝士子知温传》、卷一七四《李德裕传》。《宋史》卷九《仁宗纪》、卷三三八《苏轼传》、卷三〇《高宗纪》、卷一八《哲宗纪》等。
④ （元）脱脱：《宋史》卷二七〇《李符传》，第11235页。

驾，在昌化军安置。时苏轼已年 62 岁，垂老投荒，瘴疠交攻，已无生还之望。苏轼把这次贬谪称为"并鬼门而东鹜，浮瘴海以南迁"，"魑魅逢迎于海上，宁许生还"，① 在给广州太守《与王仲敏书》中也曰："某垂老投荒，无复生还之望，昨与长子迈诀，已处置后事矣。今到海南，首当作棺，次便作墓，乃留手疏与诸子，死则葬于海外……生不挈棺，死不扶柩，此亦东坡之家风也。"家人也把这次分离当成死别，"子孙恸哭于江边，已为死别"。苏轼是抱着绝望的心情出发的，一路上心情之悲凉可想而知。

　　苏轼于四月十九日携幼子苏过从广东惠州起身，六月十一日，苏轼和苏辙在渡口依依惜别，苏轼想起孔子的话，于是与弟弟开玩笑说："（我今天）岂所谓'道不行，乘桴浮于海'者耶！"同日，苏轼渡过琼州海峡，在澄迈驿登岸。第二天，赴琼州府（今琼山府城），住在城北金粟庵，郡监黄宣义前来看望。其间，闲暇无事。一日，苏轼父子漫步至城东北处，发现有洗心、浮粟两泉，尝之，泉水味道甘甜，而且奇异的是，两处泉水距离虽然很近，但泉水味道不同。苏轼将消息传出后，此后很多人来这里汲水。苏轼居留儋州期间，新任琼州太守承仪郎陆公在两泉之上各盖一亭，分别命名为"临清亭"和"濯缨亭"。不久，又在两亭之前再建一亭，亭中树石碑，亲书"东坡双泉"四字，但亭未命名，以待苏轼来题。元符三年（1100）六月，苏轼遇赦北归重过旧地，琼州太守承仪郎陆公请苏东坡为亭题名作诗，苏轼名之曰："泂酌"，并作《泂酌亭》诗以记其事：

　　　　琼山郡东，众泉觱发，然皆洌而不食。丁丑岁六月，南迁过琼，始得双泉之甘于城之东北隅，以告其人，自是汲者常满。泉相去咫尺而异味。庚辰岁六月十七日，迁于合浦，复过之。太守承议郎陆公，求泉上之亭名与诗。名之曰"泂酌"，其诗曰：酌彼两泉，挹彼注兹。一瓶之中，有渑有淄。以瀹以烹，众喊莫齐。自江徂海，

---

① 《苏轼集》卷六九《到昌化军谢表》，第 135 页。

浩然无私。岂弟君子，江海是仪。既味吾泉，亦唷吾诗。

洞酌亭在今海口市五公祠内。在琼州府城停留十余日后，苏轼父子起程前往昌化军。三年之后，即元符三年五月，苏轼接到朝廷诏令，以琼州别驾衔移廉州（今广西合浦县）安置。苏轼随后前往琼州府告别。《苏东坡全集·琼州惠通井记》："琼州之东五十里，曰三山庵，庵下有泉，味类惠山。东坡居士过琼，庵僧惟德以水饷焉，而求为之名，名之曰'惠通'。元符三年六月十七日记。"苏轼还参拜了伏波庙，作《伏波庙记》。

王居正（1087~1151），江苏扬州人。南宋高宗建炎年间（1127~1130）任兵部侍郎，赠文华殿大学士兼枢密使，绍兴二十一年（1151）被秦桧奸党诬陷贬琼州府，不久死在海南岛，追谥文义公。王居正墓位于海口市府城镇新潭村西侧的悦公山（因王居正号悦，故称今名），该墓占地面积667平方米。墓坐北向南，依山傍水，墓丘外表石砌，圆形，直径2.5米，高2米。墓碑高183厘米、宽63厘米、厚12厘米，额题"宋王文义公谕祭碑"，下刻谕祭碑文，南宋高宗绍兴二十一年立。墓碑刻有皇帝谕祭碑文："帝遣赐进士陈诚之谕祭兵部侍郎赠观文殿大学士王居正曰：惟尔人龙着瑞，文虎标奇，绣斧扬威。乘鹭车而审察全欧，应卜衔风，诏以宣猷……"[①]

何兴，原名何汉规，湖南宁远人。南宋理宗时（1225~1264）授朝议大夫，后因直言敢谏被贬琼州。何兴夫妇墓位于海口市琼山区龙塘镇永昌村西，该墓为南宋所建。墓向东北，占地面积200平方米。圆丘形封土，直径3.1米，高2.2米。墓碑高180厘米、宽65厘米、厚13厘米，上刻"宋赐进士朝议大夫迁政府敕封夫人始祖何公林氏墓"。清嘉庆十九年（1814）、道光二十八年（1848）重修该墓。

流放官员促进海口市文化教育发展。南宋贬谪到海南的李光说：

---

① 王育龙：《海南古代墓葬》，海南出版社，2008，第107页。

"（海南）近年风俗稍变，盖中原士人谪居相踵故也。故家知教子，士风浸盛，应举终场者凡三百人，比往年多几十倍，三郡并试时得人最多。"明代琼山人唐胄也说："海南僻处炎荒，教化之开，始于南宋，嗣后名贤辈出，有海滨邹鲁之称。"

第四节　移民、社会结构和汉黎关系

（一）移民与人口

宋元时期，海南移民数量增多，移民方式主要有四种类型。

1. 官员落籍

据王俞春统计，宋代在海南任官后落籍的官员有四十余人，这些官员都携家带口，落籍海南琼山以及其他州县。如周仁浚，河南汝南县人，北宋开宝年间任琼州知府，任满后居住在琼山上邕（今琼山区龙塘潭口）。张有文，福建莆田人，南宋开僖年间，任琼山知县，落籍琼山府城甘蔗园村。梁氏迁琼始祖梁肱，湖北荆州江陵人，宋初被贬琼崖郡守，定居琼山梁陈水东（今旧州），等等。①

2. 军兵落籍

宋元时期，中央王朝在海南驻扎了大量的军队，其中一部分军兵落籍，比如朱廷玉，浙江海盐人，北宋景德年间驻守海南，其夫人和七个儿子留居琼山县丰好乡。秦旺，安徽合肥人，南宋时戍守昌化，卒于海南，子孙留居海南。卢宣武，福建晋江人，北宋戍守海南，留居琼山县桥头村。龙海清，福建莆田人，宋徽宗崇宁年间任雷琼总镇，后落籍文昌县昌黎村等。

3. 商人落籍

宋元时期，海南与东南沿海地区的贸易关系更为密切，福建、浙江、广东、湖广等不同地区输入的货物类型不同，"贾物自泉、福、两浙、

---

① 梁剑平主编《海南梁氏谱》，海南梁氏谱编纂委员会，2001，第11页。

湖广至者，皆金银物帛，直或至万余缗。自高、化至者，唯米包、瓦器、牛畜之类，直才百一，而概收以丈尺。故高、化商人不至，海南遂乏牛米。"① 其中一些商人应留居海南。

宋代迁琼始祖有陈、符、林、韩、王、邢、张、周、郑、何、许、蔡、苏、郭、卢、洪、钟、朱、庄、欧、唐、赖、余、廖、岑、丘、连、杜、陆、文等姓。②

宋代，海南总户数 10317 户（其中琼州 8963 户，南宁军 833 户，万安军 270 户，吉阳军 251 户）。北宋末年王存所著《元丰九域志》中也记载海南户口：琼州主户 8433，客户 530；昌化军主户 745，客户 90；万安军主户 120，客户 97；朱崖军 340，客户 11，③ 合计 10366 户。两个数字相差不多，户数比唐代略有减少，但这些数字在统计过程中有隐瞒现象，不完全是真实的（见表 5-1）。

表 5-1 宋代户口在各州县分布

地区	户数	比例（%）
琼州	8963	86.9
南宁军	833	8.1
万安军	270	2.6
吉阳军	251	2.4
总数	10317	100

资料来源：戴熺、欧阳灿总裁，蔡光前纂修《万历琼州府志》卷五《赋役志》，第 230 页。

元代，户数总共 92244 户，口 166257 人（其中乾宁 75837 户，128184 口；南宁 9627 户，23652 口；万安 5341 户，8686 口；吉阳 1439 户，5735 口④）。元代户数是唐代 10.7 倍，宋代的 8.9 倍，比前代有大

---

① （元）脱脱：《宋史》卷一八六《食货志下》，第 4544 页。
② 林日举：《海南史》，吉林人民出版社，2002，第 68~70、104~106 页。
③ （宋）王存：《元丰九域志》卷九《广南路》，商务印书馆，1937，第 461~465 页。
④ （明）戴熺、欧阳灿总裁，蔡光前等纂修《万历琼州府志》卷五《赋役志》，第 230 页。

幅度的增长（见表 5-2）。

表 5-2 元代户口在各州县分布

地区	户	比例	人口	比例
乾宁	75837	82.2%	128184	77.1%
南宁	9627	10.4%	23652	14.2%
万安	5341	5.8%	8686	5.2%
吉阳	1439	1.6%	5735	3.4%
总数	92244	100%	166257	100%

资料来源：戴熺、欧阳灿总裁，蔡光前等纂修《万历琼州府志》卷五《赋役志》，第 230 页。

4. 回民的迁入

今天海南回族的先民，古时称为番民，是在不同时期迁徙到海南的。回民一支是宋元时期占城（今越南）的穆斯林迁徙到海南岛。海南和占城之间，古来就有便利的海上和陆路交通，《宋史·外国传》记载，宋乾道七年（1171），"闽人有浮海之吉阳军者，风泊其舟抵占城。其国方与真腊战，皆乘大象，胜负不能决。闽人教其王当习骑射以胜之，王大说，具舟送之吉阳，市得马数十匹归，战大捷。明年复来，琼州拒之，愤怒大掠而归"。宋元时期，由于占城内乱，一部分穆斯林携家避乱海南，雍熙三年（1239），"占城人蒲罗遏为交州所逼，率其族百口来附"。① 据《万历琼州府志·地理志》记载：在琼山的番民本是占城人，元初，驸马唆都右丞征讨占城，一部分番人投降，家属发往海口浦安置，立营籍，为南番。其他州县的番民也是宋元间因占城内乱，携家带口驾舟而来，散居在海南沿海，称作番村、番浦。② 最初分布在海南岛沿海许多州县，其中海口、三亚、儋州、万宁、陵水和乐东等州县沿海是主要分布地区。古籍中有关"番"的地名都与穆斯林有关，如海口有"番

---

① （元）脱脱：《宋史》卷四八九《外国传》，第 14086、14080 页。
② （明）戴熺、欧阳灿总裁，蔡光前纂修《万历琼州府志》卷三《地理志》，第 210 页。

营"、"番民所",三亚有"番邦"、"番浦"、"番坊港",儋州、万宁有"番浦"、"番村"、"番神庙",陵水有"番坡"、"番人塘"、"番人陂",乐东有"番坊"、"番园村"、"番人井"、"番人田",等等。随着民族之间的密切交往,大部分番民被汉化或黎化。大约在民国时期,分布在海南岛各地的穆斯林后裔陆续迁徙到所三亚里"番村"(今羊栏镇的回新村),并编户入籍,形成了现今回辉、回新两个回族集中聚居村落。

(二) 社会结构

官户在唐代以前是指配隶没官者,属于贱民,宋代以后指九品以上的官宦之家,享有某些方面的封建特权。农民阶层包含有庶民地主、自耕农、佃户、雇佣等不同身份。琼山永兴发现的宋代石棺墓中出土瓷魂坛、瓷碗、双耳陶罐、陶盆和买地砖券等遗物,砖券上记载了北宋大观元年(1107)的一桩土地买卖情况。另外,宋代砖室墓中随葬有陶魂坛、陶仓、陶亭和买地砖券等,在买地砖上记录了南宋绍兴十九年(1149)的一桩土地买卖情况。在宋墓中出土的买地砖券,从一个侧面反映出当时封建社会经济发展的状况。①

宋代时,海南农民贫富差距加大,出现庶民地主、自耕农和佃户等阶层,《宋史·蛮夷三》记载:"朱崖环海,豪富兼并,役属贫弱。"② 北宋人王存所著的《元丰九域志》中也记载海南贫富分化的具体数字:琼州主户8433,客户530;昌化军主户745,客户90;万安军主户120,客户97;朱崖军主户340,客户11。③ 主户主要是指庶民地主和自耕农,而客户主要是指佃户。

半贱民中包含有盐户(灶户)、蛋兵、军户、杂役户等,这些家庭向官府缴纳盐科、鱼科或从事规定的职业,但不能随意变更自己的职业,属于半自由民。

唐代开始在海南设置盐场生产海盐,容琼、宁远、义伦等县"各有

---

① 郝思德、王大新:《海南考古的回顾与展望》,《考古》2003年第4期,第7页。
② (元)脱脱:《宋史》卷四九五《蛮夷三》,第14219页。
③ (宋)王存:《元丰九域志》卷九《广南路》,第461~465页。

盐场"。① 此时海南盐户（灶户）生产的盐主要供应本地消费。宋代盐场数量比前代有所增加，据《宋史·食货志》记载：琼、崖、儋、万等州均有盐场，盐仍供应本州消费。宋代海南盐户的负担已经十分沉重，有许多家庭为此破产。崔与之任广西提点刑狱时，因政务巡海南："朱崖地产苦蕫，民或取叶以代茗，州郡征之，岁五百缗。琼人以吉贝织为衣衾，工作皆妇人，役之有至期年者，弃稚违老，民尤苦之。与之皆为榜免。其他利病，罢行甚众。琼之人次其事为《海上澄清录》。"②

海口有蛋兵，据《宋史》记载："先是，岁调雷、化、高、藤、容、白诸州兵，使辇军粮泛海给琼州。其兵不习水利，率多沉溺，咸苦之。海北岸有递角场，正与琼对，伺风便一日可达，与雷、化、高、太平四州地水路接近。尧叟因规度移四州民租米输于场，第令琼州遣蛋兵具舟自取，人以为便。"③ 宋代利用蛋人习水的特性组织蛋兵，在海上运输粮食供给琼州。明清时期，蛋人主要分布在南部的崖州、陵水，北部的儋州、文昌、临高、琼山、澄迈等州县，除内陆县定安没有蛋户之外，其他沿海州县都有蛋户，数量多少不等。

（三）民族关系

在宋代，黎人就已经出现了"生黎"和"熟黎"的分化。"生黎"和"熟黎"是汉人依据黎人与封建王朝依附的程度进行界定的，"其居山洞无征徭者为生黎"，"其服属州县者为熟黎"。生、熟黎分别居住在不同的地域，生黎居住在海南中部山区，"海南有黎母山，内为生黎，去州县远，不供赋役"，而熟黎居住在生黎之外、汉人之里，"（生黎）外为熟黎，耕省地，供赋役，而各以所迩隶于四军州"。④

琼州周边仍居住着黎族，汉黎之间的民族关系友好，李纲在海口停留期间，看到居住在郡城附近的黎民与汉人和睦相处，著《南渡次琼管》文曰："南渡次琼管，江山风物，与海外不殊。民居皆在槟榔木间，

---

① （明）戴熺、欧阳灿总裁，蔡光前等纂修《万历琼州府志》卷五《赋役志》，第250页。
② （元）脱脱：《宋史》卷四〇六《崔与之传》，第12258页。
③ （元）脱脱：《宋史》卷二八四《陈尧佐传附弟尧叟传》，第9584~9585页。
④ （宋）周去非著，杨武泉校注《岭外代答校注》卷二《海外黎蛮》，第70页。

黎人出世交易，蛮衣椎髻，语言兜离，不可晓也。因询万安，相去尤五百里，僻陋尤甚。黄茅中草屋二百余家，资生之具，一切无有。道繇生黎峒山，往往剽劫。行者必自文昌泛海，得风便三日可达。艰难至此，不无慨然。赋诗二篇，纪风土、志怀抱也。"

宋代时，王氏家族也协助中央维护地区稳定。宋孝宗淳熙八年（1181）六月，诏三十六峒都统领王氏女袭封宜人，"王氏居化外，累世立功边陲，皆受封爵。绍兴间，琼山民许益为乱，王母黄氏抚谕诸峒，无敢从乱者，以功封宜人。至是，黄氏年老无子，请以其女袭封，朝廷从之"。① 周去非《岭外代答》也记载："峒中有王二娘者，黎之酋也，夫之名不闻，家饶于财，善用其众，力能制服群黎，朝廷赐封宜人，琼管有令于黎峒，必下王宜人，无不帖然。二娘死，女亦能继其业。"② 王宜人死后，由其女袭封，"宜人王氏年老无子，嘉定九年五月（1216），诏宜人王氏女吴氏袭封，统领三十六峒"。③

第五节　儒学教育与科举的兴起

科举制度始于隋唐，但在隋唐时期，海南没有出过一个举人或进士，不过自隋唐以来许多朝廷谪官在海南兴办教育，为海南教育发展奠定了基础。宋代时，中央政府普及地方儒学教育，各种官办、私办学校逐步普及，普通人家子弟也能入学接受教育，教育得到了快速发展。宋之时，海口人文兴起，据《康熙琼山县志·地理志》："琼地孤悬海外，号称奇甸。唐宋以来，人文蔚起，豪杰之士，项背相望。户习礼义之教，俗全邹鲁之风。北学中国，而海内士大夫不敢以遐荒鄙之，以有琼山为首邑也。昔人称为海边邹鲁，夸其物货，目为小苏杭焉。"④ 南宋曾谪居海南

---

① （元）脱脱：《宋史》卷四九五《蛮夷传》，第 14220 页。
② （宋）周去非著，杨武泉校注《岭外代答校注》卷二《海外黎蛮》，第 70 页。
③ （元）脱脱：《宋史》卷四九五《蛮夷传》，第 14220 页。
④ （清）潘廷侯：《康熙琼山县志》卷三《地理志》，第 36 页。

的李光《庄简集》曾对此有过表述："（海南）近年风俗稍变，盖中原士人谪居相踵故也，故家知教子，士风浸盛，应举终场者凡三百人，比往年几十倍，三郡并试时得人最多。"从宋代开始在科举中人才辈出，不断涌现出举人或进士。

琼州府儒学创办于北宋庆历四年（1044），这一年，宋仁宗根据范仲淹、宋祁等人的建议，令全国各州县设立学校，并规定在学校学习满三百天的人才能参加考试。琼州府儒学是海南岛最早和最高的学府。随后，琼山县以及其他各县也创办了儒学，当时儒学均设立校官管理，府学设教授（一名），州县学设教谕（一名）管理教学事务，还有学正、学录等官，管理学校行政事务。地方政府拨给一定数量的田地和经费给学校，以供学校师生的伙食、灯油和其他费用。

琼山县学学馆在海口浦，明代《正德琼台志》记载："琼山县学，宋置海口浦。元至正中元帅实德资海牙重修。明洪武四年（1371），知县李思德迁于郡东北东坡书院。九年，知县陈暨迁于南郊。"这是海口设学最早的记录。

宋代，海口各乡里村社还普遍设有社学和义学。宋庆元初通守刘汉创建社学，乡人在遵都建仁政乡校，元代停办。

除了官办的儒学，也有民办的书院。东坡书院始建于宋代，"在郡城北，以东坡安置昌化时寓于此，有双泉遗迹，后北归，郡人思之，建书院肖像祀焉"。"元设山长，为生童肄业之所，置学田租七十石。赵孟頫书额。"明万历三年（1575），郡守谢继利建讲堂及书舍十间，置田以赡生徒，称粟泉书院。琼贡院在县北天宁寺旁，南宋绍兴年间（1131～1162），琼州于此设科取士，每次录取13名。

宋代教育取得成效，在科举考试中涌现较多人才，据《海南岛古代简史》统计，宋代有举人13人，进士12人；中举人的有姜唐佐、陈奎、吴泽之、冯天锡、卓亦孔（以上琼山人）、符确、赵荆（以上昌化人）、王良选、戴定实（以上临高人）、钟洽、陈尧雯、陈庚、文巨川（以上万州人）等13人。

姜唐佐，生卒年月不详，字君弼。海南琼山人。宋哲宗元符二年

（1099）九月至次年三月从学于苏东坡。苏轼赞扬他的文章"文气雄伟磊落，倏忽变化"；言行"气和而言道，有中州人士之风"。苏轼遇赦离琼时，赠唐佐一句诗："沧海何曾断地脉，白袍端合破天荒。"并对他说"异日登科，当为子成此篇"。不久，姜唐佐果然中举，成为海南历史上第一个举人。崇宁二年（1103），姜唐佐到河南汝阳寻访苏轼，当时苏轼已经去世，苏辙为胞兄给唐佐补足赠诗曰："生长茅间有异芳，风流稷下古诸姜。适从琼管鱼龙窟，秀出羊城翰墨场。沧海何曾断地脉，白袍端合破天荒。锦衣今日千人看，始信东坡眼力长。"①

陈孚，生卒年待考，宋代海南第一位进士。约于庆历末年中进士，得官以归，对海南岛的重学之风起到了重要的促进作用。旧志谓："由是乡人慕之，始习进士业，后多科甲，自孚始也。"但也有主张第一个登进士的人是宋代儋州昌化人符确，以大观三年（1109）登进士。符确后官至韶州、化州知州。

陈应元，南宋绍定二年（1229），己丑科，黄朴榜。

陈国华，南宋宝祐四年（1256），丙辰科，文天祥榜。

何一鹏，梁老人，宝祐元年，癸丑科，姚勉榜，四川参政。

郑美器，宅念人，南宋理宗年间（1225~1260），南宋军、儒学教导。

黄文光，东岸人，南宋开庆元年（1259），己未科，周震炎榜。

郑真浦，宅念人。南宋咸淳七年（1271），辛未科，张镇孙榜，任职探花使。

元代海南的文化教育事业是在宋代的基础上继续向前发展的。宋代在海南创办了许多学校，如琼州府学、琼山县学等重修琼山县学，明代《正德琼台志》记载："琼山县学，宋置海口浦。元至正中元帅实德资海牙重修。这些府学、县学及书院到元代以后，不但没有废止，而且大都得到了扩建或重修。如琼州府学，宋仁宗时建，入元后，立教授、学正、学录官、典教，至大时，董建大成殿厂泰定中请置学田，至正又补购经

---

① 《苏辙集》，中华书局，1990，第909页。

史诸书。琼山县学,宋置,元至正中重修。

元代的乡学在宋代的基础上又有所发展。方志上记录的乡学仅三处:元代建有珠崖乡校(在郡南十九里上那邕都)、惠通乡校(在县东四十里符离都)和蒙古学。

元代的大部分学校(包括县学)都有"招收黎人子弟入学"的任务,"教之以诗书,率之以孝悌"。改变他们的落后习俗,促使他们更快地走上封建化的道路。

元代科举,海南没有考中一个进士,中举人者也仅一人,原因何在?据汤开建研究,从延祐首科至元末总共只举行过 9 次,其间还停科 2 次,实际开科仅 7 次,共取进士(包括及第、出身等)539 人。南人所占进士总额的 1/4,则南人进士不会超过 135 人。南人为 5 个行省,湖广行省共有进士应为 27 人,而湖广下分 30 路,海南仅为其中一路。所以海南科举在元代不兴,实乃元代实行的民族歧视制度和科举制度。① 《元史·选举志》记载:"汉人、南人,年五十以上并两举不第者与教授,以下与学正、山长。"又,"下第者悉授以路府学正及书院山长。又增取乡试备榜,亦授以郡学录及县教谕"。② 可见元朝仕途狭隘,造成海南士人入仕途艰难。

范梈(1272~1330),元代文学家。字亨父,清江(今湖北恩施)人。曾任福建闽海道知事、海南海北肃正廉访使等职。在徐闻海安有《登沓磊驿楼自此渡海》诗:"半生长以客为家,罢直初来瀚海查。始信人间行不尽,天涯更复有天涯。"这首诗是他在海南时作。范梈《琼州出郭》:"自出琼州石郭门,更无平衍似中原。重重叶暗桄榔雨,知是黎人第几村?"③

云从龙(1234~?),字无心,号维山,宋末进士,同朝父子登科,父云海,也是南宋进士,曾任陕西路总管。母苟氏,被朝廷赠封为正一

---

① 汤开建:《元代对海南岛的开发与经营》,《暨南学报》1990 年第 4 期,第 131~145 页。
② (明)宋濂:《元史》卷八一《选举志》,第 2027 页。
③ (清)陈梦雷:《古今图书集成》卷一三八三《琼州部》,第 20276 页。沓磊,位于徐闻海安港西侧。

品太夫人，葬于今海口西秀镇祥堂村附近。云从龙于至元十七年（1280）被授怀远将军、琼州安抚史，入琼抚黎。云海及妻苟氏随子一起渡琼，落居文昌县，云海墓葬文昌文城镇紫贝岭南（20世纪60年代被毁）。苟氏墓葬海口市长流丰盈（今荣山）。云氏苟太夫人墓外形呈八角形，这种墓葬样式又称八角墓，是元代早期很典型的一种墓葬形式，其外形像一个蒙古包，吸收了蒙古族传统和丧葬习俗，元代蒙古贵族墓地在南方地区比较少见。目前在海南云氏家族已有4万余人，主要分布于文昌、海口等地，还有许多后裔"下南洋"后定居在泰国、新加坡、马来西亚等地。

蔡有阖（1265～1332）出身官宦人家，其父亲蔡文达曾任琼州府判官。蔡有阖曾任校尉，转迁县尹，后来由八品升七品。妻子王氏，封安人。夫妻合葬于海口市遵潭镇涌潭村。涌潭村是具有850多年历史的古村，以前曾有18名学子高中进士举人，是宋代汉人迁琼蔡氏先人始居地，全村共有14座牌坊，包括举人进士牌坊、贞寿、节孝坊等，现已修复三座，是海南罕见的牌坊村。目前，村里有大量的石磨、石轮等古物，保留有用石条铺设的300多米古官道。

第六节　社会生活和救济

（一）服饰

海南岛上的汉人是秦汉以来从大陆陆续迁徙过来的，服饰多与大陆相同或类似。汉人迁徙海南后，也受到岛上服饰的浸染，加上海南地处热带地区，在多种因素作用下形成了海南岛上汉人的特色服饰。宋代时，汉人以木棉作为服饰原料："琼人以吉贝织为衣衾，工作皆妇人。"[①] 吉贝即木棉，原是黎人先民的服饰原料，木棉古时生长在岭南地区，《文

---

① （元）脱脱：《宋史》卷四〇六《崔与之传》，第12258页。

昌杂录》记载："闽峤以南多木棉，采其花为布，号吉贝。"①《万历琼州府志》记载："东独山在文昌县东一百里，其地多田，种薯芋给食，缉纺吉贝以为衣。"由此可知，琼州盛产木棉，宋时称古贝、吉贝或劫贝，也是汉人主要的布料。

（二） 饮食

海南岛上的汉人主要以贸易为业，农业种植不够食用，需要依赖大陆的粮食供应。直到宋代时，仍依赖大陆供应一定数量的大米，如果琼州本地的大米快吃完了，而广东的运米船还没到，琼州米价就会飞涨。《宋史·陈尧佐传附弟尧叟传》："先是，岁调雷、化、高、藤、容、白诸州兵，使辇军粮泛海给琼州。其兵不习水利，率多沉溺，咸苦之。海北岸有递角场，正与琼对，伺风便一日可达，与雷、化、高、太平四州地水路接近。尧叟因规度移四州民租米输于场，第令琼州遣蜑兵具舟自取，人以为便。"②

薯蓣是重要的粮食补充，薯蓣是海南日常食用的一种重要食物原料，宋代流放海南的李光在诗中云："昌江真陋邦，芋魁大盈尺；逐客方厄陈，饱食度终日。"苏轼在《和陶·劝农》中也记载自己看到的情况："海南多荒田，俗以贸香为业。所产秔稌不足于食，乃以薯蓣杂米作粥以取饱。"

榴花酒是用一种名叫安石榴的水果酿制而成的酒，"琼崖有酒树，似安石榴，其着花瓮中，即成美酒，醉人。""又有石榴，亦取花叶，和酝酿之，数日成酒。"③ 椒酒，《宋史·蛮夷传》记载："又有椒酒，以安石榴花著瓮中即成酒。"④ 可能就是榴花酒。

（三） 信仰

五代至宋时期，中央封建王朝对海南民间信仰的神灵进行敕封，使这些神灵官方化，加速了地方神灵信仰的传播与推广。五代十国时期的

---

① （宋）庞元英：《文昌杂录》，商务印书馆，1936，第35页。
② （元）脱脱：《宋史》卷二八四《陈尧佐传附弟尧叟传》，第9584～9585页。
③ （宋）乐史：《太平寰宇记》，第3234页。
④ （元）脱脱：《宋史》卷四九五《蛮夷三》，第14219页。

南汉乾亨元年（979），敕封峻灵山神为镇海广德王。宋元丰五年（1082），诏封峻灵王神为峻灵王。元丰中，诏封汉伏波将军为忠显王。元代至正间，有司请封临高毗耶神为显应侯等。另一方面，封建王朝也非常重视鬼神信仰对民众的约束作用，"明有礼乐，幽有鬼神"。海南各级官府都建置坛庙，有社稷坛、风云雷雨山川坛、城隍庙、厉坛、伏波庙、关帝庙、天妃庙、真武庙、文庙、武庙、风神庙、龙王庙等神庙，风云雷雨为天神，山川为地祇神，城隍为城市保护神，厉主国殇，属于人鬼，文昌主科名，关圣保佑家国，天后、龙王保佑民众。这些神庙有些是内地神坛，有些是海南民间神坛，多为官府官员所建，官府以时祭祀，但也有部分转化为民间信仰。根据海南各类地方志记载宋元时期建立的神祠有：琼州府建有社稷坛、风云雷雨山川神坛、城隍庙、灵山祠、伏波庙、龙庙、南宫庙（祀祝融神）、关王庙、天妃庙、宴公庙、陈妃庙、江东祠（观音）、文昌宫、黑神庙、泰华庙、雷庙、陈村庙（祀泰华仙妃）、黎母庙等。

伏波庙原在今海口市海府路旁，现已废。伏波庙是祭祀西汉路博德和东汉马援两位将军，两人分别率军进入海南，在岭南地区尤其是海南有广泛的影响，许多州县建有庙宇祭祀。宋代苏轼《伏波庙记》："汉有两伏波，皆有功德于岭南之民，前伏波邳离路侯也，后伏波新息马侯也……自徐闻渡海适珠崖，南望连山，若有若无，杳一发耳。舣舟将渡，股栗魄丧。海上有伏波祠，元丰中（宋神宗年号）诏封忠显王，凡济者必卜焉。某日可济乎？必吉然后敢济。使人信之，如度量权衡，必不吾欺者。"①《南越笔记》记载："伏波神为汉新息侯马援，侯有功德于越人，越人祀之。"②

佛教传入海南的时间大约在唐代。武则天时，崖州城内建有"大云寺"。唐中宗时，建有"中兴寺"，唐玄宗年间又建"开元寺"。天宝七年（748），高僧鉴真第五次东渡日本，遭风浪漂流到崖州，住在大云寺。宋代，琼山县建天南寺（元代改为天宁寺），澄迈县永庆寺。除寺

---

① （清）陈梦雷：《古今图书集成》卷一三八三《琼州部》，第 20276 页。
② （清）李调元：《南越笔记》卷四，第 194 页。

庙之外，宋时修建有许多佛塔，琼山县境内丁村、张吴、东岸、苍驿、买榔、石山、雷虎等塔，"俱宋元时乡人私建"。① 仁心堂原址位于海口市海甸岛，宋朝嘉熙年间（1240）由"慈公上人"建成佛寺，有正堂二进，附属房屋3间，建筑面积227平方米，供奉观世音菩萨。1963年寺产被海口造船厂占用，相关常住人员被安置到附近六庙一间大约80平方米的民宅居住。新址于1994年经政府批准，更名为"仁心寺"，并与三亚南山寺、定安普济寺、万宁广善庵、陵水三昧寺、屯昌福庆寺、西仁寺等7所寺庙一起，成为海南首批开放的寺庙。1996年新址经政府拨款修缮扩建后，现为海口市法定佛教活动场所之一。

元代，琼州府建有普明寺、崖州玄妙观等。

海口黎母庙，历史上黎母的祭祀场所有两处，其中一处在琼州府城，始建于元代。修纂于明天顺五年（1461）的《大明一统志》记载："黎母庙，在府城西，元建。本朝永乐四年（1406）重建。"② 琼州府城的黎母庙在明代后期已经不存在，修纂于明万历四十五年（1617）的《万历琼州府志》中已缺"黎母庙"条文，黎母庙旧址被用来修建"文昌阁"："文昌阁，在小西门原黎婆庙基。乡官廖士衡、王铖同众改建范贤义学，祀朱、吕二公。万历乙巳地震倾圮。四十五年乡官盛尚志、王一造合众捐建文昌阁，重修中厅，奉文昌并朱、吕，立石，有记。"③《咸丰琼山县志》也记载："黎母庙……庙已久废，其基址后人更番改建，详小西门内文昌阁下。"又载："文昌祠，在小西门原黎婆庙基。"④

海口天妃庙始建于元代，据史料记载，在琼山、崖州、万州和感恩县建有天妃庙，共4所，这是史籍明确记载妈祖信仰在元代传播到海南。妈祖本宋代福建莆田人，死后被奉祀。妈祖信仰最初可能是福建人在海南为官，或者福建商人往来沿海一带经商时传入海南。妈祖在海南又称为天后、天妃等，由海南州县官员和商人捐资修建。祭祀者以渡海的官

---

① （清）戴熺、欧阳灿总裁，蔡光前纂修《万历琼州府志》卷四《建置志》，第175页。
② （明）李贤，彭时：《大明一统志》卷八二，三秦出版社，1990，第1261页。
③ （明）戴熺、欧阳灿总裁，蔡光前纂修《万历琼州府志》卷四《建置志》，第165页。
④ （清）郑文彩，李文烜：《咸丰琼山县志》卷五《建置志》，第244页。

员和商人为多,"今渡海往来者,官必告庙行礼,四民必祭卜方行"。①海口天后宫位于中山路78号,建筑面积620平方米,占地1400平方米,其建筑选料上乘,金碧辉煌,雕梁画栋,工艺精湛,令人叹为观止,是元朝保留至今较宏伟的古建筑,在明清年间二次修缮,咸丰十年(1860)也有记载。

(四) 灾荒与救济

海南岛上的灾荒直到宋代才见诸史籍,《万历琼州府志·灾祥志》曰:"琼自宋来灾祥叠见。"② 其主要原因:一是在隋唐之前中央封建王朝对海南的统治不稳定,从汉武帝元封元年(前110)在海南初设郡县,但六十五年之后就撤销郡县,其后一直到隋之前的历代封建王朝虽然对海南进行过断断续续的统治,但多局限在琼北一隅或通过俚人进行统治。从隋唐时期开始,中央封建王朝才在海南重新全面恢复郡县制,海南灾荒才在史籍记载中增多。二是从隋唐以后,内地人口向海南迁徙数量骤增,据民国《海南岛志》曰:"自唐迄宋,其间500年,中土之人流寓岛中,子姓蕃衍,已万有余户。"③ 这些迁徙过来的人口居住在海南沿海地带,开垦河流湖泊两旁的土地,人口密度的增加、大量土地的开垦增加了遭受灾荒的可能性。灾荒主要是由飓风引起,据对《宋史》统计,宋代发生二次。海南地处热带,是台风和热带风暴多发地区之一,台风和热带风暴一般发生在夏秋之间,或一年多次,或数年一次。《投荒杂录》曰:"南方诸郡皆有飓风。"台风经常给海南造成严重的灾情,比如宋代太平兴国七年(982),"琼州飓风,坏城门、州署、民舍殆尽"。元丰五年(1082),"珠崖军飓风,毁民舍"。庆元六年(1200),"飓风毁城门、民舍殆尽",等等。④

每当这些灾害发生,都会造成大面积的房屋、牲畜和庄稼等财产损失,也造成大范围的饥荒和大量人口的死亡、逃亡等。如元代泰定元年

---

① (明)戴熺、欧阳灿总裁,蔡光前纂修《万历琼州府志》卷四《建置志》,第164页。
② (明)戴熺、欧阳灿总裁,蔡光前纂修《万历琼州府志》卷一二《杂志》,第921页。
③ 陈铭枢总纂《海南岛志》,第121页。
④ (明)戴熺、欧阳灿总裁,蔡光前纂修《万历琼州府志》卷一二《杂志》,第922页。

(1324)琼州饥,① 泰定二年九月琼州饥。② 元代海南灾荒时,官府就发仓粮救济,比如至元二十八年(1291),"遣行省行台官发粟赈昌化等县饥民";元贞二年(1296),"海南民饥,发粟赈之";大德九年(1305)六月,"以琼州屡经叛寇,霖雨为灾,给粮一月";泰定二年(1324)八月,"琼州饥,赈粮一月,九月丁丑,琼州饥,赈粮钞"。③

　　强烈的飓风吹倒房舍和庄稼,同时还伴随着大雨。海南地处热带,地广人稀,陆地和水中动植物丰富,当发生的灾荒不太严重时,海南民众一般能够自救,《大明一统志·琼州府》记载流放海南的李光对琼州的印象:"昌江风俗淳朴,虽无富民,而尚俭约,无饥寒之民,凶岁不见丐者。"④ 其实,海南各州县大致相同。隋唐之前的中央封建王朝已经在内地创建了一些救荒制度,比如在州县设置常平仓、义仓、预备仓等储粮备荒制度,因此海南各级官府也将这些救荒制度在海南落实推广。

---

① (元)脱脱:《元史》卷二九《泰定帝纪》,第837页。
② (元)脱脱:《元史》卷五〇《五行志》,第1049页。
③ (明)唐胄:《正德琼台志》卷一一《田赋》,第266页。
④ 《大明一统志》,海南出版社,2006,第5页。

第六章 明代海口的鼎盛

明洪武元年（1368）三月，征南将军廖永忠攻克广州，同年七月，元代守臣陈乾富上表献降款归附。洪武二年八月，改琼州乾宁安抚司为琼州，任用兵部侍郎孙安为广西卫指挥佥军，率千户周旺、百户吴成等部队及张氏散军朱小八等1000余人前来镇守海南，开设海南分司。洪武元年十月，改元乾宁安抚司为琼州府。第二年降为州，第三年仍升为府。琼州府领崖州、儋州、万州3个州和10个县，府治所设在琼山县内。

琼山县，洪武二年罢琼山县，三年因琼州升为府，复置琼山县。明正德年间（1506～1521），琼山县有丰好乡、五原乡、内义丰乡、外义丰乡、遵化乡、仁政乡、永兴乡7个乡和104个厢都图。

洪武三年，设海口都。洪武五年，改海南分司为海南卫。洪武七年，设海口千户所，共有驻军1120名。洪武十七年，设海口后千户所。洪武二十八年，为防倭筑海口城，称海口所城。隆庆元年（1567），设白沙水寨及前左右司兵船63只，例设捕盗35名，舵工83名，高缭招手59名，兵夫1388名。万历二十一年（1593），永寨设兵船16只。万历四十二年，裁革卫所备倭船。万历四十五年，白沙水寨并前左右司共兵船63只，官兵1672名。

明时，海南府、州、县各级官员大多出身科举，有进士、举人、监生、贡生、秀才、儒士等各种出身，官员大多来自内地大陆，少数来自海南岛内，由中央政府委派。

明初仍有少量官员流放到琼山。洪武年间，工部尚书薛祥的子孙就流放到琼山，据《明史·薛祥列传》记载：

> （洪武）八年授工部尚书。时造凤阳宫殿。帝坐殿中，若有人持兵斗殿脊者。太师李善长奏诸工匠用厌镇法，帝将尽杀之。（薛）祥为分别交替不在工者，并铁石匠皆不预，活者千数。营谨身殿，有司列中匠为上匠，帝怒其罔，命弃市，祥在侧争曰："奏对不实，竟杀人，恐非法。"得旨用腐刑。祥复徐奏曰："腐，废人矣，莫若杖而使工。"帝可之。明年改天下行省为承宣布政司。以北平重地，特授祥三年治行称第一，为胡惟庸所恶，坐营建扰民，谪知嘉兴府。惟庸诛，复召为工部尚书，帝曰："谗臣害汝，何不言？"对曰："臣不知也。"明年坐累杖死，天下哀之。子四人，谪琼州，遂为琼山人。①

不过，由于明太祖朱元璋称海南为"奇甸"，不再将海南作为流放地。但中原人仍然对海南的瘴疠充满恐惧，明代御史汪俊民言：琼州"山水峻恶，风气亦异，罹其瘴毒，鲜能全活"。嘉靖年间曾在儋州任官的顾岕曰："儋耳孤悬海岛，非宦游者不能涉，涉必有鲸波之险，瘴疠之毒。"② 因此，海南在明时仍是中原人谈之色变的瘴疠之岛。

第一节　城市基础设施建设

（一）城市设施建设

琼州府城　明洪武年间（1368～1398）开始大规模地修筑及扩城，"周回一千二百五十三丈，高二丈七尺，广一丈八尺，雉堞一千八百三十个，库铺五十七间，开东、南、西三个城门和四座角楼"。洪武十二

---

① （清）张廷玉：《明史》卷一三八《薛祥列传》，第3973～3974页。
② （明）顾岕：《海槎余录》，周厚堉家藏本，第1页。

年进行扩建，扩建后的府城城墙"周回一千七百六十三丈，高二丈五尺，基阔二丈二尺，城面一丈五尺，并于城上造敌楼四十四座，窝铺六十七座，雉堞二千九百三十二个。环城开上水、竹木、广济、下水、安定、南、北等七门"。并于城门外构筑月城作为屏障。

琼山县治所原设在琼州府城西南隅，洪武二十八年将琼台驿迁于城外，用琼台驿旧址为县署，县署从城外迁入城内办公。

海口所 洪武二十年十月置海口守御千户所。① 明代军事上推行卫所制，在海南设置海南卫，明代的卫所制度，每卫设前、后、中、左、右五千户所，以五千六百人为一卫，一千一百二十人为一千户所，一百一十二人为一百户所，每百户所设总旗二人，小旗十人。洪武二十三年又设军民指挥使司、军民千户所，卫所官兵采取世袭制。滨海有神应港，亦曰海口渡。洪武二十八年，因海盗猖獗，都指挥华茂始筑海口城，以防倭寇。海口所成呈正方形，城墙周围五百五十五丈，高一丈七尺，阔一丈五尺，雉堞六百五十有三，窝铺十九，辟四门。据考证，海口所东门在今新民东路与大东路交叉口，南门在今博爱南路与文明路交叉口，北门在今博爱北路与大兴路交叉口。东北面临海，另筑石岸和壕沟。海口所城内最初有东西所路和南北所路，弘治年间在城中建四牌楼，形成五条街，即四牌楼至东门口的东门街，至西门口的西门街，至北门口的北门街，至龙牙巷的四牌楼街，龙牙巷至南门口的南门街。

申明、旌善亭 在县门前。亲民厚本宣化坊，在县门外，正德年间知县骆敏建。宣讲朱元璋颁行的"圣谕六言"："孝顺父母，恭敬长上，和睦乡里，教训子孙，各安生理，无作非为。"

公馆 旧公馆是明成化年间创建于北城外天妃庙左，为官员渡海驻停之所。

河泊所 在海口城外。早在元代初，开始设河泊所于内地江河湖泊，从明初开始河泊所设置于海南北岸地区，遍及沿海各府县，专门管理渔户和征收渔税。《明史·食货志五·商税》记载："官司有河泊所"，"河

---

① （清）张廷玉：《明史》卷四五《地理志六》，第1146页。

泊，取鱼课"，"所收税课，有本色，有折色"。一般来说，每个河泊所都管辖有数十到成百上千户渔户。河泊所把渔家编成社、图、里甲等不同组织，又在渔户中选取众所信服者，轮充催首、网甲，编定牌甲等，负责征收渔课和管理渔户。

驿站 到明时，海南岛内陆驿站已经建成，有环岛驿道，把各府、县治地及要津关隘连成一片。明初，琼岛四州（琼州、儋州、崖州、万州）共设有34驿，以后有所裁减。洪武九年（1376），创建递运所（系广东18个递运所之一），以递送物资、公文等，还有舟渡往徐闻沓磊驿，配备船2只，船夫15名，马2匹，马夫10名。递运所在城北十里海口都，洪武九年创设，递送渡海公文，隆庆年间（1567~1572）撤销。琼州治地到递运所之驿道称为北路支路。除递运所外，还设有二水、业里、五原及环海等急递铺。

琼山县治内设有琼台驿，在城西北隅。据《康熙琼山县志·赋役志》："本县旧设琼台、白沙等驿及海口递运一所，例置夫马、船只，籍水马站户八百一十有六充之，十岁一编，周岁递替，料以粮派，夫以丁佥。正统间，革去白沙等驿，始计粮朋，佥定为夫马一百六十五名（海口递所及宾宰各40名，乌石25名，琼台60名），每名编米80石，各追银二两，为置船（2只，在递运所），买马（14匹：琼台6匹，宾宰4匹，乌石各2匹）及铺陈什物之需。嘉靖年间，复革宾宰、乌石等驿。"①

（二）交通设施

陆路交通 明代时，重修了宋元时期所建并已毁坏的桥梁，如瑞云桥（宋代旧桥，万历时毁，郡守阮纯如重修）、河口桥（元建，明弘治年间知府张桓开河，运粮抵达壕沟，重砌，高广一丈多）。另外新建了一些桥梁，如文明桥（在南关外，崇祯庚午年乡官张希尧、副使兵学道卫成忠创建）、青云桥（东门外浚灵潭南，石建，明正德辛巳年建）、第二水桥（俗名湳二，在县西北三里。明宣德巡检张孟升以木建）、五里桥（县西官道五里，宣德四年乡人戴久建）、湳茂桥（城西北六里，永

---

① （清）潘廷侯：《康熙琼山县志》卷五《赋役志》，第105页。

乐年间教谕张善教建。水自滨涯流来，达第一、第二水桥入海）、迎恩桥（县北七里，明正统五年知府程莹建，水流出田涧入海）、沙水桥（县西路八里，俗名湳桑桥，明正统年间知县朱宪修）等等。

水路 据《万历琼州府志》记载："南渡江纳诸支流注入白沙河，琼郡柴米百货多由此运。"渡口有博冲渡、榕树渡、蚬村渡、本利渡、麻余渡、顿打渡、渡头渡、杨村渡、潭口渡、龙塘渡、麻钗渡、梁陈渡、麻蓬渡、三合渡、博通渡、海口渡等。

海上交通 商贩在海南岛内运输依然依赖海路，《正德琼台志·道里》卷四："琼昔于四州陆路少通，多有海达，故在宋丁谓拟寇莱公之贬崖，有'再涉鲸波'之语。今混一以来，虽东西俱有驿铺，昼夜通行，然商贩安于便捷，来往由舟。"① 《正德琼台志》引元末明初蔡薇《方舆志》记载：东路：半日至铺前港，半日至文昌青蓝头，一日至会同调懒港，半日至乐会博敖港，半日至万州连塘港，一日至南山李村港，一日半至崖之临川港。俱无稳泊处。西路：半日至澄迈东水港，又半日至临高博铺港，一日至儋州洋浦港，一日至昌化乌泥港，一日感恩抱罗港，一日至崖之保平港。俱有港汊可泊舟。

对外交通 外路："徐闻可半日。若达广州，由里海行者顺风五六日，大海放洋老三四日。福建则七八日，浙江则十三日。西至廉州二日。自儋州西行二日可达交趾万宁县，三日可抵断山云屯县。崖州南行二日接占城外番。"②

第二节 社会经济的发展

（一）农业

明代时，在宋元水利设施基础上，又加以修复和增修。

---

① （明）唐胄：《正德琼台志》卷四《道里》，第68页。
② （明）唐胄：《正德琼台志》卷四《道里》，第68页。

南桥水道 在县城南外,源自西湖、龙井,合流至南桥。宋人浚河,自蕃诞达大江。正统间,蕃诞人于两岸筑栅置车,引水溉高田。成化八年(1472),副使涂棐以南桥周相等讼桥内低田为塞车壅水所伤,遂除栅废车。自是蕃诞苦无灌溉,争讼不已。正德六年(1511),郡守王子成乃召二处民谢杰、陈尧明等议两便车田,每年自十一月二十日开通水道,待南桥低田禾苗发长,至次年二月初一日方许塞车。其低田务要依期布种。或雨水泛滥,则田车仍要开通,永为定规。

滨壅圩岸 县东南十八里,自上那邕都达于顿林都。明洪武末,郡复闻于朝,委知县陈永彰修之,进士符铭作记。成化间,圩岸渐圮,监生符兰复上陈,副使涂棐委大使宋纪重修,自用郎至迈元约有五里,高二丈,阔倍之。弘治乙卯,太守张桓委举人梁继策复修,亲临环视,高阔视昔加倍。

东岸堤 在下东岸都,成化间知县梁昕筑。

亭塘 在岩塘右二里许。韦执谊十世孙奉训大夫韦敬匡开筑,其后裔庠生韦孝、韦杰、韦弟继筑成之。成化间,知县梁昕复因其后人韦文贵修补,高二丈五尺,长成余丈,引水灌田。

博浪圩岸 县东四十里演顺都,自博浪溪起二百余丈。宣德间,主簿熊志,乡人王贤嗣等建议修筑,后圮。成化间,知县梁昕仍命得利之家增修。今渐崩圮。

梁陈陂 梁陈都。元时遭水决,洪武中,知县陈永彰修筑,复圮。正统间,知县朱宪以石砌筑,高七尺,长百余步,水源不竭,民享其利。

潭邓塘 西潭都。洪武间,乡人为水闸,水变陆成田,有数十顷。

苍茂圩岸 县东南八里顿林都。原系官道西旁一涧,源自西湖,大小来灌田八十余顷。流经顿村及博麻,由大江汇于海。嘉靖年间水冲,屡修屡坏。万历乙未,知县吴宗祯捐修。丁酉,副使胡桂芳、知府李多见、同知经仁木协勘,募夫买石修筑。乙巳地震,副使蔡梦说、知府倪栋委仓官李友忠修复,有碑记。

长牵圩岸、后乐圩岸 二岸在丰华都。万历乙巳,地震田沉。崇祯间,御史元衡募民于河口稍隘处运土堆石,筑起两岸,高四丈,长二十余丈，宽二丈，捍海为田，成田百余顷。按院勒碑于岸。

桑茂圩岸 县东南八里顿林都，发源自永都，溉田八十余顷。嘉靖年，屡修屡坏。万历乙未，知县吴宗正捐修。丁酉，副使胡桂芳、知府李多见、同知经仁木买石修筑。乙巳地震，副使蔡梦说、知府倪栋复修。

明时，汉人已经在海南特殊的地形下，根据水利条件差异开垦出来了不同类型的稻田，明嘉靖时期人顾岕《海槎余录》记载："海南之田凡三等，有沿山而更得泉水，曰泉源田；有靠江而以竹桶装成天车，不用人力，日夜自车水灌田者，曰近江田；此二等为上，栽稻二熟。又一等不得泉不靠江，旱涝随时，曰远江田，止种一熟，为下等。其境大概土山多平坡，一望无际，咸不科税，杂植山萸、绵花，获利甚广，诚乐土也。但其俗好斗健讼，不容人耕耳。"① 《万历琼州府志·地理志》记载明代农业，"田畴三熟，蚕绵八登，产多薯蓣，堪代菽麦，酒无曲糵，民皆服布"。② 明时，海南各州县的农业种植一般为二熟，少数为三熟。明洪武二十四年，琼山县共有官民田、地、山园、塘苗等类4835顷，共交纳秋粮米17945石。

（二）贸易

明朝，市舶分司主要管理朝贡贸易船舶以及执行海禁政策，隆庆元年（1567）以后兼征船舶商务税。明朝虽有海禁，但海南岛的对外贸易仍继续发展。丘濬《学士庄记》说："吾郡以海岛为疆界，自此北至北至海，道仅十里，所谓神应，海口是港门，帆樯之聚，森如立竹。"③ 贸易繁荣可见一斑。

琼山有墟市39个。明时，海南乡村商业贸易更为繁荣，"南越谓市为墟……夫市之所在，人多则满，人少则虚。万市虚时良多，从其俗呼亦云当矣"。④ 墟市售卖多为日用之物，"临滨海徼荒，无商贾辐凑，百

---

① （明）顾岕：《海槎余录》周厚堉家藏本，第8页。
② （明）戴熺、欧阳灿总裁，蔡光前纂修《万历琼州府志》卷三《地理志》，第115页。
③ （明）丘濬：《丘文庄公集》卷7《学士庄记》，《四库存目丛书》，齐鲁出版社，1996，第357页。
④ （清）李琰纂修《康熙万州志》卷一《都市》，第46页。

货麋集，惟是日用之所需"。① 官府顺应社会经济发展的需求，在市场自发形成的基础上加强管理，从史籍记载来看，这一时期的墟市一部分是官府和士绅设置的，一部分是自发的墟市（见表6-1）。

表6-1 明代墟市数量及分布

单位：个

	明代	清代
琼山县	39	44
澄迈县	20	59
临高县	14	15
定安县	8	36
文昌县	9	43
会同县	6	14
乐会县	3	12
儋州	3	33
昌化县	2	3
万州	3	27
陵水县	1	4
崖州	2	10
感恩县	1	3

资料来源：（明）唐胄：《正德琼台志》卷一二《乡都》，第1~5页。

第三节 人口的增加和阶层的分化

（一）人口的增加

明代，海南人口持续增长，据《正德琼台志》、《万历琼州府志》以

---

① （清）樊庶纂修《康熙临高县志》卷三《建置志》，第68页。

及其他一些地方志对琼州府不同时期人口的记载统计如下（见表 6－2）。

表 6－2　明代琼州人口

单位：万

年代	人口总数
洪武二十四年	29.8030
永乐十年	33.7479
成化八年	26.6304
弘治十五年	22.7967
正德七年	25.0143
万历十年	24.9525

从上述记载看，永乐年间是明代海南人口最多的时期，达到 33.7479 万，弘治十五年（1503）是最少的时期，降至 22.7967 万，中间有增有减，平均人口在 27 万以上，与前代相比（元代 16.6 万），人口总量增长约 61%。但实际上海南人口数量比文献记载的还要多，海南人口从明初洪武二十四年（1391）的 29 万多、永乐十年（1412）的 33 万多，下降到万历年间的 24 万多，人口数量不升反降，原因何在？主要原因是明代人口统计中存在着舞弊现象，《万历琼州府志·赋役志》中就直言不讳人口统计中隐瞒人口的弊端："民数之系国计，尚矣。琼之户口烝烝胪列，然窃闻实者不报，增者非实，绝者不除，除者非绝。"其次是人口逃匿。一些社会下层民众不堪忍受沉重的赋役负担，逃入他乡或深山躲避，"又以逃者之税摊之居者之中，逃者遗下之数日增，居者摊与之数日积，其弊如牛毛焉"。① 《明史·王直列传》记载海南有许多流民，"琼田岁常三获，以赋军，军不时受，俟民乏，乃急敛以要利。伯贞（王直父——引者注）为立期，三输之，弊始绝。居数年，大治，流民占籍者万余"。② 考虑进这些因素，明代海南实际人口应多于文献上

---

① （明）戴熺、欧阳灿总裁，蔡光前纂修《万历琼州府志》卷五《赋役志》，第 232 页。
② （清）张廷玉：《明史》卷一六九《王直列传》，第 4537～4538 页。

记载的数字。

到明代,汉人人口仍高度集中在海南沿海地区和北部地区,尤其是琼山、儋州、临高、澄迈等四州县一直集中了全岛汉人60%以上的人口,比如洪武二十四年(1391),上述四州县人口达20.73万,占全岛人口的69.57%;永乐十年(1412)四州县人口达23.13万,占全岛68.53%;成化八年(1472)四州县人口达17.96万,占全岛67.46%;弘治十五年(1503)四州县人口达14.47万,占全岛63.48%;正德七年(1512)四州县人口达15.94万,占全岛63.71%;万历十年(1582)四州县人口达15.66万,占全岛62.78%。在海南各州县中,琼山县人口位居首位,而昌化、乐会、感恩、会同、陵水人口低于一万,是海南人口最少的县,五县仅占海南总人口的10.27%(见表6-3)。

表6-3 琼州府及各州县人口分布

单位:万

府县	洪武二十四年	永乐十年	成化八年	弘治十五年	正德七年	万历十年
琼州府	29.803	33.7479	26.6304	22.7967	25.0143	24.9525
儋州	5.7387	6.1997	3.9074	0.6192	2.0121	2.1546
崖州	2.4915	3.463	1.7584	1.7893	1.7936	1.7426
万州	1.772	1.8356	1.387	1.4435	1.4485	1.4496
琼山县	8.2143	8.7613	7.5661	7.8362	7.8838	8.2996
临高县	3.4277	4.2517	3.7242	3.3075	3.3282	2.49
澄迈县	3.3538	3.9161	2.7668	2.7077	2.7132	2.7199
文昌县	2.4201	2.3363	1.7076	1.2701	1.9297	2.055
定安县	1.2901	1.6254	1.429	1.3119	1.3409	1.445
昌化县	0.836	0.8601	0.332	0.2938	0.26	0.3838
乐会县	0.7898	1.0071	1.0222	1.332	1.3447	1.2839
感恩县	0.6633	1.1289	0.3078	0.1999	0.1999	0.1748
会同县	0.405	0.3517	0.3597	0.2184?	0.391	0.4278
陵水县	0.3418	0.3704	0.3622	0.3671	0.3687	0.3267

资料来源:琼州府及各州县数是据正德《琼台志》卷一,万历十年数据海南省方志办编《海南省志》第3卷,转引自王家忠《明代海南人口论》,《中国边疆史地研究》1998年第2期,第24~33页。

（二） 社会阶层的分化

明王朝根据职业将人户分为几种，"凡户三等：曰民，曰军，曰匠。民有儒，有医，有阴阳。军有校尉，有力士，弓、铺兵。匠有厨役、裁缝、马船之类。濒海有盐卫。寺有僧，观有道士。毕以其业著籍"。① 海南也遵照封建王朝的户籍管理，"人有民、灶、蛋之异，黎有生、熟峒之分。"②

官户 唐代以前是指配隶没官者，属于贱民，宋代以后指九品以上的官宦之家，享有某些方面的封建特权。据《正德琼台志》记载，明代琼州府共有官户10家，其中琼山县9户，临高县1户。③ 这些官户数量在海南户籍中所占比例0.02%，数量很少，主要集中在琼山县。明时海南府、州、县各级官员大多出身科举，有进士、举人、监生、贡生、秀才、儒士等各种出身，官员大多来自内地大陆，少数来自海南岛内，由封建中央委派。比如戴颜则，洪武年间任万州知州，落籍琼山府城。江西泰和人肖恒，景泰年间任琼州府教授，落籍琼山府城等。④

士绅阶层 士绅，又称缙绅，是致仕官僚以及临时在籍侍亲、守制的官员（革职回乡官员不在其列）。士是科举中有功名的人，即为出仕的进士、举人和贡生、秀才、监生等。宋代以后，海南科举鼎盛，尤其是明清时期涌现出一大批进士、举人，仅明一代就出现进士62人，举人594人。⑤ 这些进士、举人致仕乡居后成为士绅，拥有封建特权。封赠是父母、祖父母因子孙而贵，封建王朝对大臣的父母、祖父母甚至曾祖父母进行封赠，唐舟、丘濬、林杰、唐胄、钟芳等人的父母及祖父母都得到封赠。子孙依赖祖先的功德也享受封建特权，比如明代丘濬的儿子丘敦荫补太学生、丘京荫补中书舍人，丘濬的孙子丘罃荫补尚宝司丞，丘濬曾孙丘郊荫补尚宝司丞；唐胄的孙子唐恪荫补都察院照磨；钟芳的

---

① （清）张廷玉：《明史》卷七七《食货志》，第1878页。
② （明）曾邦泰等纂修《万历儋州志》，第108页。
③ （明）唐胄：《正德琼台志》卷一〇《户口》，第224页。
④ 王俞春：《海南移民史志》，中国文联出版社，2003，110~114页。
⑤ 符国华：《明朝海南教化丕开、名贤辈出的历史因素》，《琼州大学学报》1994年第1期，第70页。

孙子钟倬荫补都察院经历；薛远的儿子荫补中书舍人；梁云龙的儿子梁思泰荫补太学生；王弘诲的儿子王汝鸥荫补太学生；等等。

地主与佃农、自耕农　明代对各种身份严格区分，等级分明，据定安县志记载当地习俗："称谓间主仆尊卑，田主佃丁，不少假借。"① 也存在雇佣阶层，比如琼山县东厢人林昌运，"幼为佣贩，以养父母"。② 雇佣中有为人车佣，《万历琼州府志》记载后所人杨秀的女儿被车佣唐佐的牛惊辗死，官府依律判罚金。③ 总体上说，海南庶民地主、佃户和雇佣所占比例最少，自耕农所占比例较大，说明海南的贫富差距相对并不大。

半贱民中包含有盐户（灶户）、蛋兵、军户、杂役户等，这些家庭向封建官府交纳盐科、鱼科或从事规定的职业，但不能随意变更自己的职业，属于半自由民。

盐户（灶户）　明代洪武年间在海南设置感恩、马袅、乐会、兰馨、新安、临川六个盐场，各设大使一员，隶属于海北提举司，共管灶户正丁5024丁。

蛋户　明代时，蛋兵转化为蛋户，岁办鱼课。蛋户分布在海南沿海各个州县，蛋户除捕鱼交纳鱼科，也开始耕种民田，"采鱼纳课，多佃食民田"。④ 明代蛋户归河泊所管辖，琼州府共设立十一个河泊所。除了定安、乐会县没有设立外，其余市县均有设置，说明蛋人在海南分布很广。

军户　军户是世代服兵役的家庭。明代实行卫所制度，卫所是屯田与军事相结合的军事组织，洪武七年（1374）申定卫所制度，每卫设前、后、中、左、右五千户所，约以五千六百人为一卫，一千一百二十人为一千户所，一百一十二人为一百户所，每百户所设总旗二人，小旗十人。洪武二十三年（1390），又设军民指挥使司、军民千户所。自卫指挥以下，军官多世袭，军士也是父子相继，为一代定制。明代在海南设置海南卫以及万州千户所、儋州千户所、崖州千户所等，另有海口守

---

① （清）宋席珍续修《宣统定安县志》卷一《舆地志》，第67页。
② （清）王赞修，关必登纂《康熙琼山县志》卷七《人物志》，第216页。
③ （明）戴熺、欧阳灿总裁，蔡光前纂修《万历琼州府志》卷一〇《人物志》，第752页。
④ （明）戴熺、欧阳灿总裁，蔡光前纂修《万历琼州府志》卷三《地理志》，第113页。

御千户所（琼山）、水会守御千户所（琼山）、潭览屯田千户所（定安）、清澜守御千户所（文昌）、昌化守御千户所（昌化）、南山守御千户所（陵水）等，因此海南也存在大量军户。

杂役户 杂役户中包含有匠户、水马站所户等。匠户中有木匠、桶匠、石匠、篾匠、泥水匠、漆匠、铁匠、鼓匠、锯匠、皮匠、画匠、窑匠、雕匠、染匠等。水马站所户负责驿传，明初设置二十九个驿和海口递运所，官府配置马匹、船只和水马站所户，明代水马站所户共有816户，充当驿夫。正统之后有所增减，正德年间确定马夫540名，隆庆年间减为252名。杂役户中还有不是正差却作为正差使用的，其中有粮长（负责催征钱粮）、木铎老人（听乡里词讼）、总甲保长（统属地方）、乡约长（劝化乡人）、土哨官（训练乡兵）、件作户（检验尸首）、书算（攒造黄册）、夫役（兴作应工）、壮丁（以供勾摄用）、铺行（以答应什物用）等户。宋代时杂役繁重，甚至男丁不足，使用妇人充当。"郡自宋时已疲杂役，如所谓劳及妇人者有之。"① 明初杂役较少，民众负担不重，但后期杂役增多，逐渐成为海南杂役户的一大负担（见表6-4）。

表6-4 明代海南琼山户籍比例

府县	总数	民户	军户	杂役户	官户	校尉力士户	医户	僧道户	水马站所户	弓铺祇禁户	灶户	蛋户	窑冶户	各色匠户	寄庄户
琼州府	54798	43174	3336	7747	10	48	30	7	816	1622	1952	1913	160	1189	541
琼山县	16907	14617	667	1505	9	10	18	0	276	96	291	183	15	601	118
比例	31%	34%	20%	19%	90%	21%	60%	0	34%	6%	15%	10%	9%	51%	22%

资料来源：（明）唐胄：《正德琼台志》卷一《户口》，第1~25页。

（三）汉黎关系

明王朝建立之初，十分重视对黎族的招抚，永乐四年（1406），明成祖在敕谕黎人时曰："恁每（们）都是好百姓，比先只为军卫有司官吏

---

① （明）戴熺、欧阳灿总裁，蔡光前纂修《万历琼州府志》卷五《赋役志》，第282页。

不才，苦害恁上头，恁每（们）害怕了，不肯出来，如今听得朝廷差人来招谕，便都一心向化，出来朝见，都赏赐了回去，今后恁村峒人民都不要供应差拨，从便安心乐业享太平的富。且是军卫有司官吏军民人等，非法生事扰害恁的，便将这敕谕直到京城来说，我将大法度治他。"① 在明王朝的重视下，琼山县地方官府加大力度招抚生黎，如永乐十一年，"琼山县东洋都民周孔洙，招谕包黎等村黎人王观巧等二百三十户，愿附籍为民"。② 生黎接受州县管理，向政府输纳赋役。不过，"黎乱"也贯穿有明一代，"自开郡来千六百余年，无岁不遭黎害，然无如今日甚矣"。③ 有明一代的260年间全岛一共爆发大小"黎乱"62次。

由于地方官员的敲诈勒索，琼山县仍存在黎乱。宣德元年（1426），"琼山县黎王观政等聚众杀琼山土知县许志广，流劫乡村，杀掠人畜，命广东三司勘实讨之"。④ 万历二十五年（1597）到万历二十七年之间，以琼山县居林、居碌、沙湾等峒黎为据点，以马矢、黎广为首的黎族叛乱。陶谐任兵部右侍郎，总督两广军务时，"琼山沙湾洞贼黎佛二等杀典史，谐复剿平"。⑤ 琼山黎乱相对较少。

第四节 儒学教育与科举的鼎盛

（一）海口教育的发展

明代，琼州府和琼山县各级政府对儒学加强管理。学校官办为主，成化年间，官府修建城东学（在东门外南濠街）、城南学（有两处：一所在小南门外冯冼氏庙左；一所在大南门外沙井南）、城西学（在四眉

---

① （清）王赞、关必登纂修《康熙琼山县志》卷一〇《海黎志》，第250页。
② （清）《明史》卷三一九《广东琼州府列传》，第8273页。
③ （清）张廷玉：《明史》卷三一九《广东琼州府列传》，第8275页。
④ （清）张廷玉：《明史》卷三一九《广东琼州府列传》，第8273页。
⑤ （清）张廷玉：《明史》卷二三《陶谐列传》，第5365页。

楼西街)、城北学(在海口南门外)、珠崖学(在上那邕都)和仁政学。对校官、教员的待遇,招生名额都做了规定。《正德琼台志》卷二八记载:琼州府学校设"教授一员,从九品,月支俸米六石。训导四员,未入流,月支俸米三石。学分四斋,额设生员、廪膳、增广各四十名,余谓之附学,附学降者名为青衣"。各州学校设"学正一员,训导三员,未入流,月支俸米三石。学分三斋,额设生员、廪膳、增广各三十名。余谓之附学,附学降者名表衣"。各县学校设"教谕一员,训导三员,俱未入流,月支俸米三石。学分二斋,额设生员、廪膳、增广各二十名,余谓之附学,附学降者名青衣"。①

社学 在乡村创办,明成化十年(1474),琼山县共有社学81所,其中较著名的有设于海口城北的海门社学,设于城西之南门的城西社学。琼山县创办的社学最多,全岛共有179所,琼山县七个乡就创办了81所,几乎是全岛社学的一半。

义学 明天顺年间(1457~1464),琼山共建义学6所,城北义学在海口南门外。明弘治十年(1497),提举汪廷祯游儋州载酒堂归,建义学于小英村(今秀英村),"走书函往江门聘请陈白沙先生来讲学"。又有石门义学(成化间贡生吴旦等建,置田为供学之费,在大撮都)、敦仁义学(给事许子伟等建,在县西)等。

书院 明代海口书院发展十分繁荣,大体有两种情况:一种是由地方官和乡绅共同创建,另聘学者来讲学的;一种原是学者做学问的书斋,后来弟子增多发展成为书院,而由自己任师长和负责管理,基本上还是私学性质。见于各地方志记载的书院有:东坡书院(约始建于宋,今琼山府城)、桐墩书院(明正统间贡生陈文微建,今琼山府城)、同文书院(成化年间副使涂棐建,今琼山府城)、奇甸书院(明大学士丘濬建,今琼山府城)、南关精舍(弘治年间士民吴效等创建,在郡城南道义之街西今琼山府城)、西洲书院(又名养优书院,明正德间侍郎唐胄建,今

---

① (明)唐胄:《正德琼台志》卷二八,第600页。

琼山府城)、崇文书院（明嘉靖三十二年副使陈茂义建，今琼山府城)、石湖书院（明嘉靖间参政郑廷鹄建，今琼山永兴)、粟泉书院（明万历四十三年琼台郡守谢继科建，今琼山府城)、乐古书院（明弘治间提举汪延贞建）等。

此外，还有医学、射圃以及阴阳学等专科技术学校。

（二）海口科举的鼎盛

由于明代重视教育，海南人才辈出，清代屈大均《广东新语》卷九《琼人无仕元者》曰："明兴，才贤大起，文庄、忠介，于奇甸有光，天之所以报忠义也。忠义之钟于人，于海外一州一岛，殆有甚焉。"《正德琼台志》记载："迫于我朝圣圣相承，普海内外，咸建学官，遴选硕师，以专教道，是以贤才辈出。有进到三卿位者矣；有视草玉堂兼信义者矣，亦有明习经史，肇登桂籍者矣。"其中，琼山县教育最为发达，中举人和进士的人数也是各县中最多的（见表6-5、表6-6）。

表6-5　明代各州县进士、举人数量

州县	琼山	文昌	定安	万州	澄迈	宜伦	乐会	临高	崖州	会同	儋州	感恩	宁远	昌化	陵水	海南卫	合计
进士数	41	9	2	4	1	0	0	1	2	0	0	0	0	0	1	1	62
举人数	299	60	47	32	30	20	18	18	18	17	10	7	7	5	3	3	594

资料来源：杨德春：《古代海南岛的科举和教育概况考略》，《海南大学学报》1984年第2期，第18~20页。

表6-6　琼山历朝进士题名

姓名	籍贯	年号	科别	榜名	名次	任职
符铭	上那邕	洪武三十年	丁丑科	陈安榜	三甲26名	中书舍
唐舟	东厢	永乐二年	甲申科	曾棨榜	三甲85名	监察御史、浙江巡按

第六章　明代海口的鼎盛

续表

姓名	籍贯	年号	科别	榜名	名次	任职
陆普任	调塘	同上	同上	同上	三甲275名	知府
石祐	博茂	同上	同上	同上	三甲247名	
王克义	海口浦	永乐四年	丙戌科	林环榜	二甲31名	都官、推官
黄敬	调塘	同上	同上	同上	三甲60名	知县
薛预	大来	永乐十六年	戊戌科	李骐榜	三甲43名	知县
唐亮	东厢	同上	同上	同上	三甲156名	宁国府同知
吴奇	西厢南桥	永乐十九年	辛丑科	曾鹤龄榜	三甲48名	广西义宁知县
薛远	前所	正统七年	壬戌科	刘俨榜	三甲88名	户部、工部侍郎、南京兵部尚书
丘濬	府城	景泰五年	甲戌科	孙贤榜	二甲1名	国子监祭酒、礼部尚书、文渊阁大学士
林杰	宅念	同上	同上	同上	三甲107名	浙江按察司副使
李珊	官隆	成化二年	丙戌科	罗伦榜	三甲236名	监察御史
唐绢	东厢	成化五年	己丑科	张升榜	三甲273名	江阴县令
唐鼎	东厢	成化八年	壬辰科	谢迁榜	三甲11名	
海澄	府城	成化十一年	乙未科	同上	三甲149名	监察御史
王俨	大林	同上	同上	同上	三甲190名	知府
周宾	东洋	成化年间				府推官、通判
夏升	府城	弘治三年	庚戌科	钱福榜	三甲182名	鸿胪寺卿
陈遴	苍源	弘治六年	癸丑科	毛登榜	三甲36名	翰林院检讨
冯禺	苏寻	弘治九年	丙辰科	朱希周榜	二甲149名	户部郎中、监察御史
唐胄	东厢	弘治十五年	壬戌科	康海榜	二甲41名	南京户部右侍郎南京户部左侍郎
陈实	顿林	同上	同上	同上	三甲108名	监察御史、常州知府

续表

姓名	籍贯	年号	科别	榜名	名次	任职
钟芳	原崖州后琼山	正德三年	戊辰科	吕楠榜	二甲3名	太常侍郎、南京户部、兵部右侍郎
周宗本	东洋	正德九年	甲戌科	唐皋榜	三甲157名	工部郎中
曾鹏	宅念	同上	同上	同上	三甲196名	福建副使、贵州参政
林士元	东洋	同上	同上	同上	三甲208名	南广副使广西参政
吴会期	张吴	嘉靖二年	癸未科	姚涞榜	二甲60名	南京户部主事、工部郎中
杨恺	西厢	同上	同上	同上	二甲99名	户部主事
余宗梁	前所	嘉靖五年	丙戌科	龚用卿榜	三甲98名	知县南京刑部郎中
钟允廉	府城	嘉靖八年	己丑科	罗洪先榜	三甲148名	刑部主事、福州知府
陈天然	东厢	嘉靖十四年	乙未科	韩应龙榜	二甲74名	户部主事、镇江知府
周世昭	东洋	同上	同上	同上	二甲77名	北京户部主事
唐穆	东厢	嘉靖十七年	戊戌科	茅瓒榜	二甲21名	礼部员外郎
郑廷鹄	西厢	嘉靖十七年	戊戌科	同上	二甲57名	吏部给事中、江西督学副使
黄显	下东岸	嘉靖二十年	辛丑科	沈坤榜	二甲67名	刑部主事、湖广副使
林养高	射钗	嘉靖二十九年	庚戌科	唐汝辑榜	三甲221名	刑部员外郎、知府
黄宏宇	下东岸	嘉靖三十八年	己未科	丁士美榜	二甲7名	四川副使、浙江参政
张学颜	爱迪生	嘉靖四十四年	乙丑科	沈应期榜	三甲55名	知府、大理评事
梁必强	梁陈	万历二年	甲戌科	孙皋榜	三甲216名	晋江知县
梁云龙	梁陈	万历十一年	癸未科	朱国祚榜	三甲271名	副使、参政、布政使、湖广巡抚
许子伟	府城	万历十四年	丙戌科	唐文献榜	三甲137名	兵部、吏部、户部给事中

续表

姓名	籍贯	年号	科别	榜名	名次	任职
林震	博茂	同上	同上	同上	三甲239名	四川副使
何其义	梁陈	万历二十九年	辛丑科	张以诚榜	三甲128名	知县、户部主事
谢龙文	下东岸	崇祯元年	戊辰科	刘若宰榜	三甲205名	知县
蔡一德	遵谭	崇祯十五年	壬午科		三甲158名	特赐
邝杰	右所					监察御史

资料来源：《琼山国家历史文化名城》，东西文化事业公司，1999，第196页。

郑廷鹄（1506～1563），字元侍，号篁溪，琼山府城甘蔗园人。嘉靖七年（1528）中举人，嘉靖十七年参加京师会试，名列第三，赐进士出身，授工部都水司主事。官至会试同考官、江西督学副使、礼部仪制郎、江西督学副使等。晚年，郑廷鹄因母老辞职归里，在郡城西南的石湖边筑室，著书自娱，并创建石湖书院。卒葬苍驿坡郑家村前（今海南省澄迈县永发镇山头岭西），著有《藿脍集》、《易礼春秋说》、《兰省掖垣集》、《武学经传》、《学台集》、《石湖集》等共百余卷。

海瑞（1514～1587），字汝贤、国开，自号刚峰。海南琼山人。回族，嘉靖二十八年（1549）以《治黎策》中举人，嘉靖三十二年到福建延平府任南平县儒学教谕。嘉靖三十六年任浙江淳安县知县，在任期间著有《淳安政事》。嘉靖四十三年任户部云南司主事。嘉靖四十五年世宗皇帝迷信道教，讲究长生之术，不理朝纲，冒死上疏，条奏《直言天下第一事疏》，触怒嘉靖皇帝，罢官入狱。穆宗即位，恢复海瑞原职，改任兵部武库司主事，后为南京都御史。海瑞墓建于万历十七年（1589），是明朝皇帝派官员许子伟专程到海南监督修建。陵园正门有一座高耸的牌坊，横书"粤东正气"四个阴刻丹红大字。100米长的墓道全用花岗石块铺砌，中间竖有三道石碑坊。甬道两侧有石羊、石马、石狮、石龟和石人等。海瑞墓用花岗石砌成，圆顶，六角形基座。墓前有高4米的石碑。碑文由海瑞同乡许子伟撰。

许子伟（1555～1613），字用一，号南甸。琼山府城镇人。万历十年（1582）举人，万历十四年进士，授行人司行人。著有《广易通》、《警觉语》、《文编吟草》、《谏垣录》、《敦仁编》、《许忠直集》等。

唐舟，海南琼山人，建文四年（1402）中广东乡试第二名，永乐二年（1404）中进士，先后任江西新建知县、衢州通判、监察御史、浙江巡按等职，达30年之久，清正廉明，归故里无担石之米。

唐胄（1471～1539），字平侯，号西洲。琼山东厢番蛋里（今海口攀丹村人）。弘治十一年（1498）乡试第二名，弘治十五年进士，官户部山西司主事。历任户部员外郎、广西提学佥事、云南右参政、户部左侍郎等职。平生致力于学问文章，尤积极于乡邦文献的收集整理，著有《正德琼台志》、《广西通志》、《江闽湖岭都台表》、《西洲存稿》等。

薛远（1414～1495）字继远，琼山人。正统七年（1442）进士，官户部主事，景泰初（1450）升户部郎中，天顺元年（1457）再擢升为户部右侍郎。弘治五年（1492），以建储有功，被恩进为荣禄大夫，赠太子少保。

丘濬（1421～1495），字仲深，号深庵。因谥号文庄，后人又称丘文庄。琼山下田村人。6岁父逝，由祖父和母亲抚养。聪敏好学，少年所作《五指山》诗，语颇奇警。正统九年（1444）参加乡试中第一名举人。景泰五年（1454）中二甲第一名进士，被选为翰林院庶吉士，参编《寰宇通志》。书成，授翰林院编修。天顺八年（1464）任经筵讲官，次年升任侍讲，受命编修《英宗实录》。成化三年（1467）升为侍讲学士，十三年编成《宋元通鉴纲目》，升任翰林院学士，旋升国子监祭酒。十六年擢为礼部侍郎，仍掌国子监。这期间，撰成巨著《大学衍义补》160卷。丘濬一生勤奋好学，博览群书，晚年右眼失明仍披览不辍。研究领域涉政治、经济、文学、医学等著述甚丰，除代表作《大学衍义补》外，还著有《朱子学的》、《世史政纲》、《琼台诗文会稿》、《家礼仪节》、《平定交南录》、《成语考》、《本草格式》、《投笔记》、《举鼎记》、《罗囊记》、《伍伦全备忠孝记》等。

第五节 社会生活的繁荣

《万历琼州府志·风俗》记载：琼山县俗淳民朴，士专诗书，人安法度，勤于农桑，重于迁徙。女工纺织，尤精刺纹。原野不习火葬之事，老死不识刑名之书。故邑多老人。

饮食 番薯从东南亚传入海南，也是海南重要的饮食原料之一，《道光琼州府志》记载："番薯种来自南夷，以蔓埋地即生其叶可为菜，根似山药，皮有红白二种，终年食之精神不减，郡人尝以酿酒。"① 番薯比我国薯蓣吃起来更加甜美，但苏轼在海南时没有提到番薯，故推测番薯传入海南的时间至少在北宋之后。椰粉。海南盛产椰子，用椰子肉做成的面粉也是海南人饮食原料之一，《广东新语》记载："琼州以南，椰粉为饭，曰椰霜饭。南椰与椰子树不同，其精液、形色、气味皆类藕蕨之粉，故曰南椰粉，性温热补中……予诗：'树有天然粉，温香最饱人。'出万州之南万岭。"②

居住 房屋大体上仿照内地，同时受到热带气候和海岛环境影响，在建筑材料上多使用茅草。《万历琼州府志·地理志》曰："琼郡枕山带海，时有海溢飓风之虞，故公私宫室不甚高美，然规制与中土略同，唯遐僻州县多用茅茨，即公署亦沿其陋。至民居，近海者与蛋杂处，常为风涛飘淹，附黎者与黎人相为杂居，未免栖峒巢木。若缙绅士人家，虽好营建，大概不尚华饰，惟取其完固，有古风云。"③ 因此，海南汉人受到多种因素的影响形成多样性的居住风格。琼北地区是汉人居住较早的区域，受内地建筑风格影响最大。

成年礼 中国古代男子的成年礼是冠礼，女子成年礼称笄礼，《仪礼》和《礼记》等儒家经典中对冠礼仪式有详细的规定，举办成年礼的

---

① （清）明谊修，张岳崧纂《道光琼州府志》卷五，第212页。
② （清）屈大均：《广东新语》卷一四《食语》，第380页。
③ （明）戴熺、欧阳灿总裁，蔡光前纂修《万历琼州府志》卷三《地理志》，第115页。

时间在十六岁到二十岁之间，后来内地成年礼日渐淡废。明清时期，在海南仕宦家庭中仍实行冠礼，儋州"冠礼，士夫家行之"。① 实行冠礼时，要先占卜，祭告祖先，然后再由父亲、兄长负责加帽。定安"冠则卜吉，告于祖先，父兄加帽焉。三加之礼，士夫家间行之"。②

待客礼 海南待客用槟榔。海南盛产槟榔，其中万州、崖州、琼山、会同、乐会等州县生产最多，其他州县也有种植。海南人喜欢吃槟榔，因此槟榔成为馈送和待客的重要物品。明代时，海南各地"每亲朋会合，互相擎送以为礼。至于议婚姻，不用年帖，只送槟榔而已"。③ 清代会同县待客："岁时遗馈糗饵粉糍，寻常相过，先荐槟榔，主宾以此成礼。"澄迈县"礼尚槟榔，宾友往来，执以相见"。④ 琼山县"俗重槟榔，亲朋往来，非槟榔不为礼。至婚礼，媒妁通问之后，盛以大盒送至女家，女家受之，即为定礼。凡女子受聘者，谓之吃某氏槟榔"。⑤ 感恩县"感恩分为三区，附近县治者曰中和乡，在南曰南丰乡，在北曰北富乡。中、南两乡男女皆酷嗜槟榔，以其能消瘴忍饥也。亲朋往来非槟榔不为礼。至婚礼，则举邑皆用槟榔，媒妁通问之初即以彩帕裹槟榔、茶菱至女家，向其亲属说合。至女家允诺，首次定婚送聘谓之吃槟榔"。⑥ 送槟榔成为海南待客的主要礼品。

称谓 子女称祖父为公，祖母为婆。祖父的兄弟称伯公、叔公，祖父兄弟的妻子称伯婆、婶婆；祖母的兄弟称外伯公、舅公，祖母兄弟的妻子称外伯婆、妗婆。祖父的姊妹称姆婆、姑婆，祖父姊妹的丈夫称姆公、姑公。子女称呼父亲为爹、爸；母亲称娘、妈。有父母生子担心难养，让孩子称母亲为嫂，或姐，或姊。父亲的兄弟称伯爹、叔爹，父亲兄弟的妻子称伯姩、婶姩；母亲的兄弟称外伯爹、舅爹，母亲兄弟的妻

---

① （明）曾邦泰等纂修《万历儋州志》，第43页。
② （清）宋席珍续修《宣统定安县志》卷一《舆地志》，第67页。
③ （明）顾岕：《海槎余录》，周厚埥家藏本，第8页。
④ （清）谢济韶修，李光先纂《嘉庆澄迈县志》卷一《地理志》，第43页。
⑤ （清）李文烜修，郑文彩纂《咸丰琼山县志》，第49~50页。
⑥ 周文海重修，卢宗棠、唐之莹纂修《民国感恩县志》卷一《舆地志》，海南出版社，2003，第43页。

子称伯姆、妗姆。父亲的姊妹称姆、姑母,父亲姊妹的丈夫称姆爹、姑爹。同辈之间,称兄为哥,弟曰老弟。兄弟之妻称嫂、婶、仔。亲属之外,老称公,幼称侬,同辈称允。婢仆称呼为那某、亚某、奀某。随嫁女称婢,男称仆。雇工称阿婆,男子雇工称伙仔。佃人田者为佃丁,奴仆曰侬仔。妇人饲乳者称乳妈,接生婆称生侬婆。匠人称师傅。蜑蛉子称养仔,盟好之子称契仔,奴仆之子称家生仔。① 不同州县称呼略有差异,比如会同县,上、中、下家庭对父母的称呼不同,上户称官称娘,中户称兄称姊,下户称爹称姆。② 临高、儋州称呼多倒置。土俗称呼最喜用"官"字。比如乐会县仆婢称主人,幼年则称某官、称某娘;中年则称官爹、官姆;老人则官公、官婆;再老则称公祖、称婆祖。③

丧葬 海南汉人盛行土葬,富裕家庭采用石冢,或者灰隔。海南丧葬重视风水,直到选定风水后才下葬,因此停柩待葬风气盛行。亲人去世,丧家送讣闻给亲友,亲友接到讣闻后前来祭奠。葬日,全部亲友前来祭奠送葬。亲友多以一方白布裹在头上,白布越长越郑重。岳父母死,女婿必须延请道士忏度,设斋醮科仪。女婿所费约为岳家的一半。女婿用多色纸制作轿,名为"送葬"。埋葬时,由女婿设席招待亲友,名曰"做营"。④ 下葬之后,拜坟或在清明,或在四月八日,或在冬至,或择吉日,每年必一次。

信仰 封建王朝也非常重视鬼神信仰对民众的约束作用,"明有礼乐,幽有鬼神"。海南各级官府都建置坛庙,有社稷坛、风云雷雨山川坛、城隍庙、厉坛、伏波庙、关帝庙、天妃庙、真武庙、文庙、武庙、风神庙、龙王庙等神庙,风云雷雨为天神,山川为地祇神,城隍为地方保护神,厉主国殇,属于人鬼,文昌主科名、关圣保佑家国,天后、龙王保佑民众。这些神庙有些是内地神坛,有些是海南民间神坛,多为官

---

① 陈铭枢总纂《海南岛志》,第129页。
② (清)陈述芹:《嘉庆会同县志》卷二《地里》,中国地方志集成,江苏古籍出版社,1992,第17页。
③ (清)林大华等纂修《乐会县志》卷四,中国地方志集成,江苏古籍出版社,1992,第135页。
④ 陈铭枢总纂《海南岛志》,第132页。

府官员所建，官府以时祭祀，但也有部分转化为民间信仰。社稷坛，明洪武二年知府朱希贤迁于城西北，正德六年副使刘浩知府王子成重修。风雨雷电山川坛，洪武年间建于南桥外，在城东。厉坛，在城东北一里，明洪武三年知府朱希贤建。城隍庙，明洪武二年知府朱希贤移建府治东南，后又多次迁移。风神祠，在东关外。关帝庙，在府署左。天后庙，在海口所。

海南民间崇信巫术，《明史·刘仕貆列传》载，刘仕貆（洪武）十五年应"贤良"举，"对策称旨，授广东按察司佥事，分司琼州。琼俗善蛊。上官至，辄致所产珍货为贽。受则喜，不受则惧按治，蛊杀之。仕琼者多为所污。仕貆廉且惠，轻徭理枉，大得民和。虽却其贽，夷人不忍害也。辱仕貆者张禧，適调丞琼山，以属吏谒，大惭怖。仕貆待之与他吏等。未几，朝议省佥事官，例降东莞河泊使。渡河遇风，殁于水。同僚张仕祥葬之鸦矶"。①

海口洗夫人庙，洗夫人是南朝时期梁陈和隋时人，俚人首领。洗夫人庙分布较广。如宋代崖州建"郡主夫人庙"，昌化县建宁济庙，苏轼贬谪海南时曾拜祭并作有《题宁济庙诗》。琼山苍兴一都洗夫人庙，明代丘文庄公未及第时，因祷祈有应，立庙祭祀。梁沙村的洗夫人庙是清代探花张岳崧创建。

西天大士庙在海口，明代乡官王佐灵显海上，"祈祷立应，故海口商民虔祀之"。邓公祠在琼山县南门外，万历二十七年（1599），"都督邓钟征黎有功，故建祠祀之。顺治年间，郡守时元霖往南湖祷雨有应，立碑祀之"。②

孚惠伯庙在琼山县，原名潘天仙祠，又名东湖神君庙，相传宋时有富家大族潘姓居住于此，"一夕飞升去，其宅遂陷为湖，官民立庙湖上祀之。元时天旱，湖中忽有一直立如柱，高十余丈，须臾而仆，其声撼地，不二日，大雨。后岁旱，请水祈祷辄应"。③ 林公庙传说是琼山县下

---

① （清）张廷玉：《明史》卷一四〇《刘仕貆列传》，第4003页。
② （清）李文烜修，郑文彩纂《咸丰琼山县志》卷五《建置志》，第243页。
③ （清）李文烜修，郑文彩纂《咸丰琼山县志》卷五《建置志》，第237页。

田村姓林者,"乡人以其祷应,故祀之"。

琼州府有陈妃庙,祭祀陈夫人。俗传夫人姓陈,名玉英,元代至顺三年(1335)十月死,携两个弟弟飞升泰华山,百姓称为"泰华三仙",陈夫人被封为泰华仙妃,"乡人灾旱疫盗,随祷即应,每岁六月中旬赛祷"。①"每岁六月中旬,乡人舁之出游,许醮,装军容,随者以千计。"箩氏庙在琼山县南上那邕都,据说"宋时大旱,有老妪鬻酒于此,以焦树倒植于实塘之内,誓曰:'天果旱耶则焦复生。'不三日,大雨。焦浮,妪不知其姓,因以箩号云。元大德年间立石祀之"。②

明代,佛寺已经分布在琼州府城、澄迈、会同、儋州、昌化、万州、陵水、崖州等多个州县,琼山县有天宁寺、地藏宫、海口观音庵,澄迈县有永庆寺、永兴寺,儋州有开元寺,昌化县有宁寿寺,万州有天宁寺,陵水有双容寺,崖州有天宁寺等。

明岁时民俗　据唐胄《正德琼台志》卷七《风俗·节序》载:

正月"迎春日",府卫官盛服至于东郊迎春馆,武弁、街坊各竞办杂剧故事,会聚逞炫,俟祭芒神毕,前导土牛自河口街过南桥,从西门入府。城市内外,老稚集于通衢,各携负幼男女竞看土牛。人争将豆谷洒之,谓消压痘疹。是日,以面饼互裹生菜、诸肉品啖之,曰"春饼"。亲邻以春饼相馈遗。

"元旦"前,以糯粉溅蔗糖或灰汁笼蒸春糕,围径尺许,厚五六寸,杂诸果品供岁祀,遂割为年茶以相馈答。一日至四日各相拜贺,曰"拜年"。阴阳家预选择所行利方,著为四日出行图,凡日始出,以为向往。城间各闭门,客扣方开。三日早则书帖钉赤口于门,谓之"禁口"。稍晚之时,群邀渔猎,谓之"斗口"。六日后,各坊或用道士设醮,村落则加抬社像,沿门贴符,名曰"遣瘟",问有酬愿。立天灯,缚竹木高二三丈,燃灯于笼,悬挂彻夜,月尽方倒。城乡俱作秋千。用四木,两分相叉为架,高而垂下者为女秋,二木如柱,两孔横架,短而翻转者为男秋。

---

① (明)戴熺、欧阳灿总裁,蔡光前纂修《万历琼州府志》卷三《建置志》,第166页。
② (明)唐胄:《正德琼台志》卷二六《坛庙》,第539页。

"上元"，于通逵立竿，松竹叶结篷，缀灯于上。公宇富家或缚竹糊纸为鳌山灯，用通草雕刻人马故事，彩绘衣以绫罗，中闲机轴，系以丝线，或用人推幹，烟嘘沙坠，悉成活动。又剪纸为人、马、树，于灯内团走，曰"走马灯"。又有剪灯、花灯、纱灯、篾丝灯，蒺藜、梅花球、媳妇、莲花，名称不一。贵介每夜群游，多着披袄，袖椎子随行，手拈锉，前轮滚灯。其制，围径二尺许，外扎竹筐以护，沿街轮滚机转而烛不动。装僧道、狮鹤、鲍老等剧，又装番鬼舞象，绵竹为格，衣布为皮，或皂或白，腹闷贮人，以代行舞，仿击番金鼓。群少随游者烧炮仗，剪火地鼠，炮花筒，环街迎送。若士夫辈，又放谜灯，题写诸经书典故，鸟兽、花木、物类暗蓄事义，作为诗词，粘于方纸灯笼。谜中喝采揭之。

"元夕"，于二三日间以糯粉搓丸，小者煮浸糖水，大者裹以蔗糖，名"元宵丸"。灯起十一日，而胜于十五，彻于十八，夜城门因以弛禁。连夕，官衙烧火树银花，巧藏故事、生禽，炮仗声震不绝，乡落男妇二三十里者入城聚观，名曰"放烟火"。十六夜，男子稍避，妇女聚出，或探亲、抛桥、谒庙，名曰"走百病"。

村落各作"上元道场"，建幡幢，结彩为鳌山，祝圣寿，祈年丰，斋适午朝。其会首亲朋各装象宝伞鬼番回回，顶托斋果香物进供，金银花段挂贺，各首以丰杀为荣辱。

二三月间，城市预于坟茔添土，村落剪除荆棘，谓之"拨墓"。及祭期，男妇各乘舆马，盛载酒肴、牲仪，聚亲朋以祭墓毕，乃会宴。"清明"插柳，妇女簪榴花，谓不害限，以米易海蛳啯之，谓得目明。

四月八日，浮屠氏习荆楚岁事，以五香和蜜水浴释迦大庆子佛，谓"龙华会"。善妇女集尼庵饮浴水，余分送檀越未至者。乡落以木刻龙首尾祀境庙中，唱龙歌迎之，抛鸡入洗溪水，谓之"洗龙"。加绘饰，以俟"端阳"食（赛）会。

自五月一日至四日轮流迎龙，于会首家唱饮。其家先密作歌句，以帕结之，悬龙座前，独露韵脚一字，俾会中人度韵凑歌。得中，句（据）中字多寡以钱扇如数酬之。至五日，各村迎龙会于大溪划船夺标，两岸聚观者无数。城落俱饷角黍，诸粽相馈。男妇系香袋，儿女彩索缠臂，涂雄黄。饮昌阳，带艾悬门；采百般花草相斗，比较输赢。取菖蒲及百卉有芬气者浸水，供余饮浴。卫中武官，黎明备弓马、柳刀、柳箭会教场。插柳枝于地，悬球彩门，请太守坐将台，竞走马剪柳，射球走骇。聚观中有善拳善跌者，各出较胜，以骋其能，名曰"剪柳"。毕，复请太守出南湖游宴，以数艇相夹，演戏于上，架之以彩，呼为"采莲"。城中以竹格为船，用纸糊饰，脚下围以彩帛，装扮篙师，柁子涂脸，密绳系肩，鸣鼓锣沿街划戏，或招以镖，亦如水船竞夺，名曰"旱船"。是时，儿童多斗蟋蟀较胜负。节前后荔枝渐熟，城中男妇各乘车马聚丁村桥宴乐，预遣人于前路择买，谓之"接荔枝"。十一日，卫所扮装"关王会"街游，至十三日毕集庙中，因演所装游会之戏。军士每于是时为赛，祈保武官心愿，各带枷锁，有执刀伫立王像前三日者，谓之"站刀"。甚有剪肉焚香，膊刺大小刀箭，腰背签枪者。

六月"祀灶"。六日晒衣。

七月"乞巧"。用彩色纸糊作冠履、衣裙，剪制金银纸为首饰、带锭之类，备牲醴祀祖先毕焚之，曰"烧冥衣"。富室斋醮，焚纸衣以赈孤魂，谓之"施设"。十五日，村落庙堂作"盂兰会"荐亡。时好事者作大小纸鸢，相担搭为胜负。

八月"中秋"玩月。城市以面为大饼，名"团圆饼"。城落俱煮天南星剥食，曰"剥鬼皮"。小儿于时引蜻蜓。

九月"重阳"，士夫相携酒登高，或蹑小三山啸咏。

十月祭墓。童儿截小木，或寸、尺许，画地为网，远越一丈，击过网者为胜，名曰"打达"。或以坚木及牛角旋圆一扼，下置铁钉，以绳缠打，相赛运转，三五互斫，名曰"得乐"。亦用竹筒截可二寸，旁开小孔，两头封以瓠壳，直穿竹棒，缠索而抽，又名"响啰得乐"。

十一月"冬至"相拜贺。

腊月二十四日，以竹枝扫屋尘，换炉灰。夜具酒果，送灶君朝帝。"除夕"，午后祀先，谓之"分岁"。子妇儿女辈盛陈酒馔，为父母"围炉"。至夜，各燃火于门外，焚辟瘟丹，放纸炮、爆竹。一鼓，复设酒果迎灶君。扫秽污以败苞破箩载之，燃灯于内，将扫尘竹帚携掷之，谓之"送穷"。厅房廊室俱点灯，阖家共坐守不寐，谓之"守岁"。夜分，挂楮币于门，易门神、桃符、春帖，画灰于道，象弓矢以射祟。

一岁风土好尚，大略如此。①

第六节　灾荒与社会救济

（一）自然灾害

《万历琼州府志·杂志·灾祥志》中记载明初至万历年间较大的灾荒就有 27 次之多，平均不到十年就有一次大的灾荒发生。

飓风水灾　海南地处热带，每年降雨量较大，发生水灾的次数也较多。若把造成海南水灾的原因进一步细分，是在多种情况下发生的：一是飓风带来的强降雨造成水灾，二是降雨持续时间较长造成水灾，如正德十五年（1520）秋，"淫雨连月，自琼至澄畜产飘荡，人溺死者几千"。② 弘治十四年（1501）闰七月，"琼山飓风潮溢，平地水高七尺"。③

海溢　俗称为"海翻"。海溢一般与飓风有关，《乾隆琼山县志·疆域志》："飓风起，挟雨而至，海水须臾高溢十余丈，漫屋淹田。即无大雨，海水涨溢，田畴积咸失耕，沿海苦之，故曰'涨海'。"④ 海水倒灌形成水灾，如永乐二十一年（1423）八月，"琼州府潮溢，漂溺甚众"。⑤ 嘉靖三年（1524），"乐会、万州大风，海溢数十里"。⑥

旱灾与蝗灾　海南发生旱灾的情况也很多，如明代永乐元年

---

① 参见（明）唐胄《正德琼台志》卷七《风俗·节序》，第 137~152 页。
② （清）谢济韶修，李光先纂《嘉庆澄迈县志》卷一〇《杂志》，第 455 页。
③ （清）张廷玉：《明史》卷二八《五行志》，第 455 页。
④ （清）杨宗秉纂修《乾隆琼山县志》卷一《疆域志》，第 30 页。
⑤ （清）张廷玉：《明史》卷二八《五行志》，第 447 页。
⑥ （明）戴熺、欧阳灿总裁，蔡光前等纂修《万历琼州府志》卷一二《杂志》，第 925 页。

（1403）大旱、二年大旱，七年又大旱。① 旱灾往往又连着蝗灾，如明代永乐二年大旱，六月又发生蝗灾。永乐七年大旱，八月又发生蝗灾等等。②

冰雹与寒灾 海南地处热带地区，但偶尔会发生寒温、冰雹等灾害。成化五年（1469）闰二月癸未，"琼山雨雹大如斗"。③ 如明正德元年（1506）万州降雪，海南举人王世亨作《万州雪歌》描述当时下雪的情况："越中自古元无雪，万州更在天南绝。岩花开发四时春，葛衫穿过三冬月。昨夜家家人索衣，槟榔落尽山头枝。小儿向火围炉坐，百年此事真稀奇。沧海茫茫何限界，双眸一望无遮碍。风冽天寒水更寒，死鱼人拾市中卖。"万历三十四年（1606），"大寒，百物凋落，六畜冻死"。嘉靖十九年（1540），临高县大雨雹，"小者如弹，大者如舂臼，压死人畜无算"。④

瘟疫 海南古来被称为"瘴疠之地"，一直到明清时期，人们对海南仍然充满恐惧，明代御史汪俊民言：琼州"山水峻恶，风气亦异，罹其瘴毒，鲜能全活"。还有许多害虫，如毒蛇、蝇、臭虫（木蚤）、蝎蛭等，故水中和部分食物中含有致病的细菌，海南谚语："清水疟疾、浊水赤痢。"⑤ 都容易造成疾病。

地震 海南历史上也曾经多次发生地震，如万历三十三年（1605）五月二十八日琼北大地震，《康熙琼山县志》记载："五月二十八日亥时地大震，自东北起，声响如雷，公署民房崩倒殆尽，城中压死者数千，（地）裂水沙涌出，南湖水深三尺，田地陷没者不可胜记。调塘等都田沉成海计千顷，二十九日午时复大震，以后不时震响不止。"这次地震持续五月之久，发生多次余震，自五月二十八日至十月间的半年内，琼北地区发生破坏性地震近十次，其发震日期是五月二十八日、二十九日、

---

① （明）戴熺、欧阳灿总裁，蔡光前等纂修《万历琼州府志》卷一二《杂志》，第922页。
② （明）戴熺、欧阳灿总裁，蔡光前等纂修《万历琼州府志》卷一二《杂志》，第922页。
③ （清）张廷玉：《明史》卷二八《五行志》，第450页。
④ （明）戴熺、欧阳灿总裁，蔡光前等纂修《万历琼州府志》卷一二《杂志》，第926页。
⑤ 陈植：《海南岛新志》，商务印书馆，1949，第111页。

三十日，六月初四，七月初四，八月二十五日（或二十六日），十月初七、初八，十月十二日和十一月初六日，其中最初七天发生了多次强烈地震。这次地震波及周边的文昌、澄迈、临高、会同、万宁等州县，康熙十一年刊《澄迈县志》："五月二十八日夜地大震，有声如雷、海沙崩裂，或深至一丈，高岸成谷，深谷为陵，宇居坊表倾塌伤人，死者数百，连震数日不止。"康熙五十七年刊《文昌县志》："五月二十八日地大震，官署民舍尽毁，压伤人畜，平地突陷成海，连震数年方息。"光绪十八年刊《临高县志》："五月二十八日地大震三日夜。城垣、学宫、民舍尽纪，近海地多龟裂。马裊盐田没于海，损课额过半。"康熙二十五年刊《定安县志》："五月二十八日午夜地震，声响如雷，民房、解宇坊表崩坏大半，其后不分昼夜屡震，相继经年，海滨州邑较定安为甚。"乾隆三十八年刊《会同县志》（今琼海县）："五月二十八日夜地震，声如雷，屋坏山崩，人物陷伤。"康熙十八年刊《万州志》："夏地大震，裂涌水沙数尺，事属五月二十八之夜。"① 这次地震破坏严重，邓钟在万历三十四年丙午孟夏吉旦所撰《汉两伏波祠记》描述："乙巳之夏，地震异常，公署屋宇，宾馆、中军、材官，厅事荡然倾纪。""房舍塌倒殆尽，郡城内死者数千人。"②

灾害发生，都会造成大面积的房屋、牲畜和庄稼等财产损失，也造成大范围的饥荒和大量人口的死亡、逃亡等。一是饥荒。明宣德九年（1434）大饥，死者白骨遍野。③ 明神宗时，"广东琼山等十二县饥"。④ 二是死亡。灾荒发生时直接造成许多民众死亡，每次灾荒造成死亡的人数从数十人、数百人到数千人，甚至万人，如明万历十五年（1587），波及琼、临、澄、定等数县的水灾溺死几千人。万历三十三年大地震，仅"郡城中压死者几千"。灾荒之后有时伴随着瘟疫，如万历二十五年，"荒饥之后加之疫病，死者甚众"。⑤ 因此，灾荒对海南造成的灾害也是

---

① 姚梅尹：《1605年琼山地震考》，《华南地震》1984年第3期，第32~37页。
② 徐淦等修，李熙、王国宪总纂《民国琼山县志》卷二八《杂志》，第1829页。
③ （清）谢济韶修，李光先纂《嘉庆澄迈县志》卷一○《杂志》，第455页。
④ （清）张廷玉：《明史》卷二○《神宗纪》，第271页。
⑤ （明）戴熺、欧阳灿总裁，蔡光前纂修《万历琼州府志》卷一二《杂志》，第925页。

非常巨大的。

海南地处热带，地广人稀，陆地和水中动植物丰富，当发生灾荒时，海南民众一般能够自救。如崇祯十二年（1639）、十三年荒旱，"人多采食异物，如甜粮、山豆、苻莨之类"。① 除了薯蓣之外，还有芋头、南椰粉、苻莨、薏苡、鸡椰粉等，《广东新语·食语》记载："万州岁凶，则以薯蓣、桄榔面、南椰粉、鸭脚、狗尾等粟充饥，耕者颇少。然琼山人亦皆从事贸易，不甚力耕，禾虽三熟，而粳稌往往不给，多取盈于果蓏。家有槟榔之园、椰子之林，斯则膏腴之产矣。蓬荻中又多薏苡，玉粒绛珠，与葛藟相纠，可以为药为粮，而甜薯尤多。"②

海南每遇灾荒，粮食价格飞涨，比如明代万历三十五年（1607），"二熟俱失收，斗米价高一钱有奇，皆仰济于高、雷二处之米"。③ 万历三十六年，定安"田禾俱失收，斗米银一钱有奇。民多流离饿死，幸有海北米接济"。万历四十八年大饥，"幸海北米接济，民免饿死"。④ 崇祯十二年（1639）、十三年"荒旱，斗米银二两"。

（二）社会救济

明代救济机构更为完善，中央政府要求各州县设立仓储。海南各州县除设立广积仓、存留仓外，还设立了预备仓、义仓等专门救济灾荒的机构。

预备仓 明代各州县均设置预备仓，"以贮赈济之需"。预备仓主要是府州县所建，琼州府预备仓，每仓设置掌守老人二名，大户四名，职能主要是负责赈济。预备仓米的来源，一是劝借。成化三年（1467），蔡守浩在府城东北街北设置预备仓，"贮劝借所入义米"。二是公罚。弘治年间，张守桓建仓，"以贮公罚备荒之谷"。⑤

义仓 义仓最早是由隋文帝创建，目的是在地方上储备粮食，以备

---

① 李钟岳等监修，林带英纂修《民国文昌县志》卷一〇《杂志》，第969页。
② （清）屈大均：《广东新语》卷一四《食语》，第375页。
③ （清）谢济韶修，李光先纂《嘉庆澄迈县志》卷一〇《杂志》，第456页。
④ （清）宋席珍续修《宣统定安县志》卷一〇《杂志》，第842页。
⑤ （明）戴熺、欧阳灿总裁，蔡光前纂修《万历琼州府志》卷四《建置志》，第142页。

灾年赈济灾荒。在明代许多州县设置义仓，比如琼州府城四门义仓为万历二十四年（1596）巡按刘会建。明代海南义仓多为官府所建。

海南医疗水平不甚发达，到唐代时，唐玄宗专门诏令向海南传入药书，"琼俗无医，开宝八年（749），招以方术本草给之"。① 宋代苏轼在海南居住时，发现仍没有医疗，"海南风俗，食无肉，出无舆，居无屋，病无医，冬无炭，夏无泉"。② 据《正德琼台志》记载，南宋时期开始在海南设置医学。

明代，洪武初年海南各州县全面设置医学，各州县医学中设训科或典科一员，大多数为官府所设，也有少数医学为私人所设，比如陵水县的医学在县治西，洪武十七年（1384）由医生刘弥保创建。③ 医学多设在州县治所，比如琼州府在府治前，澄迈县在县治西，临高县在县治东，定安县在县治东，文昌县在县治东，会同县在县治西，乐会县在县治南，儋州在州治西，昌化县在县治西，万州在州治东，陵水县在县治西，崖州在州治东，感恩县在县治南。洪武二十四年，海南岛有医户30家。明代琼山籍名医钟芳著《养生举要》五卷。清代，据《岭南医微略》记载，海南岛有医家32名。

在医学之外，也有私人创办的医疗诊所，如文昌人韩宝琮，原是监生，屡试不第，于是学习医术，建置房舍安置病人，遣人煨汤药。蔡士璋，精于医术，人称外科妙手。另有符世琛、邢志超、陈文章等人医术，都是闻名遐迩。④《正德琼台志》记载海南有专门从事医疗的医户30户，其中琼山县18户，临高县12户。⑤ 明代海南科举鼎盛，涌现出一大批进士、举人，其中一些人也在医术上有所研究，比如丘濬（1420~1495），琼山人，官至太子少保、礼部尚书，除著有《大学衍义补》外，也著有《群书钞方》、《本草格式》、《重刻明堂经络前图》等医学著作，他的长子丘敦，懂医术。钟芳（1476~1544），崖州人，岭南巨儒，懂医术，著

---

① （明）曾邦泰等纂修《儋州志》，第42页。
② （清）李有益纂修《光绪昌化县志》卷一《舆地志》，第144页。
③ （明）唐胄：《正德琼台志》卷一三《公署》，第316页。
④ 林带英、李种岳纂修《民国文昌县志》卷一一《人物志》，第446页。
⑤ （明）唐胄：《正德琼台志》卷一〇《户口》，第224页。

有《养生纪要》。这些文人学士向海南传播了大量医学知识。

在古代，海南民间汉人医疗深受当地黎人以巫为医的影响，据《万历琼州府志》记载：临高县"喜竞事神，不信医术"。陵水县"疾不求医，专尚巫祝"。会同县"俗尚巫觋，有疾病多事巫祷，罕信药饼，妇女农家为甚。俗云：'灸不著，强食药。'"① 其他地方志也多有类似记载，乐会县"寡尚医药，病多祈鬼神。其无知村子犹滥杀牲命，呼邻口共图醉饱，甚有聚巫女歌舞灯醮，谓之'乐神'。"② 万州"疾病前少用医药，近日服药者众"。③ 民国时期，海南仍先巫后医，"凡初疾时，多延道士禳鬼，小儿曰'进胎'，老人曰'进流年'；不愈，始请医诊治"。④ 可见海南汉人的医疗深受当地黎人影响。

汉人遇疾病时，也要延请道士（师姑）或使用巫术。道士查鬼的方法与黎人相似，师姑手拿木棒或木杆的两端，中间悬挂秤锤，口中喃喃念鬼的名字，念到什么鬼的名字而锤正好转动，即认为是该鬼作祟，病人家要备酒肉祈祷。另有"打邪鬼"。若男病则认为是女鬼将娶为夫，女病则认为是男鬼将娶为妻。病人家庭要请道士设坛驱赶，一般持续数天，道士使用非常秽亵的语言骂鬼，然后用火把伸到病人前面，并将檀香末和炒焦米糖混撒在火把上，发出强烈的火花，让病人看视，若病人说害怕，就撤去火把，认为已经驱赶走了邪鬼。⑤

养济院　养济院是由明代所创建，主要用于救济鳏寡孤独、无依无靠的老人。洪武五年（1372），诏"天下郡县立孤老院，民之孤独残疾不能自立者许入院，官为赡"，不久"改孤老院为养济院"。明代敖英《东谷赘言》记："我朝设养济院以养民之鳏寡而无告者也，惠民药局以济疾病之穷者也，漏泽园以葬无主之死者也，课守令积谷而为殿最以赈凶岁之饥者也。"遵照中央王朝的政策，琼州府州县多设置有养济院，但是明代万历年间，已经多数名存实亡。

---

① 《会同县志》，第30页。
② 《乐会县志》卷四，中国地方志集成，江苏古籍出版社，1992年，第135页。
③ 《万州志》卷三《舆地略》，海南出版社，2003，第287页。
④ 陈铭枢总纂《海南岛志》，第133页。
⑤ 陈铭枢总纂《海南岛志》，第134页。

漏泽园 宋代始官设的丛葬地。凡无主尸骨及家贫无葬地者,由官家丛葬。明成化年间琼山知县周宣买民地创建,在城北教场西,东西五十二丈,南北五十丈,以墙围之。

第七章 清代海口的定型

清顺治四年（1647）四月初二，清军在总兵黄恩、副将李栖鹏，客兵在闫可义统率下渡海，在白庙登陆，明指挥王世臣率兵抵御，寡不敌众，战死沙场，琼州城被攻克。同年七月，定安人吴履泰、吴履恒兄弟散资募兵，联合明军残部指挥崔上臣起兵抗清，攻破定安城，直逼琼州府城。清驻军迈元坡联络西黎兵从西面进攻，县丞翟天擢领兵数百进击，结果吴履泰、吴履恒兄弟战死，崔上臣被俘。至此，明军残部在海南的抗清活动宣告结束。

清代沿袭明代行政建制，琼州府领崖州、儋州、万州3个州和10个县。琼州府治所设在琼山县内。琼山县县治所设在今琼山县府城镇，县丞驻海口所城。东至文昌县界一百里，西至澄迈县界五十里，南至定安县界八十里，北至海十里；东南至文昌县界一百里，西南至黎界一百六十里，东北至文昌县界五十里，西北至澄迈县海崖五十里。

琼山县的基层组织，辖乡7个，分别是丰好乡、五原乡、内义丰乡、外义丰乡、遵化乡、仁政乡、永兴乡，领110个都图。

第一节　城市基础设施建设

（一）城市设施建设

因海口地处热带，多台风，多雨，琼州府城墙较易毁坏，清代在明代城市基础上不断维修,如顺治年间,知府朱之光、知县孟信捐修,增高雉堞一尺、厚五寸,不久毁坏。康熙年间也多次重修。康熙二十二年(1683)时,府城周围1253丈,高2.7丈,广1.8丈,雉堞1830丈,濠周1287丈。其后又多次整修,据现代考古,琼州府城址平面呈不规则四边形,城址坐北向南,东西长约1400米,南北宽约700米,城墙周长4134米,高8.91米,宽5.94米。开东、南、西3个城门,城门上建楼,没有北门,仅在北城墙建望海楼。城墙上设雉堞1843个,南筑长堤,引南渡江支流为壕沟,城墙四周构筑护城河,东门外护城河宽25~30米,深2米。①

琼州府城内的街道布局是以衙门为轴线,形成了城内的道路网络,素有"七井八巷十三街"之称。

七井 有两种说法:一种说法是府城内饮水挖砌的水井,分别是六角井、钟芳井、大井、枇杷井、三合井、府前井、康惠龙泉井等七个水井;另一种说法是被道路区隔组成的井字形居住区域。七井从东向西排序分别是:第一井是南门街、尚书街(纵)和道前街(今文庄路下同)、靖南街(横)组成的区域;第二井是尚书街、打铁巷(纵)和道前街、靖南街(横)形成的区域;第三井是打铁巷、仁和巷为纵,道前街、靖南街为横构成的区域。区域内原为城隍庙、府城第一公园、琼台书院之地,今以工人文化宫为核心;第四井是丁字街(今中山路中段下同)、县后街为纵,镇台前街(今忠介路)、少史巷为横组成的区域;第五井是丁字街、县后街(纵)和少史巷、县前街(横)组成的区域;第六井是县后街、草芽巷(纵)和镇台前街、小雅巷(横)组成的区域;第七井是草芽巷、马鞍街为纵,镇台前街、塘坨巷丙段和培龙市场南门(今至高登西街)为横的区域。②

八巷 蛋巷、打铁巷、仁和巷、关帝巷、少史巷、草芽巷、达士巷与双龙巷。

蛋巷是府城最短、狭的巷,75米长,1.1米宽。在鼓楼街与尚书街

---

① 丘刚:《海南古遗址》,第158页。
② 参见黄培平《府城七井八巷十三街》,《椰城》2007年第3期,第16~17页。

之间，巷口小中间大，似蛋形而称蛋巷；打铁巷，北接文庄路南连靖南街，长 185 米，宽 2 米，南低北高，因有几家铁器作坊得名；仁和巷（坊）是府城最弯曲的巷，原从靖南街起向西至琼台书院，后转北接道前街，四道弯，长 380 米，宽 2 米；关帝巷南起文庄路，北至抱珥山，抱珥山是府城的制高点之一。明弘治初海南卫官兵将关羽庙迁建于此，后环山筑台称琼台，并在琼台前面立琼台福地坊；少史巷，一家在大陆原籍祖先当过少史官职，在此定居后仍保持少史遗风，人们称少史巷；草芽巷，依西城墙而建的一条巷。昔日人烟稀少，此处原长满青草，便将此巷称为草芽巷。草芽巷居住有吴碘，字国猷，号学斋，清乾隆三十四年中进士，选翰林庶吉士。任四库全书副总裁和武英殿分校官，是清代海南人入翰林的第一人；达士巷位于小西门内南隅，是石板铺设最完整的一条巷。东起马鞍街西至外巷（今朱云路），是全城最长的巷。因有不少读书人和达官显贵、名贤绅士在此定居，清初称达士巷；双龙巷位于鼓楼街之东，两端与靖南街相对。清代前此巷周围有科举考场，是文运昌盛之地，读书人都想在这里发龙运、跳龙门，取此吉祥之名。

十三街 东门街、府前街、南门街、尚书街、北帝街、镇台前街、县前街、县后街、丁字街、学前街、鼓楼街、马鞍街和北胜街。

东门街，是明代通向东城门朝阳门（也称永泰门、体仁门）的咽喉要道。早期少有住户，后来周边人口增多了，形成集市，称为东门里，而路名也沿此称。街的最东端就是遗存的东城门，西接府前街；府前街，明时，琼州府衙门前大街就称府前街，清沿叫制，治所不变，府衙改为道台衙，府前街也改称道前大街。1925 年扩建古道，将此街命名为文庄路，以纪念琼山著名先贤丘濬（谥号文庄）。1967 年改称新华路，1983 年复称文庄路；南门街，北起文庄路南至鼓楼，明时是通向城南靖南门主要街道，故称南门街。后因改道从鼓楼石拱门下通过，人们改称鼓楼街。靖南街，因靠近城南门靖南门而名，曾有石匾刻"靖南街"和"瑞毓人文"嵌于街门口；尚书街（坊），北接文庄路南连靖南街，明万历年间，琼州地方官在府署前为南京礼部尚书王宏诲立"学士尚书坊"，遂称尚书街，牌坊在街中间，"文化大革命"期间已毁，仅存半截基石于府前井边；北帝街，南起忠介路东口，北至镇武楼，从明起沿用至1924年，1925年府城改建街道，为纪念孙中山将北帝街改称中山路；镇台前街，在清镇台署所在地之前，故称镇台前街，是府城古今商业集市主道，1925年府城分段扩建，为纪念明著名清官海瑞，以其谥号忠介命为路名，1967年改称解放路，1983年复称忠介路，有明代古城墙、郑氏宗祠、三城会馆等古迹；县前街和县后街，琼山县旧县衙在府衙西南，衙前和衙后分别形成两条街，衙南的称县前街，北面的称县后街，县前街向南通万寿宫（今火雷庙处）；丁字街，北起忠介路口，南至琼台书院门口，中间处向东接连文庄路，成丁字形，创建于康熙四十九年（1710）的琼台书院奎星楼在丁字街旁；学前街，原在鼓楼前靖南门之东依城墙而行，长度约100米，位于县学宫前得名；马鞍街，今高登西街三合井处，相传琼州官衙有大量马匹，集中饲养，再牵到城南郊外饮水和洗刷，久之，此道发展成出售马鞍、马蹬等马具商品街，民众称为马鞍街；北胜街位于府城之北，是通往海口所城及琼州海峡要道。明时常有倭寇、海盗上岛进城劫掠，官兵多次在此打击来敌，取得胜利，遂称为北胜街。[①]

清时期的琼州府城以州府衙门为界，大致可分为东西区域。东区由州府衙门、县治、府学等组成，有雷琼兵备道署、琼州府署、提督学院行署、琼州镇总兵署、琼山县署等，还建有玉皇庙、天宁寺、县学宫、三公祠、五公祠、琼台书院等建筑；西区则以生活、商业为主。位于西门外的马鞍街，街呈南北走向，南起高登街，北止忠介路绣衣坊南门，相传因官兵经常牵着大量马匹经过此地，到郊外洗马饮水，这里逐渐发展成出售马鞍、马蹬等各种马具的商品街，故被称为马鞍街。达士巷中有宋郑真辅探花使、明正德三年（1508）第三名进士钟芳、明嘉靖十七年（1538）进士郑延鹄、晚清学者王国宪的故居。还有曾为钟芳立过东、西少司徒的牌坊，为郑延鹄立的儒宗牌坊，达士巷的古道路面全系青石板铺设。绣衣坊始建于明代，南北走向，全长360米，宽4米。

[①] 参见黄培平《府城七井八巷十三街》，《椰城》2007年第3期，第16~17页。

府城内设置有公署，有府署、海防厅署、经历司、琼山县署、丞尉衙署、典史署、考院等。万寿宫在城内西南隅，为文武官岁时朝贺暨恭祝万寿，朔望宣讲上谕之所。约亭在关帝庙。顺治十六年（1659），清王朝诏令全国各地设立乡约所，宣讲六谕文。[①] 雍正七年（1729），再次申令各直省府州县大乡大村，人口稠密地方，设立讲约所。[②] 在清王朝督促下，乡约所遍及各直省州县乡村巨堡及番寨土司等地。乡约所中设置约正、约副，由乡人公举六十岁以上，已经告给衣顶、行履无过、德业素著的生员担任，若无生员；另以德高望重的六七十岁以上的平民担任。公馆为官员渡海驻停之所，在海口城南门内，门面八间三层，共有房三十间。康熙四十七年（1708）士绅捐建，琼山知县王赟负责建成。

海口城位于琼州府城的西北十里处，当时还是一处防御设施。初建于明洪武年间，都指挥华茂为了防御倭寇修筑。清代顺治年间，兵学道林嗣环、知府朱之光等捐资重修，其后因台风等因素多次毁坏，又多次重修，康熙十一年时，海口城周五百五十丈，高一丈七尺，广一丈三尺，雉堞九百八十二，濠四百六十五丈。

盐灶路。又名八灶街。八灶街一带原来有八个村，从清朝初年开始，先后形成了老庙、新庙、上灶、下灶、博义、六灶、七灶和八灶等八个村庄。以后流传着这样的顺口溜："老庙抓鱼虾，新庙拿竹竿，上灶跑临高，下灶贩盐卖，博义煮盐忙，六灶破竹竿，八灶挑大粪"。意思是说，老庙村主要在海滩抓鱼摸虾；新庙村主要拿竹竿撑船到近海捕鱼；上灶村主要跑临高地区做生意；下灶村主要从事贩卖盐的生意；博义村主要以加工煮盐为主；六灶村主要从事破竹竿编织加工竹笼销售；八灶村从事挑粪种田。由于七灶村20世纪前期已经消失，因此顺口溜没有提及。

（二）交通设施

陆路交通 以琼州府城为中心，形成东、西、中各个方向的交通路

[①] 《清会典事例》卷三九七《讲约》，中华书局，1991，第4页。
[②] 《清会典事例》卷三九七《讲约》，第4页。

线。设置铺舍，总铺在琼山县治东一里。东路：经张吴、卢浓、抱龙、迈舍、赤草、那丹等铺至崖州。西路：经二水、叶里、五原、石山等铺至崖州。中路：经谭押、挺村、迈丰、博门等铺至会同县。

水路交通 海口境内河流、湖泊众多，水路交通发达，渡口设施众多，由官府出资买船，派编渡夫名额，官给工食。清代有博冲渡、榕树渡、蚬村渡、本利渡、麻鱼渡、顿打渡、渡头渡、杨村渡、潭口渡、龙塘渡、麻钗渡、梁陈渡、麻蓬渡、三合渡、博通渡、海口渡、新埠渡等。

沿海港口 海口港（在郡北海口所北，官员从此渡海，通商舶）、神应港（在白沙津）、小英港（府城西北十里）、麻锡港（在府城东北四十里）、东营港（府城东十里）、博茂港（县东十五里）、烈楼港（县西二十里，此处渡海最近）、北洋港（在县东三十里兴仁都）、新溪港（在县东五十里演顺都，与文昌交界。明万历年地震沉陷数十村，名为新溪。与铺前港相通，海船出入，内通三江，有渡船往来）、白沙河港（在海口东三里，乾隆六年，监生陈国安、生员钟世圣、杨翔凤向政府申请，修通白沙尾至海口，通客船）。

对外交通 从海口渡海到徐闻有三个港口：一是海口官渡，二是白沙古渡，三是烈楼渡。从海口都渡海至徐闻踏磊浦，顺风半日可至。烈楼渡到徐闻车轮浦较近。开船要看潮汐，海南道副使程有守刻"潮信碑"立于海口天妃庙前。

渡口有官渡有私渡，官渡有官府出资造船，安排舵工、水手。乾隆三年（1738），雷琼道刘庶申请海口、海安各增设班渡船三只、小三板船各三只，以便仕商往来渡海。同年七月经署抚都院王谟提请批准增设："其船式按照水师营拖风船式，其造船工料费用在于落地税羡银内动支，其大小修拆造例限俱照营制遵行；每船召雇船户舵工并水手共一十四人，其工食在于司库耗羡公用银内支给。"① 新埠渡是私渡，乾隆三年，当地人林时富捐造渡船，并买田以给渡子工食。

---

① （清）杨宗秉纂修《乾隆琼山县志》卷二《建置志》，第97页。

（三）军事设施

清代在海口设有海口左营、海口右营、海口水师营、巡警等。驻海口的军事机构有琼州水师副将（后改为参将）署、海口水师营中军守备署、军装火药局和仓廒等。同治年间，海口左右营有绿营兵 1687 名，海口水师营 910 名，分城内守备兵和非城内守备兵，包括马哥兵、排刀兵、大炮台、马枪兵和藤牌兵等。

第二节　社会经济的发展

（一）农业

海口境内一带农业条件好坏不一，总体上来说肥沃的土地较少，明末清初人屈大均在所著的《广东新语》中将海南农田列为下下等："盖琼田滨海洋者，苦风涛变为斥卤；附黎人者，患剽劫渐致污莱，惟居中一带稍膏沃。然春秋之间，洪水横溢，又往往以淡伤为苦。故岁中亩无半收，田皆下下，即上田每亩不过五斗。三农率贪天功，所谓上次者不可得也。"①

琼山县粮食作物主要有稻（粳、秫二种。粳者曰白芒、曰香秔、曰乌芒、曰珍珠、曰鼠齿、曰早禾、曰占稻、曰山禾。秫者曰光头、曰九里香）、黍、金黍、牛黍、麦荞麦、薏苡仁、稷（有鸭脚、狗尾、大粟数种）、菽（有黄、黑、绿数种）、芝麻、薯（甜、蔓二种，曰鹿肝，曰铃蔓）、蓣（坡、水二种：坡曰麦蓣，曰鸡母蓣，曰东蓣，水曰水黎蓣）、三年蓣、红薯、苻苡、甜娘、南椰面等。

蔬菜种类有芥菜、萝卜、苋菜、甜菜、生菜、茼蒿、东风、菠稜、芫荽、苦菜、苦荬、地达、荜拨、银蓣、白花、鹿耳、荸荠、芹菜、蕹菜、荇菜、绿菜、海粉、头发、青苔、笋、菌、姜、茄子、葱、珍珠葱、蒜、韭、牛菱田艾、冬瓜、丝瓜、苦瓜、黄瓜、西瓜、班瓜、甜瓜、香

---

① （清）屈大均：《广东新语》卷一四《食语》，第 376～377 页。

瓜、匏芦、丹瓜、南瓜等。

在粮食作物中，薯蓣占有十分重要的地位。清人李调元《南越笔记》记载："旧珠崖之地，不业耕稼，惟种甘薯，秋熟收之，蒸晒切如米粒，仓团贮之，名曰薯粮。"① 薯蓣在海南饮食中的地位甚至超过水稻。

清代兴修了许多水利设施，促进了农业生产，如林村闸坝，在县东南五里顿林都，乡人以石闸坝开渠引水，灌田二十余顷。博冲车坝，在县东南顿林都，源自西湖，流经响水桥、英吴桥至博麻村，会南渡江，前人作坝，转车升水溉田。滨瓮圩岸，在县东南十八里，自上那邕都达于顿林都，乾隆十一年（1746），知县杨宗秉据吴承机等呈圩岸被破坏，随经勘验，捐钱十千文俾速修复。谕令架造水车，不许横截河流，并不得蓄水养鱼，以致下流淹浸，而争端庶几永绝矣。塘心陂，在县东南十里，乡人颜仲阳筑，长六尺，阔一丈，瓮水灌田十余顷。博历圩岸，在县东南二十五里洒塘都，筑一百余丈，开渠引水灌田。潭罗陂，在大小英都，源自抱皇山坡下涌出至此，乡人于上流筑陂塘，灌田十顷。潭溪陂，在县东三十里小林都，源自那庭田涧流出，乡人用石堵塞海潮，引水灌田。绿松陂，在县东三十里小林都，源自灵山旧涧流出，乡人筑土陂，引水灌田。五丈塘闸，在县西五原都，源自洋浚南，延流至五原桥下合流，乡人每里筑一陂，名曰塘闸，涝则开，晴闭，引水灌田。大潭陂，在兴政乡，陂开九闸，随旱涝开闭，灌田七十余顷。桥冲陂，在烈楼都，陂开七闸，灌田六十顷。那洋陂，在烈楼都，源自南岩，涌出成溪，乡人筑陂，灌田五十顷。南赖陂，在县西南七十里迈别都，水源自石册流出，乡人筑坝引水以灌田。东屯塘在苍原都，乡人筑岸，灌田八十余顷。圆山塘，在圆山村前，涧涌泉成塘，乡人筑堤，灌田数十余顷。潭宅塘，在自雷虎都入塘作堤，灌田一百余顷。南天塘，在梁老都，源自雷虎云裔山流入塘，乡人置水车，灌田一十余顷。迈容车坝，在县东南八十里苏寻都，自迈容起，至戴塞十里许，引溪作水车，灌田千余顷。桑茂圩岸，在县东南八里顿林都，康熙五十一年（1712），雷琼道申大

---

① （清）李调元：《南越笔记》卷一，第6页。

成、知府林文英、知县王贽筑滚坝,启三门,架桥于上。水大从坝泄去,小则蓄以溉田,称两利焉,五图士民赖之。①

海南农业供给大米不足,自唐宋以来依赖输入。海南以土特产交换外来的粮食,在正常年份琼州府主要仰食于"素称产米之乡"的雷、高、廉三府。在歉收年份,官方曾拨运广州府属仓粮前往琼州接济。屈大均《广东新语》卷一四曰:"琼州人皆从事贸易,不甚力耕,禾虽三熟,而秔稌往往不给。"琼山县依然是"每年所产谷石不敷民间日食之需"。

(二) 手工业

手工业有家庭纺织业、木工、竹工、陶工等多种,其中最有特色的有织席业、制椰器等。

织席业 海南植物茂盛,遍地生长着各种热带植物,当地人利用这些植物编织生活用品,海南利用的植物类型主要有椰子、槟榔以及各种藤条。海南各地均有编织,其中尤以定安、澄迈等地有名,清人《南越笔记》记载:"琼有藤席,有定安席,有椰叶席、槟榔席,皆席之美者……又澄迈染茜草为饬,久而愈滑,曰黄村席。又琼有红竹筵,除潮有流黄席。"② 而且还采用了染色等技术。

椰器 椰子树是热带和亚热带地区的特有植物,海南各地均有生长,海南人利用椰子制作各种椰器。从汉代开始,用椰子制作的物品就输到内地:"琼州多椰子叶,昔赵飞燕立为皇后,其女弟合德,献诸珍物,中有椰叶席焉。椰叶之见重也,自汉时始。"③ "粤人器用多以椰,其壳为瓢以灌溉,皮为帚以扫除,又为盎,以植挂兰桂竹,叶为席,以坐卧,为物甚贱而用甚多如此。"④ 椰器在海南各地均有生产,其中尤以文昌县铺前镇生产的椰器闻名遐迩,《南越笔记》记载:"凡椰出于琼者,处处相似,独文昌铺前所产者大小形殊,小者至如拇指,作杯以此为贵。椰壳有两眼,谓之萼;有斑缬点文甚坚,横破成碗,纵破成杯,以盛酒,

---

① (清) 李文烜:《咸丰琼山县志》,第78~87页。
② (清) 李调元:《南越笔记》卷六,第278~279页。
③ (清) 李调元:《南越笔记》卷一三,第306页。
④ (清) 李调元:《南越笔记》卷六,第281页。

遇毒辄沸起，或至爆裂……椰杯以小为贵。一种石椰，生子绝纤小，肉不可食，止宜作酒杯，其白色者尤贵，是曰白椰。"①

（三）贸易

康熙二十四年（1685），清政府废除南宋时期成立的琼州市舶分司，在东南沿海分别设立江、浙、闽、粤等四个海关，在广州新设的称为"粤海关"。"粤海关"下设7个总口，征收商税，其中，琼州所设海口所关部是其中之一。海口总关下辖8个分口，12个分卡。分别是铺前分口（塔市分卡）、清澜分口（烟墩分卡、林桐分卡）、沙老分口、陵水分口（灶新分卡、藤桥分卡、坡头分卡）、乐会分口、北黎分口（板桥分卡）、崖州分口（三亚分卡、榕树分卡、佛罗分卡）、儋州分口（海头分卡、海昌分卡）等。在海南征收蕃舶香料税、花梨税、槟榔税以及杂物税等。海口总口设在今海口新华北路，专司检查货物、征收关税、船税和规礼等职。海口总口初由粤海关监督派员管理，以后监督裁撤管理几经移易，或由巡抚，或由广州副将，或由粮道，或由将军派员驻管其事务。

海口民间贸易也十分繁荣，清代琼山县有墟市44个。康熙年间墟市总计有那抽市（托都）、石桥市（宅念都）、旧州市（博盛、麻钗二都）、烈楼市（本都）、藻山市（射钗）、塘萌市、东头市（博茂）、大林市（本都）、迈敖市（下石山）、博庵市（白石都）、道畔市（大小英、泰英）、乾桥市（大挺都）、岭脚市（麻长）、群荡市（洒塘）、龙塘市（洒塘）、东新市（下东岸）、灵山市（英岳、张吴、英华、振文、种秀五图）、坡茅市、五原市（本都）、谭文市（官隆三）、博堂市（石山市）、那邕旧市（加柄市 苏寻三、调塘一）、大井市（迈堂市）、大埇市、石桥市（宅念都）、新那邕市、塔市、赤草市（大摄一都、二都）、雷虎市（本都）、苍驿市、迈党市、崩溪市（射钗）、那洋市（上东岸）、崩沟市、迈犊市、桥头市、屯昌市（西黎）等。清时期的墟市可以分为若干类型，从时间上划分，一是恒市。这类市不受时间限制，可以日常贸易。二是间隔定期。三是限定时间的市。明代海南各州县的市属于这

---

① （清）李调元：《南越笔记》卷六，第280~281页。

些类型，说明交易活动已经常规化。

第三节 人口和社会阶层的分化

清代海南总人口继续大幅度增长，顺治九年（1652）的海南人口数量133232人；康熙三十一年（1692）的人口数量101516人；到嘉庆二十三年（1818），即约在一百多年后，海南人口数量增至728889人，比康熙年间约增长了七倍；到道光十五年（1835），海南人口数量达到1250981人。① 海南人口从清初的13.3万，到嘉庆年间的72.8万，再到道光十五年（1835）的125万，在不到二百年的时间内，人口增长了近十倍（见表7-1）。

表7-1 清代琼州府人口数量

年代	人口数量
顺治九年	133232
康熙三十一年	101516
嘉庆二十三年	728889
道光十五年	1250981

清代，琼山、澄迈仍是人口密度大县，说明这一时期外来移民主要集中居住在海南北部、东部地区（见表7-2）。

表7-2 道光十五年海南各州县人口分布

州县	人口数量	比例（%）
琼山县	206758	16.5
澄迈县	147253	11.8

---

① （清）明谊修，张岳崧纂《道光琼州府志》卷一三《经政卷》，第587页。

续表

州县	人口数量	比例（%）
文昌县	138445	11.1
万宁	113680	9.1
儋县	111180	8.9
临高县	101132	8.1
定安县	86688	6.9
琼东县	81697	6.5
陵水县	57074	4.6
昌化县	55636	4.4
崖县	54573	4.4
乐会县	53591	4.3
感恩县	43274	3.5
合计	1250981	100

资料来源：陈献荣：《琼崖之居民》，转引自詹慈编《黎族研究参考资料》，广东省民族研究所，1983，第256页。

清代户籍结构与明代类似，不过，军、灶、疍等户籍逐渐向民户转化，也就是从半贱民向自由民转化。一是疍籍转民户。澄迈县东水都在明代原是疍户，隶属河泊所，"惟采鱼办课"，到清代，"近因买有司田多，始告立民疍籍"。澄迈县那留都、安调丰都是民疍户，崖州的保平里、番坊里、望楼里、所三亚等"四里属河泊所，番疍采鱼纳科，多佃食民田"。① 疍户开始佃田。二是灶籍转民户。澄迈县永和都原是灶户，到清代转为民户，"米在县纳，丁在府输"。② 陵水县岭脚乡那亮乡一图是民灶户，文昌县青蓝都五图当中其中一图是民灶户，文昌县迈陈四图中，其中二个图是民灶户。③ 三是军户转民户，清初废除卫所制度，革

---

① （明）戴熺、欧阳灿总裁，蔡光前等纂修《万历琼州府志》卷三《地理志》，第113页。
② （清）龙朝翊主修，陈所能纂修《光绪澄迈县志》卷一《舆地志》，第64页。
③ （清）马日炳纂修《康熙文昌县志》卷一《疆域志》，第34页。

除军户归民户。到清代初期，疍、灶户已经不多，顺治九年（1652），琼州府总人口133232丁口，其中"故绝并疍灶无产椿丁共11401丁口"，主要分布在崖州、澄迈、定安、乐会、会同、昌化、陵水、感恩等八州。

第四节　教育、科举和文化发展

（一）教育

清代沿袭明代教育和科举制度，但也进行了许多改革，在地方教育体系方面，清代书院官学化程度更高，私塾教育成为科举应试的预备性教育。在科举考试方面，清代科举防范措施完备，场规周密，对考试舞弊者的处罚较重。尤为突出的是这一时期的教育已成为科举制的附庸，教育完全为科举服务。

清代琼州府、琼山县儒学和书院大体沿袭明代，设有府学、县学、社学和义学等各类学校。官办的府学、县学和私人所办的书院、私塾教育共同构成了地方教育体系，其教学内容由中央钦定的四书五经等儒家经典为中心以及皇帝的各种圣谕。

社学　在海口城内。康熙十八年（1679）由道府县和士民募建。大门三间，讲堂三间，房内祭祀魁星和梓潼帝君。大门外凿东西月池，池内种植芙蕖。宾荫社学。乾隆八年吏员吴义宗建，在大那邕宝荫村，一座三间。

义学　有南开义学，康熙二十五年雷琼道副使程宪、郡守佟湘建，在乡约所后。府治义学，康熙四十一年建知府贾公棠建，在府大门内右。同治八年（1869）琼州太守戴肇长所撰《建义学记》称："从来郡治，以教学为先，小学实学者始进之阶。余来琼州，在城内设府义学，议定章程，择老成自爱儒士为童子师，认真教读，爱筹款五百五十金生息，禀请立案为永久经费，并通饬所属一体筹建，不数月间，琼山设义学二十九所。"

书院　清朝对书院采取抑制政策，故书院规模稍逊明代。从乾隆元年（1736）起，和官府办的儒学一样，规定必须以皇帝圣谕和儒家经典为主要课程。据方志记载,琼山有琼台书院、雁峰书院、海门书院、乐大书院、苏泉书院等,其中以琼台书院最为著名。琼台书院设在府城,于康熙四十九年由巡道焦映汉创建,扩建于乾隆十八年。书院的主建筑有乾隆年改建的魁星楼,砖木结构,琉璃瓦顶,飞檐雕花,朱红圆柱,彩色地板,室内陈设古雅,有学田二十五块供给师生的伙食和其他费用(见表7-3)。

表7-3 琼山书院名录

名称	年代	详情	今址
琼台书院	康熙四十九年(1710)	雷琼道焦映汉建,集全部生童肄业	今琼山府城
苏泉书院	乾隆十年(1745)	琼州知府于(雨沛)等改建	今琼山府城
雁峰书院	乾隆三十六年	邑绅吴福等八家捐建	今琼山府城
珠崖书院	康熙四十一年(1702)	即府治义学。知府贾棠改建	今琼山府城
乐古书院	道光七年重修(1827)	禀生陈瀛、柯拔萃捐建	今琼山府城
翰香书院	咸丰二年(1852)	附贡王中裕、吴攀桂等捐建	今琼山十字路
环江书院	咸丰五年	贡生张伯琦等建	今琼山演三
炳文书院	咸丰六年	乡绅高锡淳建	今琼山旧州
开文书院	光绪元年(1875)	乡绅公建	今琼山府城
研经书院	光绪十年	邑绅冯骥声建	今琼山府城
五公书院	光绪十四年	官绅合建	今琼山
应元精舍	光绪十四年	贡生陈延芬改建	今琼山灵山
凌霄书院	光绪十九年	知县张士埕建	今琼山石山
鹊峰书院	光绪二十年	邑绅陈彝谦建	今琼山美安
东山书院	光绪二十二年	邑绅王鸣章建	今琼山东山
月湖书院	光绪二十六年	乡绅建	今琼山谭文
清泉书院	光绪年间	(不详)	今琼山谭文
海门书院	雍正年间	郡人陈国安等建	今属海口
瀛海书院	乾隆三十一年	生员严孔炽建	今属海口

资料来源:《琼山国家历史文化名城》,东西文化事业公司,1999,第181页。

（二）科举

清代海南登进士的共 21 人，其中琼山县 6 人，定安 4 人，会同 3 人，文昌 5 人，澄迈 1 人，儋州 2 人，万州 1 人。中举人者共 178 人，其中以琼山县占 53 人，为各州县之冠（见表 7-4）。①

表 7-4　清代琼山进士名录

姓名	籍贯	年代	科别	榜名	名次	任职
谢宝	龙岐人	雍正二年（1724）	甲辰科	陈德华榜	三甲第 143 名	肇庆府学教授
吴典	府城人	乾隆三十四年（1769）	己丑科	陈初哲榜	三甲第 47 名	翰林院编修
王斗文	长流人	乾隆三十六年	辛卯科	黄轩榜	三甲第 6 名	未仕
王之藩	永兴人	乾隆四十五年	庚子科	汪如洋榜	三甲第 25 名	韶州府学教授
李琦	东岸人	乾隆四十九年	甲辰科	茹棻榜	三甲第 6 名	国子监学正、知县
陈琼	兴义人	乾隆五十二年	丁未科	史致光榜	三甲第 86 名	知县
张文熙	府城人	道光二十七年（1847）	丁未科	张之万榜	三甲第 98 名	知县
丘对欣	西厢人	咸丰六年（1856）	丙辰科	翁同龢榜	二甲第 60 名	知县、知府
郑天章	荣山人	光绪二年（1876）	丙子科	曹鸿勋榜	三甲第 99 名	知县

资料来源：《琼山国家历史文化名城》，东西文化事业公司，1999，第 196 页。

（三）乡土文化

明清时期，海南人才鼎盛，涌现出丘濬、海瑞、钟芳、邢宥、王佐、唐胄、王弘诲等杰出士大夫，他们吸收了传统士大夫喜山乐水的风尚，恣意畅游家乡的山山水水，创造出丰富的文学作品。海南本土士人广泛游览海南岛，并通过诗、赋、记等多种文学形式抒发自己的情怀，留下了丰富的旅游文学作品。海南乡土文化主要表现在个人文集、地方志当中。丘濬是海南最负盛名的岭南大儒，有《丘文庄集》。唐胄是明弘治十一年乡试第二名，著有《西洲存稿》、《传芳集》等。张岳崧是嘉庆十

---

① 杨德春：《古代海南岛的科举和教育概况考略》，《海南大学学报》1984 年第 2 期，第 18~20 页。

四年（1535）恩科殿试一甲第三名，海南历史上唯一的探花，著有《钧心堂文集》。另外，海瑞的《海瑞集》、王弘诲的《天池草》、白玉蟾的《白玉蟾集》、张岳崧的《筠心堂集》、钟芳的《筠溪文集》、邢宥的《湄丘集》、陈繗的《唾余集》、陈是集的《中秘稿》、张子翼的《张事轩摘稿》、郑廷鹄的《石湖遗稿》、林士元的《北泉草堂遗稿》、梁云龙的《梁中丞集》、许子伟的《许忠直集》、王懋曾的《松溪小草》、王承烈的《扬斋集》、韩锦云的《白鹤轩集》、林燕典的《志亲堂集》、云茂琦的《阐道堂遗稿》、冯骥声的《抱经阁集》、潘存的《潘孺初集》、陈是集编的《溟南诗选》等，这些诗文集中保留了海南士人的大量旅游文学作品。

海南乡土旅游文学非常广泛地描写了海南的风土人情和自然景物：（1）对热带作物的描写。王佐有《荔枝》、《波罗蜜》、《食槟榔》、《食槟榔白》、《龙眼》、《刺桐》、《葵花》、《珍珠麦》、《野茶》、《益智子》、《天南星》、《琼枝菜》、《槟榔》、《鸭脚粟》、《虞美人草》等；王弘诲有《荔枝》等。（2）对海南自然景观的描写。丘濬有《题五指山》等；王佐有《小洞天》、《石船》、《澹庵井》等；王弘诲有《登文笔峰》、《铜鼓岭观海寄贺明府》、《五指参天峰和丘文庄公韵》等；许子伟有《文笔峰》、《五指山和丘文庄公韵》、《海口渡》、《马鞍冈》、《咏玉泉铭》、《龙梅塔》、《寄题试剑峰大小洞天》、《寄题澹庵泉》、《文峰览胜》、《登苍屹山》等；郑廷皓有《苍屹山》、《仙人峒》、《五指山》等。（3）对文化遗址的怀古。王佐有《问汉亭》；王弘诲有《谯国冼夫人庙诗》、《吊少傅丘文庄公墓》、《吊宫保海忠介公墓》、《登万州东山题壁》等；许子伟有《挽海忠介公》、《古珠崖》、《琼台怀古》等。（4）对州县景观的描写。明清时期海南一些州县已经遴选出"八景"、"十景"等，比如文昌八景、会同八景等，甚至一些景观也有"八景"，比如定安建江楼八景、山椒庄八景、潭丽八景等。许多景观有诗，比如王佐有文昌八景诗。（5）景观唱和诗。以某景观为题和韵唱和的诗在明清蔚然成风，比如以文笔峰为题，明代朱之蕃、陶望龄、吴敬、于慎行、黄鳌、魏学礼、莫绍德、许忠直、王弘诲、莫瑞堂等有诗；以五指山为题，方厚、王弘诲、王佐、夏升等有诗；以黎婺山为题，苏轼、邓钟、曾忠、莫绍德等有诗；以马鞍岭为题，于慎行、董其昌、吴国伦、王弘诲等有诗。（6）咏家园风光诗。张岳崧有《园势岭》、《挂榜山》、《香炉墩》、《大鼓坡》、《狮子山》、《琴岭》、《水坛井》等。

第五节　丰富多彩的社会生活

服饰　海南特色服饰是戴笠或缦布帕。海南地处热带，日照强，为了防晒，人们多戴笠和缦布帕。笠是使用不同植物原料编织成的，有藤笠、葵笠、竹笠等。用椰叶编织成的笠从汉代就已经有了，据《南越笔记》记载：" 琼州人无分男女，首皆戴笠，以竹丝为之。其用椰叶为笠者，贵之也。以为席，则贱之矣。"① 缦布帕是一种没有花纹的丝织品，海南各州县基本相似。

饮食　海南各地饮食方式略有差异，其中煮粥最为普遍。《琼山县志》记载：" 日用饮食，槟榔为命，岁歉亦藉薯芋为粮。"薯蓣是重要补充，"蓣芋多代菽麦"。②"食物以米为大宗，薯芋、山薯、黍粟为辅。"③ 这种饮食结构一直到民国时期都是如此。琼山人喜欢饮酒。所饮酒多为自酿，酿酒的原料有粳米、黍、稷、薯蓣等。酒有天门冬酒（苏轼造）、老酒、鹿蹄酒、烧酒、黄酒、捻酒（捣捻子酿）、荔枝酒、菊花酒、桂酒（苏轼造）、甜酒等。④

居住　琼北地区是汉人居住较早的区域，受内地建筑风格影响最大。清时期，琼山县"民居一室两房，栋柱四行。柱之大者圆径尺，中两行嵌以板，旁两行甃以石，俱系碎石，用泥甃成，富者加以灰墁。其木以石梓、波罗蜜为上，胭脂、海梅次之。若杉木则来自潮州，黄棱则来自

---

① （清）李调元：《南越笔记》卷一三，第45页。
② （清）王赞修，关必登纂《康熙琼山县志》卷一《疆域》，第24页。
③ 陈铭枢总纂《海南岛志》，第127页。
④ （清）王赞修，关必登纂《康熙琼山县志》卷三《地理志》，第49～50页。

外国，皆木之入格而可购采者。"① 只有公署和少数官宦居室使用梁栋，居室稍为坚固。

婚礼 婚姻习俗与大陆婚俗有类似之处，《咸丰琼山县志》：男女订婚，一般都是通过媒人说合。订婚时间，女子在 10 岁前。经媒人说合，男家备酒肉月饼送往女家，称作"讨真命"。等到十五六岁，男家再备具酒肉金钱送女家，谓之"押命"，或称"出槟榔"，当日男女家均大宴宾客。订婚用槟榔，称为"吃槟榔"、"吃某氏槟榔"。琼山县"至婚礼，媒妁通问之后，盛以大盒送至女家，女家受之，即为定礼。凡女子受聘者，谓之吃某氏槟榔"。婚姻重门第，讲究门当户对。琼山县"习尚重门第，谨结纳下户，奉巨室咸以官呼之，有新起家者，故族犹耻与援"。婚礼一般在每年的十一、十二月举行。四月八日是佛诞日，六月六日是海南祭灶日，都是吉日。每年正月初十至十五之间是有情人"私奔"的日子，清人屈大均《广东新语》记载："琼州风俗之敝，尤在上元，自初十至十五五日内，窃蔬者、行淫奔者，不问，名曰采青。"②

信仰 清时是海南信仰推广定型时期。据《咸丰琼山志·建置志》曰："郡城、海口，每坊中莫不有所祠之神，各村各乡亦莫不有所建之庙。"③ 庙坛建置已经遍及各个乡村。民间对鬼神的信仰已经非常普及。清代琼山信仰是前代的延续，同时有所发展。官府设置的祭祀场所有：社稷坛（在城西北，康熙二十七年重修）、风雨雷电山川坛（乾隆四年建于城西北角）、先农坛（雍正六年建）、城隍庙（康熙十四年建）、风神祠（在东关外）、龙王庙（在城东北，乾隆十七年巡道德明捐建）、火神庙（在城南，道光二年知府史祐建）、文昌宫（在城东北，嘉庆十四年知府张增捐建）、关帝庙（在府署左）、天后庙（在海口所）。另外还有大量民间建立的祭祀寺庙和道观。其他信仰还有很多，比如生育神，在琼山县南七里处有小灵山庙，"士民祈嗣应如影"。④ 泰华庙是医疗疾

---

① （清）李文烜修，郑文彩纂《咸丰琼山县志》卷一《疆域》，第 52 页。
② （清）屈大均：《广东新语》卷九《事语》，第 302 页。
③ （清）李文烜修，郑文彩纂《咸丰琼山县志》卷五《建置志》，第 245 页。
④ （明）戴熺，欧阳灿总裁，蔡光前等纂修《万历琼州府志》卷四《建置志》，第 167 页。

病的神，在琼山县兴义图，"疡疥疾求之立效，每诞节诣庙拜祝者以千百计"。① 当然也有许多神灵是综合性的，凡民间有求必应。

民间崇信巫术，清《南越笔记》记载："女巫，琼州特重，每神会必择女巫之妓少者，唱蛮词，吹黎笙以为乐，人妖淫而神亦尔，尤伤风教。"② 盛行灶卜，"事有难决，常以灶卜。其法：候初更后，焚香祝灶神，禀卜其事，注水釜中，以饭勺绕转，看勺柄向何方，随持镜及剪刀适其方听人言语，得二三句即止，不听，举剪一截而归，以其语卜休咎，每有奇验"。③ 等等。

佛教 相对于道教而言，佛教信仰较弱。"佛教在海南不甚普遍，自昔名师大德南渡者少，丛林刹宇至为寥落。东北诸县接近大陆，风气较开，城厢之间偶有禅刹，春秋佳日，士女礼拜者尚不乏人。琼城北郊天宁寺最为宏敞。"④ 天宁寺在琼山府城北一里西厢，宋建，元明多次修建、改名，至明永乐年间知府王修扁其门曰"海南第一禅林"。

道教 道教在海口十分普及，几乎每村均有道观，据《海南岛志·宗教》记载："道教之在本岛，几于无地无之。羽流不栖道观，散处农村间，操家常职业，与常人无异。每一地方皆有一二先辈道士，称为师傅。凡学道者，须在道场跟随学习。师傅认为已成业，则为之起道名，给道印，授以道职，然后可出而应世人之请求而营其道业，地方为亦遂信仰之。凡道士有职者，其服装皆有一定，袍红而长，博其袖；帽黑顶尖，向前后斜。一般人民崇信道教甚笃，无论超亡禳祭，斋醮祈福，什八九延道士为之。"⑤

岁时民俗 清代岁时习俗是明代的延续。正月。"立春"前一日，府县官至东郊迎春馆，街坊各扮杂剧会聚，俟祭句芒神毕，前导土牛，自河口过南桥，从西门入府。人争撒豆谷，谓可消痘疹。亲邻以春饼相馈遗。自"元旦"至四日各相拜贺。初三，书帖钉赤口，谓之"禁口"。

---

① （清）李文烜修，郑文彩纂《咸丰琼山县志》卷五《建置志》，第241页。
② （清）李调元：《南越笔记》，第200页。
③ 林带英、李种岳纂修《民国文昌县志》卷一《舆地志》，第63页。
④ 陈铭枢总纂《海南岛志》，第265页。
⑤ 陈铭枢总纂《海南岛志》，第265~266页。

六日后，坊间村落行公傩礼，设醮迎神，悬符逐疫。立天灯，作秋千，每夜张灯，或为鳌山诸灯，名称不一。每夜群游，放烟火，环街出谜灯。用糯米制丸，谓之"元宵"，以贻亲邻。"元夕"，乡落二、三十里者，咸入城聚观，郭门弛禁。各处会首集众作"上元道场"，建幡结彩为鳌山，祝圣寿，祈年丰。亲朋具香花佐供奉，列金银彩缎为贺，以丰者为荣。

二三月。扫墓添土，剪除荆棘，谓之"拨墓"。"清明"，家家折柳，于各门户、神堂插之。

四月。八日，浮屠氏以五香和蜜水浴释迦太子佛，谓之"龙华会"。以浴佛水分送檀越。乡落以木刻龙祀本境庙中，竞唱龙歌，抛鸡入溪水洗之，谓之"洗龙"，加以绘饰。

五月。"端阳节"，自五月一日至四日，各迎本境之龙，于会首家唱饮。先密作歌赋，以帕结之，悬龙座前，独露韵脚一字，俾会中人度韵凑歌。得中歌句者，按字多少以钱扇如数酬之。至五日，各村之龙咸会大溪，竞渡夺标，两岸男妇聚观。郡城于南湖及海口港内彩扮龙舟，或结彩船，沿河唱饮。亲朋以角黍相馈遗。孩童小女各系香囊，彩缕缠臂，涂雄黄。饮菖蒲酒，折艾悬门，采草花相斗较胜负。取菖蒲及百卉有香气者，浸水沐浴。士伍跨马挟弓矢会教场，插柳枝较驰射，名曰"剪柳"。城中人缚竹为船，用五色纸糊饰，鸣钲鼓沿街作竞渡状，名曰"旱船"。儿童斗蟋蟀。十一日，扮杂戏，迎"关帝君会"。十三日，毕集庙中赛，愿祈保者各带枷锁，有执刀伫立王像前三日者，谓之"站刀"。甚有剪肉焚捍，腰臂各刺箭刀者。

六月。六日祀灶，晒衣祛蠹。

七月。"七夕"乞巧。用彩色纸糊制冠履衣裙，备牲醴，祀祖先，谓之"烧冥衣"。富家斋醮，焚纸衣以赈孤魂。十五日，城落寺庙作"盂兰会"。

八月。八月望玩月，制面为团圆饼，蒸天南星，去皮食之。小儿引蜻蜓为戏。

九月。九日，士民携酒登高，或咏赋。儿童作大小纸鸢斗胜，又截木相击为胜，及旋圆木引绳相赛，名曰"得乐"，间用竹筒为之，名"响（口雍）"。

十一月。"冬至"交相贺。

十二月。腊月二十四日，取竹枝扫屋尘，换炉灰。是夕"祀灶"，宣灶经，送灶君朝帝。"除夕"，设酒肴祀祖，又谓"辞岁"。子妇辈盛大列酒馔，供父母围炉。夜燃灯门外，焚辟瘟丹，放爆竹。一鼓，复设酒果迎灶君。将扫尘竹（竹条）及敝帚、尘土盛以旧箩内，燃灯列馔送之郊外，谓之"送穷"。家人燃灯，共坐不寐。夜分挂楮币，贴门联，易门神、桃符。节序所尚，类如此。①

第六节　灾荒与救济制度的完善

清代琼山县志对灾荒的记载十分详细，琼山县从清初到清末共发生各类灾荒44次。②灾荒的类型主要有飓风、水灾、旱灾、蝗灾、地震、寒灾、瘟疫以及兵祸等等。

台风　康熙十九年（1680）秋，"琼州大风拔木"。乾隆三十三年（1768）六月十八日，"琼州飓风大作，毁官署民房无算"。飓风使民众无家可归，流离失所。

水灾　康熙十三年五月，"琼州海水溢，民舍漂没入海，人畜死者无算"。③康熙二十五年十一月，"琼州大雨连日如注，民舍多圮"。乾隆四年六月，"琼州霪雨阅月"。

旱灾　《清史稿》卷四三《灾异志四》记载：康熙四十年九月，琼州旱。康熙四十五年春，琼州旱。

寒温、冰雹　海南地处热带地区，但偶尔会发生寒温、冰雹等灾害。

---

① （清）李文烜修，郑文彩纂《咸丰琼山县志》卷二《舆地志》，第52～54页。
② （清）《嘉庆澄迈志》、《民国文昌志》、《民国琼山县志》等。
③ 分见赵尔巽《清史稿》卷四〇《灾异志一》、卷四二《灾异志三》，第1487、1573页。

康熙四十六年，"琼州雨雹，大如拳。"①

瘟疫 《康熙陵水志·地理志》曰："（海南）日色最毒，能裂人肌肤；瘴露又重，且晚触之便生疾病。"② 康熙三十三年秋、康熙四十二年春，"琼州大疫"。③

地震 康熙十九年四月二十五日、康熙二十年七月十七日、康熙二十八年正月十八日、康熙三十四年正月朔、康熙四十一年十二月二十三日，琼州均发生地震。④ 除少数地震造成人员伤亡、财产损失外，大多数地震未造成灾荒。

灾害都会造成大面积的房屋、牲畜和庄稼等财产损失，也造成大范围的饥荒和大量人口的死亡、逃亡等：一是饥荒，如顺治十三年（1456）春，琼州饥。二是逃亡，飓风、水灾、旱灾、地震等灾害所造成的灾荒在海南往往是区域性的，当少数州县发生灾荒后，受灾人口就会四处逃散，逃往其他州县谋生，也有许多灾民越过琼州海峡到雷州半岛甚至更远的地方求食。

海南地处热带，地广人稀，陆地和水中动植物丰富，当发生的灾荒不太严重时，海南民众一般能够自救，乾隆年间陵水知县瞿云魁曰："陵（水）虽僻壤，土沃民淳，剥芋烹崧即可以代菽粟，采鱼捕蛤更可以易饔飧，以故道无乞儿，其风之美洵，不数数见。"⑤ 其实不仅仅是陵水一县如此，海南其他州县也是如此，都能够捕捞水中的鱼虾、采摘树上的野果充饥，以度荒年。顺治九年（1652）二三月，"岁大饥，斗米价腾三两。草根木实，无不掘尽……食芦鼓心，掘山薯，煮荜拨，复相率竟掘红薯。王村一带竹树生子，其粒如米可食，群争集采，间有出卖，每升一钱六分。绑头一斤值银一钱，葫芦一枚卖钱一百有奇。既而宰牛，以肉当饭，米贵如珠，肉贱如泥，持米几合亦换数斤。但饥久食多，肿

---

① 赵尔巽：《清史稿》卷四〇《灾异志一》，第1487页。
② （清）潘廷侯纂修《康熙陵水志》卷三《地理志》，第17页。
③ 赵尔巽：《清史稿》卷四〇《灾异志一》，第1487页。
④ 赵尔巽：《清史稿》卷四五《灾异志六》，第1613页。
⑤ （清）瞿云魁纂修《乾隆陵水县志》卷九《艺文志》，第264页。

病死者不可胜数。幸三月末，永泰地方得粟，或籴作羹作粿，苟可延旦夕"。① 在救荒食物当中，其中一些对海南度过荒年非常重要。

薯蓣在灾荒年景也是备荒之物，与海口相邻的澄迈县，据《嘉庆澄迈县志·地理志》记载："岁歉，借薯蓣以为粮"。② 海南薯蓣的种类很多，《道光万州志·舆地略》中记载：代谷救饥的食物有番薯、大薯、小叶薯、叶薯、番帝薯、粳谷薯、甜薯、薯蓣、鹿脚薯、人薯、香薯、血薯、轧葛薯等等。③ 绑头也是救荒食物，但绑头中含有毒素，必须经过处理才能食用，《光绪澄迈县志·舆地志》记载："荒岁贫民取以疗饥。形与葛留、何首乌类。制法与蒒莨同，将煮时置生田鱼于浸水中，验鱼能游为无毒。"另外也有蒒莨，该物也有毒，必须去毒方能食，"俗名黄药子，味苦有大毒，火灰水浸二三宿，煮数次去其毒水，食亦少有补"。④ 等等。

清代继承了明代的仓储制度，同时继续完善仓储，以备救荒。《清史稿》卷一〇《高宗本纪》："冬十月庚子，赈广东琼山等二十四州县飓灾。"⑤

常平仓　常平仓制度最早创建于汉代，由汉宣帝时期大司农中丞耿寿昌创建，丰年籴，荒年粜，官府通过设置常平仓，储粮备荒，平抑粮价，避免囤积居奇，哄抬物价，造成更大的灾荒。汉代以后，常平仓制度废置不常，隋、唐、宋、元均有设置，明代设置预备仓取代常平仓。清代琼州府各州县均设有常平仓。常平仓所储粮食由士民捐输，各州县仓储之间可以互相调拨。常平仓用于平衡粮食市场的粮价，粮贱则籴，粮贵则粜，偶尔也救济鳏寡孤独。

社仓　社仓一般认为是由南宋朱熹创建，后来推广到全国。社仓仿照义仓储粮救荒的精神，只是由乡村自己管理。康熙十九年（1680）下令天下各省府州县设置社仓，"劝谕官绅士民商贾捐输米谷，公举敦重

---

① （清）谢济韶修，李光先纂《嘉庆澄迈县志》卷一〇《杂志》，第456页。
② （清）谢济韶修，李光先纂《嘉庆澄迈县志》卷一《地理志》，第43页。
③ （清）胡端书总修，杨士锦、吴鸿清纂《道光万州志》卷三《舆地略》，第291页。
④ （清）龙朝翊主修，陈所能等纂修《光绪澄迈县志》卷一《舆地志》，第71页。
⑤ 赵尔巽：《清史稿》卷一〇《高宗本纪》，第368页。

良善之人，掌管借贷取息，以备赈济"。雍正二年（1724）再次谕令天下各省府州县设置社仓。①每乡设立社正一人，社副一人掌管社仓。绅士耆民自愿捐输。据《乾隆琼山县志》：下窑塔社仓一座，贮谷一百二十七石三斗三升六合。烈楼市社仓一座，贮谷一百四十六石九斗三升八合。石边水社仓一座，贮谷一百三十石零五斗八升六合。另外，海南卫归并各屯社仓，共劝捐谷一百一十石。内分贮：左所青宁屯社仓一座，贮谷二十三石。左所南黎屯社仓一座，贮谷二十七石。前所徐家屯社仓一座，贮谷三十五石。前所坡口屯社仓一座，贮谷二十五石。

义仓 康熙十九年下令天下各省府州县设置义仓，琼州府以及各州县都设置有义仓，义仓用于赈济灾荒。琼州府义仓是由知府贾棠于康熙年间所建，"劝捐贮谷，以备灾祲。饥则借给民食，输则输还，择里老董之"。②

到清时期，海南已经与琼州海峡对岸的广东、广西形成了共同的粮食市场，顺治九年（1652）、十年"连年大饥，斗米银二两"。康熙二年"岁大饥，斗米银五钱"。康熙二十年"年饥，斗米银二两"。③这时，地方官府和商人就贩海北米救荒，既有官府主持的籴米，也有商人籴米。清代顺治九年、十年，海南连年大饥，"饿殍遍道，赖海艘贩米饥活"。④康熙二年，"斗米二钱有奇，赖通籴于海北"。⑤这样的记载不绝于书，海南和北部的雷州、高州、廉州形成一个共同粮食市场，海南灾荒则籴海北的米接济；反之，高州、廉州灾荒则籴海南米救济，比如同治九年（1870）"十一月冬至间，米一斗二百二千，因高、雷旱，来籴者多，渐贵至三百"。⑥这种情况一直到民国时期依然是如此。

据《清高宗实录》卷三五记载，乾隆二年（1737）正月乙巳载，"广东高、雷、廉三府，素称产米之乡，即海南琼州一府，每年仰食斯

---

① 徐淦等修，李熙、王国宪纂《民国琼山县志》卷六《建置志》，第341页。
② 徐淦等修，李熙、王国宪纂《民国琼山县志》卷六《建置志》，第342页。
③ 李钟岳等监修，林带英等纂修《民国文昌县志》卷一〇《杂志》，第969~975页。
④ （清）张霈等监修，林燕典纂辑《咸丰文昌县志》卷一六《杂志》，第720页。
⑤ （清）谢济韶修，李光先纂《嘉庆澄迈县志》卷一〇《杂志》，第457页。
⑥ （清）宋席珍续修《宣统定安县志》卷一〇《杂志》，第849页。

地，官民隔海买运为常。闻今岁雨泽愆期，又兼飓风一次，秋成歉薄，且海南买运，倍于往时。虽经督抚拨运广州府属仓粮前往琼州接济，而公私采买尚多，以致米价渐昂"。同书卷七三、卷一二八和卷四六九也有此类记载，这都说明当时琼州府是通过海运来转输大陆粮食的。

清代对社会失赡人员设立多种机构进行救济。

养济院 在城东关内。清代继承了明代养济院制度，顺治五年（1648）诏谕："各处设养济院，收养鳏寡孤独无告之人，有司留心举行，官粮依时给发、无致失所。"其后，历代皇帝都屡次下诏督促地方官员重视养济院建设。在中央王朝的督促下，海南地方官员对毁坏的养济院进行了重修，"彼鳏寡孤独者皆可以谋生而不入养济院，惟有瞽目者十余人，每人月给口粮三钱，以资养神赡，并于初秋给其棉衣一件以御寒"。①

普济堂 清代修建有普济堂，主要用于收养孤贫。普济堂多由官绅和商民修建，如琼山县普济堂由巡道王锦、知府孙琦、知县李玉树"捐俸复建堂三楹、房四十间，又劝绅士商民捐银七千两有奇"。②普济堂的经费来源：一是田租，如琼山县普济堂将官绅商民捐献的银两，"置山收租并发商生息，以为堂中经费。（乾隆）三十七年（1772），巡道德成、知府萧应植、署知县阎睿蒲同绅士筹划，除历年修造工费外，实尚存银六千余两，当即置买文昌、定安二县土名调军岭（即军门岭）等处水旱田共五百八十二丘，零用价银三千五百两"。"至道光四年（1824），署琼山县于学质以绅士经理，日久恐滋弊端，令八家将所领银二千四百七十两，缴还到县，归官办理。随又买琼山倒牛庄等处田共一百一十丘，用价银一千二百两。"购买田地分布在文昌、定安、澄迈、琼山等县。③二是生息，如乾隆五十三年，琼山县"交原捐绅士温世泽等八家经理生息，每年约缴息钱二百余千，汇同田租支给"。④琼山县每年将从田租收

---

① （清）瞿云魁纂修《乾隆陵水县志》卷九《艺文志》，第264页。
② 徐淦等修，李熙、王国宪纂《民国琼山县志》卷六《建置志》，第347页。
③ 徐淦等修，李熙、王国宪纂《民国琼山县志》卷六《建置志》，第348页。
④ 徐淦等修，李熙、王国宪纂《民国琼山县志》卷六《建置志》，第348页。

入和生息银两发给普济堂。琼山县普济堂收养孤贫名额 80 名，每名每月给口粮钱五百文，另外每月支给玉皇庙香灯钱三百文。孤贫若病故，支给收埋棺木钱一千六百文。除了上述费用外，每年租息如有盈余，每名孤贫冬季加给棉衣一件。普济堂内设置看堂夫和水夫。普济堂收养孤贫有定额，琼山县普济堂定额 80 名。孤贫一旦病故，"遗缺即日补充，年貌注册，勿致顶冒"。[1]

产婴堂 清代时开始修建，主要用于收养弃婴。在海口城内马房坊（今居仁坊），乾隆元年（1736）水师副将苏福倡议士商捐建，房屋两座，共十间，这是海口的第一所医院。除收养弃婴外，产婴堂还为产妇接生，但不为患者除疾。乾隆五年，琼山县知县社兆观倡率士商捐款，在城北五里亭（今海口飞机场内）建药王庙一座三楹，延请医师 1 人居住，为人医病。

中医诊所 乾隆五年，琼山县知县杜兆观倡率士商捐款，在城北五里亭（今海口省政府附近），建药王庙一座三楹，延请一中医，为民治病，这是海口第一家中医诊所。

---

[1] 徐淦等修，李熙、王国宪纂《民国琼山县志》卷六《建置志》，第 349 页。

第八章 近代海口的殖民化

早在 15 世纪末，葡萄牙、西班牙就开始在全球范围内进行殖民活动。1509 年，葡萄牙人西奎莱（Sequeira）率领船队抵达马六甲（即满刺加），并以此为基地，开展与东南亚的香料贸易。明正德八年（1513），一个叫阿尔互利的葡萄牙香料商人，从马来西亚的马六甲乘坐一艘帆船登上澳门，随后澳门成为葡萄牙在东方殖民和贸易的据点。接着，荷兰、英国、法国等西方国家也先后到东南亚进行殖民活动。

1858 年，法国人进占越南岘港。1883 年 8 月，法军攻占越南都城顺化，强迫越南政府签订《顺化条约》，法国由此变成越南的保护国。随后，法国加快了侵华步伐，威逼清政府承认法国对越南的殖民占领，并要求与其签订不平等的商务协定及国境条约。遭到清政府拒绝后，法军遂于同年 12 月中旬向驻扎在北圻（今越南北部）的中国军队发动进攻，清军被迫应战，中法战争全面爆发。

1884 年 6 月，法国军舰"萨尼号"闯入琼州海峡，在海口东北的新埠岛附近游弋，海口兵临城下，战火迫在眉睫。清政府震惊之余，急调清军赶赴海口横沟要塞，以阻止法军登陆。"萨尼号"见清军有所防备，随起锚开赴香港。为了抵御法国殖民者对海南的威胁，清政府加强了对海口的防御设施建设。

镇琼炮台 遗址位于海口市龙华区滨海大道北侧的滨海公园东墙外原海岸线上，清光绪十年（1884）建成，系海口市文物保护单位。中法台湾海战后，清政府预测法军可能有侵占海南岛的企图，因此令两广总督张之洞抵达广州，与在广东督军的兵部尚书彭玉麟和前任总督张树声商议加强虎门、黄埔等城市要冲以及潮汕、海南、北海、钦州等沿海的防卫力量。张之洞又派遣前广西巡抚王之春率兵渡过琼州海峡，在海口沿海构筑炮台。王之春在海口城外筑营 10 余个，用于抵御法军入侵海南。镇琼炮台就在这样的形势下，于次年 3 月匆匆建造而成。因该炮台地处海南岛第一大河南渡江支流——海甸溪的入海口附近，地理位置十分重要，因此该炮台是保卫海口的主要海防要塞。镇琼炮台的破坏已非常严重，如今只保留有炮台的大致轮廓，火炮等重要设施早已不见踪影，现已成为一处遗迹所在。

秀英炮台 为进一步加强海南防务，1887 年 11 月，张之洞又亲临海南岛，实地考察海口的地势地貌，并到海口的西场、金牛岭、秀英等处详细勘察地形，命令在海口 10 余里的沿海地段全部加筑坚实长堤，修筑炮路和堤墙，以便通行炮车。此后又沿海口海岸构筑炮台 7 座，在海口城西 10 里处筑炮台 3 座，在海口西南的大英山筑炮台 5 座。并委派雷琼道台并雷琼兵各道水路统领朱采筹集白银 20 万两，在海口西北的秀英村后金刚岭台地上构筑秀英炮台，由海口参将陈良杰监理工役，历时 4 年完工。地处今海口市龙华区海秀西路北侧的秀英村北。在镇琼炮台遗址向西约 3 公里处。这里的地势十分险要，是遏制琼州海峡的咽喉地带。炮台居高临下，面对琼州海峡，大炮的射程实际控制了整个海口港湾，因此炮台建造得十分宏大。该炮台也是中国近代规模较大的军事设施之一，现已被国务院正式列为全国重点文物保护单位。它与广东的虎门炮台、上海的吴淞炮台、天津的大沽炮台并称"中国四大古炮台"。[①]

第一节 琼海关：西方在海口的殖民

1840 年 6 月至 1842 年 8 月，清王朝与英国之间爆发了第一次鸦片战

---

① 丘刚：《海南古遗址》，第 300 页。

争，清王朝被迫签订了中国历史上第一个不平等条约《南京条约》，被迫开放广州、厦门、福州、宁波、上海为通商口岸，自此中国开始沦为西方列强的殖民地。1856～1860年，中、英之间又爆发了第二次鸦片战争，英国借口广东水师在广州黄埔抓捕中国船"亚罗"号上的海盗，派兵进攻广州。法国也借口法籍天主教神甫马赖在广西西林被杀，出兵入侵。1857年，英法组成联军，攻陷广州。

1858年，清王朝被迫与英国签订《天津条约》，其中第十一款中规定："广州、福州、厦门、宁波、上海五处，已有江宁条约旧准通商外，即在牛庄、登州、台湾、潮州、琼州等府城口，嗣后皆准英商办可任意与无论何人买卖，船货随时往来。至于听便居住、赁房、买屋、租地、起造礼拜堂、医院、坟茔等事，并另有取益防损诸节，悉照已通商五口无异。"琼州（今海口）等10处被列为通商口岸，准许英商船货往来、经商、买房居住、租地、传教等事宜。

随后，法国、德国、丹麦、比利时、意大利、西班牙、奥地利、俄国、美国分别与中国签署了条约，如1861年《中德（德国）商约》，1863年《中丹（丹麦）天津条约》，《中比（比利时）商约》，1864年《中西（西班牙）条约》，1866年《中意（意大利）北京条约》，1869年《中奥（奥地利）商约》，1871年"俄人请援各国例通商琼州，许之"。① 1871年"美请援例开琼州商埠"。上述条约都将琼州列入通商口岸，海南成为西方列强自由竞争的一个商场。

1869年，英国根据《天津条约》第二十七款修正的中英新约中，放弃琼州口岸，改为温州口岸。不过两年之后，即1871年又重开琼州商埠。《清史稿·邦交志》"英吉利"条记载："先是同治七年修新约，英使阿礼国允将琼州停止通商，以易温州。至是，英使威妥玛与法、俄、美、布各国咸以为请，允仍开琼州。"② 1897年，法国要求清政府不能将琼州割让和租借给他国，清政府被迫同意。

琼州被开辟为通商口岸后，西方国家纷纷前来海口设置领事馆，开

---

① 赵尔巽：《清史稿》卷一五三《俄罗斯》，4493页。
② 赵尔巽：《清史稿》卷一五四《英吉利》，4528页。

办通商、传教等事务。

领事馆 据史载，英国率先在海南设立领事馆，之后，美、日、德、法、奥匈、葡萄牙、意大利、比利时、挪威等国也接着在海口设置领事馆。这些国家在海口设立领事馆的时间分别是：英国于咸丰十年（1860），美国于同治十一年（1872），日本于同治十二年，德国于光绪七年（1881），法国于光绪十四年，奥匈于光绪二十一年，葡萄牙于光绪二十三年，意大利于光绪二十五年，比利时于光绪二十八年，挪威于光绪三十三年。在这些国家中，英、法派员最多，长年有常驻人员。如英国先后驻琼领事有22人次，且先后兼领美国领事、德国领事、奥匈领事，法国先后派18名驻琼领事，后并兼领葡萄牙领事。在琼设领事时间最长的是日本，历时66年。

英国在盐灶设立领事馆，盐灶路在今天海口市龙华路北面。据史料记载，盐灶路八灶街一带原来有八个村，从清朝初年开始，先后形成了老庙、新庙、上灶、下灶、博义、六灶、七灶和八灶等八个村庄。法国在海甸岛六庙坡尾设立领事馆，六庙在今海口市海甸岛上（见表8-1）。

表8-1 近代驻琼领事馆

国家	年代	姓名	职务
挪威	光绪三十三年	安柏雅图	副领事
美国	同治十一年五月 光绪七年五月 光绪八年 光绪九年二月 光绪三十四年 宣统三年	鲁异师 任森 费里德 朱迹典 G. W. Pearson 美哲	副领事 代理领事，驻香港领事兼 领事 知事，驻香港领事兼 署理领事，驻香港领事兼 署理领事，驻香港领事兼
日本	同治十二年六月 同治十三年六月 光绪九年十月 光绪二十四年一月 光绪二十七年十月	林道三郎 安藤太郎 町田实一 上野季三郎 野间正一	副领事，驻香港领事兼 副领事，驻香港领事兼 代理领事，驻香港领事兼 正领事，驻香港领事兼 正领事，驻香港领事兼

续表

国家	年代	姓名	职务
意大利	光绪二十五年	福罗秘车列	领事,驻香港领事兼
英国	光绪元年十一月	佛里赐	署领事
	光绪四年三月	嘉托玛	正领事
	光绪七年八月	费里德	正领事
	光绪九年二月	朱迩典	署理领事
	光绪十年四月	倭妥玛	正领事
	光绪十二年十月	任森	署理领事
	光绪十七年	庄延龄	正领事
	光绪二十一年	任森	正领事
	光绪二十二年	额必廉	署理领事
	光绪二十六年十月	倭纳	正领事
	光绪三十年六月	徐思义	署理领事
	光绪三十二年正月	赛斐敕	署理领事
	光绪三十四年	G. W. Pearson	署理领事
	宣统三年	美哲	署理领事
德国	光绪七年八月	费里德	代理领事,英国领事兼
	光绪九年二月	朱迩典	代理领事,英国领事兼
	光绪十二年十月	任森	代理领事,英国领事兼
	光绪十七年	聂务满	代理领事,海关帮办
	光绪十九年	安义	代理领事,海关副税务司
	光绪二十一年	史纳机	代理领事,海关税务司
	光绪二十六年	阿滋本	代理领事,海关副税务司
	光绪二十七年	阿岐森	代理领事,海关副税务司
	光绪二十八年	穆德尔	副领事
	光绪二十九年	法时敏	署理领事
	光绪三十四年十月	麦令豪	正领事
法国	光绪十四年	安迪	副领事
	光绪十七年	高	副领事,驻北海副领事兼
	光绪二十二年	德儒	正领事
	光绪二十四年十月	柏良材	署理领事
	光绪二十八年九月	白兰	署理领事
	光绪二十九年八月	侯耀	副领事
	光绪三十一年八月	伯威	副领事
	光绪三十四年十月	何世刚	副领事

续表

国家	年代	姓名	职务
奥匈	光绪二十一年 光绪二十二年 光绪二十六年十月 光绪三十年六月 光绪三十二年正月 光绪三十三年九月 光绪三十四年 宣统三年	任森 额必廉 倭纳 徐思义 赛斐敕 德为门 G. W. Pearson 美哲	正领事，英国领事兼 署理领事，英国领事兼 正领事，英国领事兼 署理领事，英国领事兼 署理领事，英国领事兼 署理领事，英国领事兼 署理领事，英国领事兼 署理领事，英国领事兼
葡萄牙	光绪二十三年 光绪二十四年十月 光绪二十八年九月 光绪二十九年八月 光绪三十一年八月	甘思东 柏良才 白兰 侯耀 伯威	副领事，法国领事兼 署理领事，法国领事兼 署理领事，法国领事兼 副领事，法国领事兼 副领事，法国领事兼
比利时	光绪二十八年七月	韩蔓 李百协 Francis Janssens	领事，驻香港领事兼 领事，驻香港领事兼 领事，驻香港领事兼

资料来源：《海南省志·外事志》，南海出版公司，1994，第 194 页。

邮局 英、法、德、美、日、俄等国在中国各口岸设置邮局，其中法国在上海、北京、天津、汉口、烟台、福州、厦门、广州、宁波、重庆、琼州、北海、龙州、蒙自等十四处设置邮局。琼州被列入通商口岸后，英国、法国、安南（今越南）等国家以及香港先后在海口设立"客邮局"。客邮局指外国在中国开办的邮政机构。1858 年，英国、法国在海口设邮局各一处。1884~1892 年，香港、安南（今越南）在海口各设邮局 1 处，雇请中国邮员，为其处理邮务。1923 年 12 月，客邮停办。

琼海关 1875 年 12 月 31 日，海关总税务司赫德（R. Hart）任命英国人博朗（H. O. Brown）出任琼州海关首任税务司。1876 年 4 月 1 日，外籍税务司管理的琼州海关在海口正式成立，关址在今海口市中山路尾南侧。琼州海关简称"琼海关"，据《清史稿·地理志》记载："琼州，商埠，咸丰八年英《天津条约》订开，有琼海关。"① 俗称"洋关"，负责管理进出海南岛的国际轮船贸易。琼州海于光绪十九年（1893）修建秀英、临高角等灯塔。海口市博物馆在海口市秀英区金滩路 9 号海南海事局秀英灯塔院墙东端发现 1 块石碑，碑面阴刻楷书"琼海关 1893"，碑身高 125 厘米、宽 25 厘米、厚 16 厘米，重 127 公斤，由海南当地俗称"铁石"的石料制作而成。据调查，该界碑应为 4 块，立于灯塔的四界。

1876 年琼海关成立后，高级职务由英国人担任。从光绪二年（1876）到民国 30 年（1941）的 65 年内，先后有英国、德国、美国、俄国、日本、丹麦、西班牙、葡萄牙、挪威等 9 个国家的人士担任税务司职务，历任 38 人。其中以英、德两国人居多，分别为 21 人和 9 人。1939 年 2 月，海南岛沦陷，琼海关被日本军接管。1945 年 8 月抗日战争胜利后，琼海关降格为琼州支关，属雷州海关（今湛江海关）管辖。1949 年 1 月，琼州支关升格为琼海关。

琼海关行政机构主要由三个部门组成：（1）税务部：由税务司兼任领导，工作人员分内班、外班和海事班。内班在海关内部办公，处理征税、会计、总务等事务，职位设置分税务司、帮办、税务员等。外班负责船勤监管，以检查船舶、行邮、货物、走私等为主要业务，职位设置分监察长、监察员、稽查员、验估员、验货员等。（2）海务部：由巡工司领导，负责管理船舶进出口及港内外灯塔、浮筒等助航设备，继后该部还兼管气象测录、码头仓库和船只检疫，工作人员分海务、灯塔、巡航等。（3）工务部：负责海关的财产（土地、房屋、灯塔、船只等）管理、修理等技术工作。

港物管理 在琼州被列为通商口岸之后，海口成为英国在厦门、香港、海防之间的一个交通中途站，有汽船定期往来。"琼海关"为管理港口进出口船舶，对海口河道和琼州海峡以及海南沿海进行测绘，设立和管理灯塔、浮标等助航设施。为了减少和避免进出口岸船舶事故，琼

---

① 赵尔巽：《清史稿》卷七二《地理志》，第 2289 页。

州海关先后在海口港两侧、临高角、海甸西炮台、琼州海峡东入口处、新盈港等修建了灯塔。除此之外，琼州海关还在海口东入口和水道、铺前湾等处设置了浮标，指正航线，进行导航。①

通商 据资料统计，光绪八年（1882）出入港口外轮478艘，运货19.9346万吨；光绪十二年征收税款13.3万海关两中，仅鸦片税即达5.8万海关两，占当年征收税款43.6%。光绪十七年出入港口的外轮为591艘，运货35.060万吨，年贸易总额约为200两白银。宣统元年（1909），对外贸易总值达756.7万海关两，征收税款28.3万海关两，为此前历年之最，其中鸦片进口占相当大比重。据《琼州贸易报告》记载，有美、英、德、法、日、泰等国家轮船往来经商，国际航线抵达荷兰、新加坡、东京、西贡、海防、曼谷等国家和地区。琼州海关被西方国家控制，西方国家利用权力，任意减免进出口关税，结果廉价的印度棉布、英国棉纱和其他洋货进口猛增，对海口乃至海南的手工纺织业造成致命打击。

进口 西方各国输入的商品有棉丝、汽油、火柴、铁钉、染料等，光绪三十一年进口主要商品有大米62352担、煤油847340加仑、火柴283034萝、棉花1803担、棉绒19041担、白布料16650件，全年进口货物净值687604海关两。1908年，进口大米30335担、煤油1620395加仑、火柴355286萝、白布料22879件、棉布8317件、棉纱16500担、铁丝1683担，进口货物净值升到7129208海关两。宣统二年，港口货物吞吐量达到859412吨，旅客出入境为67899人次。1911年，进口大米254821担、火柴314027萝、煤油1238200加仑、棉绒16415担、铁丝325担，进口货物净值为5415280海关两。1892~1901年，进口主要物品有：一类是毛织品，有英国羽毛、羽绫、宽毛料、西班牙纹绒布、衣毛料、绒布、毛毯、意大利毛巾等8项；一类是五金，有铁钉条、铁丝、旧铁、铁钉、黄铁片、钢、水银等7项（见表8-2）。

---

① 朱军舟：《近代琼州海关的设立及其活动》，《传承》2010年第12期，第86~87页。

表 8-2　1882~1891 年海口进口棉纱和煤油

时间	进口棉纱		煤油进口	
	数量（担）	价值（海关两）	数量（加仑）	价格（海关两）
1882	3167	60336	6980	1390
1883	10968	183839	9880	1800
1884	13920	233385	22080	3680
1885	14093	226004	22010	3442
1886	14936	246254	26900	3682
1887	16851	281802	21330	2825
1888	15293	253156	60390	9060
1889	12120	210128	231390	37872
1890	17150	307788	491540	80030
1891	17184	287788	260690	42664

资料来源：海口市志编撰委员会编《海口市志》，方志出版社，2004，第 940 页。

出口　从海口出口的货物主要有土糖、芝麻、花生饼、槟榔果、麻布、皮革等。大宗货物主要输往香港，输往日本及南洋的货物主要有烟叶、渔网和皮箱等，1892~1901 年，海口出口主要货物品种有槟榔、鱿鱼、鲜蛋、咸鱼、良姜、牛皮胶、土布、花生饼、麻袋、木麻、牛皮、皮革、龙眼肉、草席、中药材、生猪、家禽、芝麻、蚕丝、红糖、白糖、动物油脂、烟草等 23 种。1882~1891 年，海口对外贸易额每年 200 万~300 万两。1898 年，海口向香港、马来西亚等地输出额为 1258498 两（见表 8-3）。

表 8-3　1892~1901 年海口出口值

单位：海关两

时间	金额	时间	金额
1892	100186	1897	1826241
1893	1157219	1898	1682032

续表

时间	金额	时间	金额
1894	1283821	1899	2199172
1895	1100792	1900	1658538
1896	1290732	1901	2129368

资料来源：海口市志编撰委员会编《海口市志》，第 940 页。

海南开埠后的进出口贸易对海南社会产生一定影响：一方面客观上带来西方先进的科学技术和生活方式，比如邮局、轮船、火柴、煤油等。火柴和洋油的输入也影响到海口人的生活方式，不再使用花生油点灯。1882 年汽油输入海南是 6980 加仑，银 1393 两；到 1890 年涨到 491540 加仑，银 42664 两。火柴本是瑞典、澳大利亚生产，后日货更便宜，故后来日本火柴充斥海南各地。西方国家在海口的贸易也促进了海口商品经济发展，海南家庭为了购买火柴、洋油灯和洋油，就必须出售其他产品购买舶来品，1882 年全岛花费 1393 两白银，1890 年达到 80030 两，1891 年达到 42664 两。从海南输出的货物，1872 年时主要是砂糖、食油，另外有少量的牛皮、米、牛脂、牛骨、椰布、靴鞋、椰子制品、土布、瓜子等，这些产品远销到天津等许多港口，甚至远到东北的锦州港。到 1882～1891 年时，输出的货物主要有砂糖，另外有少量的瓜子、落花生、槟榔子、芝麻、土布、兽皮、猪、烟草叶等，几乎全部输往香港。1882 年输出 886776 两，1884 年输出 1253080 两，1886 年输出 1400710 两，1888 年输出 1258498 两，1890 年输出 935742 两。[①] 因此，海南开埠后越来越多的卷入商品贸易当中。另一方面，西方商品的输入也破坏了海南传统的生产方式，造成中下社会阶层的贫困。比如棉丝的输入。从 1876 年的 39 担，1882 年则增加到 3167 担、60336 两，1891 年更增加到 17184 担、287399 两。由于洋棉丝的大量输入，造成海口家庭土棉丝全部停产，妇女被迫转向织布业。其他如制钉用铁条、铁丝、亚尼林染料也大批运到了海南，对海口传统手工业产生致命打击，一位西方人说：

① 〔日〕小叶田淳：《海南岛史》，张迅斋译，第 281～288 页。

"要而言之，假若根据 19 世纪末 10 年间的海关报告，那绵纱、洋油等输入，显然急剧增加，从而使得海南岛上一点幼稚的家庭工业品受到相当打击。贸易量就全体说，确有增加，可是汽船又把沙船贸易渐渐地吸收了。"①

进入 20 世纪之后，日本与海南贸易大幅度增加，向海南输入棉丝、棉织品等，并逐渐取代西方国家成为主要输入国。国内外其他商品，比如蚕豆、豌豆、南京木棉、美国面粉等以及传统的洋油、火柴等货物，通过香港输入海南。海南输出商品主要是猪、牛、麻布袋、槟榔子、高良姜、兽皮、鸭子、黑白糖等。

西方国家在海南的殖民和贸易也刺激了海南民族工业的兴起。海口纺织业出现了有一定规模的萃精、振兴、铜华三家纺织厂。1908 年，一家民营小型火柴厂成立，但因所制火柴质量低劣，竞争不过从日本进口的火柴，一年后停产。1908 年海口市境内开办了一家制造荔枝、龙眼、菠萝罐头的食品加工业。

第二节　西方宗教在海口的传播

伴随着西方国家在亚洲和中国的殖民活动，基督教、天主教等传教士也随着进入海南。早在明中期，天主教传入海南。嘉靖三十九年（1560），葡萄牙传教士特来·卡我在从日本往印度传教途中漂流到崖州，在海南停留几个月，这是天主教传教士踏上海南岛之始。民国《海南岛志·宗教》也记载："当明之中叶，有圣方济角会教徒航海来海南布教，是为本岛有天主教之始。"② 万历十一年（1583），法兰西斯哥派的传教士德伊俄时、奥洛伯萨等七人因暴风漂流到海口附近，这是传教士第二次到达海南岛。

---

① Deeenial Re Ports, 1883 – 1891, Firstseries, pp. 617 – 630. 转引自卢苇《历史上的海南在国内外贸易中的地位和作用》，《广东社会科学》1989 年第 4 期，第 79~87 页。
② 陈铭枢总纂《海南岛志》，第 266 页。

基督教 基督教传入海南的另外一个途径是通过在中央任职的官员。在西方传教士影响下，许多封建官僚和士大夫信奉基督教，明朝礼部尚书王宏诲便是其中之一。王宏诲（1541~1617）是海南岛定安人，嘉靖四十四年（1565）进士。任职之初，值海瑞廷杖下诏狱，力调护之。张居正当国，又作《火树篇》、《春雪歌》以讽，为居正所衔。万历十七年为会试副总裁，官终南京礼部尚书，著有《天池草》二十六卷。1593年秋，当时任南京礼部尚书的王宏诲回海南岛，途经韶州，会见利玛窦，从此王宏诲即成为天主教会的保护人。1598年的6月，王宏诲去北京，让利玛窦跟随他进京。崇祯三年（1630），礼部尚书王宏诲之子、基督教徒王汝龙（教名王保罗）遵照其父王宏诲的之命，前往澳门请耶稣会派的代表安得烈·巴尔美洛派传教士团到海南岛。由于当时安得烈·巴尔美洛已计划渡海赴交趾支那传教，故未能前往，但因王汝龙的迫切请求，故派澳门的传教士马尔凯斯和多米尼加派的孟得士前来海南岛传教。马尔凯斯和孟得士于崇祯五年到达海南岛。孟得士到海南岛后不久因病返回澳门，由在福建活动的耶稣会派的白诺·特·马时斯来海南接任孟得士的传教工作。白诺·特·马时斯住在琼山，他先在琼山府城陈氏宗祠内设教堂进行传教活动，不久，又至琼山县的中心地区租借房屋建立一所礼拜堂进行传教。马时斯在海南岛琼山传教仅一年，受洗者就达到315名。三年后，马时斯离开海南岛前往江西，葡萄牙耶稣会另派大为加和马极来海南岛主持传教活动。不久，大为加因年老回国休养，葡萄牙又派传教士林本笃来海南岛主持传教。林本笃在琼山府城北官街建立教堂一间进行传教。另外，在琼山府城至海口的中间地段（原五里亭附近），购置土地作为教徒死亡后的埋葬场地。这期间，教徒发展到2250多人。

清朝初年，清政府欢迎基督教在华传播，皇太后和皇后领洗奉教，基督教得到广泛的传播。1646年，马时斯组织三名传教士来海南，但因渡海时遇到台风，三人全部遇难。1647年2月，马时斯、奴那斯和意大利人鲁伯里及波兰人米凯尔·波姆等先后来海南，他们在琼山、定安等地进行传教。1650年12月，清军到达海南岛，马时斯被误会是郑成功的间谍而被捕，1652 年被投入海中。清政府确立对海南岛的有效统治以后，允许基督教在海南岛传播。从 1655 年至 1664 年十年期间，先后有葡萄牙、法国、意大利、西班牙等国的传教士十多人相继来海南岛传教，发展教徒达到五千多人。随着鸦片战争和不平等条约的签订，琼州开辟为通商口岸，传教士也加大了在海南的传教活动。①

天主教　明崇祯三年（1630），天主教传入海南。初时，葡萄牙耶稣会派神甫彼尼在琼山县府城镇陈氏宗祠内设天主教堂布教，3 年后，彼尼离开海南，葡萄牙耶稣会另派大为加来神甫主持传教活动，同时派来还有马极神甫，到定安仙沟设点传教。崇祯十年大为因年老归国修养，葡萄牙又派林本笃神甫到海南，在琼山县府城北高街建立简易教堂，到清顺治八年（1651），全岛天主教徒发展到 2251 人。

清顺治十四年（1657），法国耶稣会派神甫法捷到琼传教，3 年后法捷病死。顺治十八年，意大利耶稣会派神甫多凌斯到琼主持传教。康熙二十一年（1682）多凌斯病死，由法国神甫加米斯继任，康熙二十五年，加米斯病死。康熙二十六年，由葡萄牙林本笃主持传教，全岛天主教徒人数发展到 5000 多人。雍正年间，清政府实行海禁，外国传教士不敢前来传教，此后 70 年无传教士到海南。直到乾隆五十七年（1792），澳门鸣九教区葡萄牙籍神甫到海南传教。咸丰二年（1852），驻广州的法国巴黎远东传教会派三名神甫来海南岛传教，由一名姓吴的神甫主持海南的传教活动。第二年，吴等三名神甫到文昌县的昌造和定安县的深水田等地传教，在定安县深水田村举行第一次领洗吸收新教徒。咸丰十年，吴神甫到琼山县的福同村设点传教。同治七年（1868）在琼山县府城镇设立教堂。巴黎远东传教会在海南传教活动二十多年，其中姓吴的神甫主持了 18 年之久。据当时统计，发展教徒 848 人。光绪二年（1876），巴黎远东传教会派来的传教士全部撤回，改由澳门鸣九教区派葡萄牙籍传教士 4 人来海南岛主持传教，其中，琼山县福同村是传教地点之一，后在琼山县府城镇打铁巷福购买土寺兴建天主教府城堂会。澳

---

① 韦经照：《基督教在海南岛的传播》，《海南大学学报》1987 年第 4 期，第 81~84 页

门鸣九教区管辖海南传教活动达三十年之久，除了大量发展新教徒外，还恢复和增设了一些教堂、医院育婴堂和孤儿院。光绪三十二年，天主教在海口铜锣园（现大同路4号）购买私人土地筹建海口天主教堂。光绪三十四年，海南岛划归广州天主教主教区管辖。驻广州法国巴黎双圣心会派一名姓芬的神甫和圣保录会的一名修女来海南。芬神甫在琼山县府城镇主持传教，修女初期在府城协助芬神甫传教及管理孤儿院，后随孤儿院搬迁定安县的鹅万村。宣统二年（1910），府城教堂迁移到海口市长沙坡租民房设教堂。不久，又在海口市杂门街设立圣保录育婴堂和在海口市得胜沙路设立私立天门小学。在广州天主教主教区管辖期间，在琼山、定安、文昌、海口等地增设教堂，使传教活动得到迅速发展。宣统二年，在长沙坡租用民房设立天主教堂。次年，在铜锣园天主教堂里先后建造了育婴堂、修女院、修道院、学校等附属楼房。从此天主教神职人员逐渐集中于海口铜锣园天主教堂，成为海南天主教活动的领导核心，成立海南天主教监牧区，指导全岛的天主教活动。①

耶稣教 在我国通常专指基督教新教，又称耶稣教。最初传入者为美国籍丹麦人冶基善。冶基善先任驻粤海军某舰长职，光绪七年（1881）游览海南，爱其气候温暖，遂辞职留居，委身传教于海口，在琼山县府城文庄路吴氏宗祠内设置临时传教场所。不久又在儋县那大设分教堂，皆独力经营。后与广州长老会联络，受美国总会补助，称"中华基督教海南区会"，隶属于美国基督教长老会。传教场所称为"福音堂"，其组织为委员制，选举美国人若干名、中国人若干名为执行委员，办理传教、慈善、教育等事业。光绪十一年，美国纽约基督教长老会派牧师康兴利来海南协助冶基善进行传教活动。康兴利在海口盐灶村附近购置空地，建一间楼房作为医务室，还建一间楼房作为住宅。后来逐渐扩大面积，建成海口福音医院和海口福音堂，作为传教场所。光绪十三年，美国长老会派纪路文、张约逊、王约翰、吴赖安、郝斐和徐君礼等牧师来海南，租用琼山县府城镇北门北官村一座三进民宅为传教场所。

---

① 海南地方史志办公室编《海南省志》，南海出版公司，1994，第534页。

光绪十六年，在所租用民房后荒地上建起一幢三进楼房，一部分为教堂和牧师居所，一部分为创办的中西女学堂场所。光绪十九年，纪路文、张约逊、康兴利离开海南，由美国长老会派谢大辟继纪路文任琼山县府城基督教牧师，司熙国继张约逊任海口福音堂牧师，陈西美继康兴利在海口福音医院当医师。独立传教，不受总会补助。光绪二十年，纪路文、张约逊、康兴利再度到琼，在琼山县府城基督教堂传教，并筹建中西男女学堂。在此期间，纪路文、谢大辟、张约逊、司熙国牧师以及郝斐、徐君礼女传教士分别到岛内各县进行传教活动。美国长老会有牧师 1500 人，派来海南岛者 25 人，除传教外，并举办社会慈善事业，在海口及琼山县城筹建教会、学校、医院等。海口教会设在盐灶村，有福音堂 1 所，传教师 1 人；附设福音医院 1 所，圣经学校 2 所。原为康医生创设，规模甚大，可容病人 200 名。圣经学校分男女部。至且城方面，有福音堂 1 所，内设华美中学、匹瑾女中学各 1 所，育成人才甚多。①

海口会堂　光绪三十二年创办，在长沙坡租用民房，后迁到铜锣湾新建教堂，广州教区派神父主持。

海口福音堂　清光绪十一年设立，建筑面积 3379.15 平方米，主教堂建筑面积 206.44 平方米，采用西方风格，是海南岛最大的福音堂。由美籍牧师康兴利主持，信徒约 500 余人。康兴利离开之后，又有美籍牧师王保罗、谢大辟，西班牙籍牧师唐玛西等主持传教。②

第三节　骑楼——海口城市的标志

骑楼　骑楼建筑原兴起于 2000 多年前的古希腊，后来流行到罗马以及欧洲。18 世纪后半期，随着英国在海外殖民，传入印度、东南亚一带及世界各地。19 世纪末 20 世纪初，随着华侨在东南亚和我国东南沿海地区的交流，传入广东、广西、福建、海南等地。1849 年，最早的骑楼

---

① 海南地方史志办公室编《海南省志》，第 534 页。
② 海口市志编撰委员会编《海口市志》，第 940 页。

在水巷口、博爱北路一带的四牌楼街区建成。四牌楼是博爱路上标志建筑物。

明洪武二十八年（1395），建成海口所城，城墙四周长55丈，高一丈七尺，宽一丈三尺，设城门四座，东门至西门、南门至北门，形成东西、南北两条贯穿海口所城的十字形街道。清乾隆年间，在两街相交的十字街口建有一座四牌楼式的牌坊，造型典雅、巍峨华丽，是海口当时的标志性建筑物。四牌楼牌坊有东、南、西、北4个进出通道，向南至龙牙巷口，古称四牌楼街，街道不长，但很热闹繁荣，店铺林立。向西有马房村（居仁坊）菜市街、菜市栏。①"骑楼"描述的是它沿街部分的建筑形态，沿街部分二层以上出挑至街道外，用立柱支撑，形成内部的人行道，立面形态上建筑骑跨人行道，因而取名骑楼。骑楼是一种商住建筑，海口的骑楼一般是2至5层的建筑，下段为骑楼列柱，中段为楼层，上段为檐口或山花。底楼为开敞的柱廊，柱子外表面大多带有简单的阴刻中式框纹。沿街立面在各层窗台以下的墙面或檐口窗楣等处加装饰纹样或浅浮雕。骑楼的外部立面檐口均为带孔洞的女儿墙，俗称"风洞墙"，多为横向三段对称式，组成一条条波浪般起伏的天际线。

交通　海口开埠后，海口市建设快速发展，早期到东南亚的海南华侨把资金汇到国内，大量资金流入和华侨在海口的创业，开办百货、旅店、餐饮等，为海口市发展提供了动力，社会购买力旺盛，商业也大有起色，消费型都市得以形成。外国人也在海口开办洋行、商厦、教堂、医院、学校等，社会经济各项事业发展迅速，海口的人口激增，城外也发展起来，沿海甸溪自城墙由今中山路迅速向西扩展到今得胜沙路一带，成为海口最繁荣地区，大大超过城内，城外的商业街逐步成为海口商业文化中心，许多街道开始铺设石板路面。城内街道有东门街、西门街、北门街、南门街、四牌楼街、牛车巷、马房巷、振龙巷、龙牙巷等；城外街道有振东街、三亚上下街、水巷口、港口街、四九间廊巷、大街、大庙前街、镇海街、新兴街、关部前街、得胜沙街、义兴街、关上街、

---

① 廖自如：《博爱路：老海口的交通要道和商贸主街》，《百年骑楼》2012年第2辑，第34页。

关尾街和章兴街等。①

　　中山路位于海口市老城区中部，呈东西走向。东起博爱北路，西止新华北路，全长 207 米，街道宽 12 米，混凝土路面。道路两旁多为骑楼式建筑，是海口市老城区最早的道路之一。该路系清康熙元年（1662）建，原名称"还海坊"，后改为北门外路，后又改为大街（以大庙神牌名称为大街），1924 年改为中山路。据传说，当时该路中段建有一凉亭，孙中山先生来海南时，曾在此亭暂歇，后来为纪念孙中山，将该路命名为中山路。②

　　博爱路是为了纪念孙中山先生的"博爱"精神而得名。这条位于海口市东北部的博爱路，古名城内街。1924 年的时候，将城内街改名博爱路。1966 年曾易名东方红路。1981 年再次恢复博爱路的名字。博爱路是海口老城区南北走向最长的街道，宽 9 米，长 1300 米，距今约 600 年的历史，街道两边以骑楼建筑为主。

　　水巷口，古名毓秀坊，西侧是海口市最早的渡口码头。清代建有港口路，1924 年拆城后，建水巷口。水巷口街西起博爱路，东至振东街口。原有福建馆设办"闽海小学"，后改名"海口市第五小学"，长 205 米，宽 9.4 米，房舍为二三层骑楼式楼房。

　　得胜沙路，古称"外沙"，位于今海口市得胜沙路一带，东起新华北路，西抵龙华路北端，长 520 米。海口旧城有东门、西门、南门、北门，得胜沙在城门外，濒临海甸溪和海口湾，所以海口人也叫它外沙，取"海口外缠一片平沙"之意。据《得胜沙史话》载："明代建的西天大士庙，当时面临大海，后来由于海潮冲积，'外沙'出现，今富兴街、外沙后街便形成河流，称外沙河。外沙河到了民国初才逐渐填成陆地，盖起了房子，当时主要是水上疍民居住。"据方志记载，道光二十年（1840），海寇张十五犯海口，驾船数十艘进入海口港，清兵把总黄开广带领海口、府城一带军民奋起反抗。当时，水师兵船 20 余艘将出巡哨，不及防备，与海寇交战中官兵死伤不少，而海口至琼山大林一带也被海

---

① 高萍：《海口骑楼老街历史文化寻踪》，《新东方》2012 年第 4 期，第 35～39 页。
② 廖自如：《中山路 200 米老街，300 年沧桑史》，《百年骑楼》2012 年第 2 辑，第 45 页。

盗抢掠，人心惶惧。幸有百姓加入抗贼队伍，寇贼最终被驱赶出外沙，自此，古外沙便改称"得胜沙"。

铜锣园，大同路一带原称"铜锣园"，据说这里在深夜下雨之时，沥沥雨声犹如铜锣响，因此得名。1858 年清政府与英、法签订《天津条约》之后，海口被辟为对外通商口岸。同治十年（1871），美国首先在海口设立领事，此后，日、英、德、奥等多个国家先后在海口建立领事署、福音堂、福音医院等。光绪三十二年（1906），葡萄牙传教士在铜锣园建起天主教堂，此后，这里形成了一条三四米宽的土路。1929 年，法国天主教堂（俗称"黑袍教堂"）也在此建立，当地的老百姓于是将这条路称为"黑袍教路"。1952 年，海口市将这里扩建成了街道，并取名为大同路。大同路东面原是一片沼泽地，后来填土建成人民广场。①

四九间廊巷，"四九"是海南话里"四狗"的同音，因为巷子太小，仅够四只狗并排走过，而海南话里对比较小的地方往往用"Galang"（旮旯）来称呼，"四九间廊"是根据海南话的读音得名。但也有居民说，"四九"确实是指"四只狗"，因为过去这里养了四只狗而得名。

臭屎巷，在 20 世纪 30 年代，附近的商家、住户越来越多，并用上了木马桶，每天固定的时间，住在新华南、中山路、博爱路等几条路段的人都将自家的"脏"物抬来这里，倒在收粪的大桶里后，由专人抬走，其臭味阵阵，远传四方，因此称为"臭屎巷"。而在 1933 年的海口地图中，这里被记成了"少史巷"，因为"少史"与"臭屎"在海南话中的发音一样。

三亚街，古名迈本，原系一片沙洲。宋代白沙津（今为白沙门）当时为海南岛最大的贸易港口，这里比较通达，取名"通津坊"。后来发展成为上、下两坊，亦称上街和下街，与振东街和塘边路形成三岔路口，清代取名为三亚街。现仍以此名命名，以关圣庙为分界，以东为三亚上街，以西为三亚下街。"文化大革命"时更名"东升路"，1981 年恢复原名三亚街。三亚街分为前街后街两条，又名三亚一街，三亚二街，路面

---

① 谢向荣：《海口地图故事：地名拾趣》，《百年骑楼》2012 年第 2 辑，第 65 页。

原为石板,现为水泥路面,三亚一街西起振东路和塘边路交汇处的"三角庭",东至和平北路,长 660 米,宽 4.6 米,房屋多为土木砖石结构和少量新建楼房。有海口市第十五小学一所。后街西汇前街,东通和平北路,总长 900 米,宽 2.5 米,多小巷,为居民住宅区,有海口海岛实验学校设此。①

振东街位于海口市东北部,属美兰区管辖,清代以前,这里称振东坊,后来海口扩建城池,这一带改建成振东街。振东街呈东西走向,东起三亚街与塘边路交叉处的三角庭,西接水巷口和大东路,1966 年改为立新路,1981 年恢复振东街。是海口市较早的商业街。该路宽 9.5 米,全长 310 米,为水泥路面,街道两旁房舍多为骑楼式建筑,靠内进则为砖木式结构的明清风格建筑,堪称海口城区东西合璧的建筑典范。振东街是海口早期皮革制造加工业的主要集散地,曾经盛极一时,目前,该街道既是居民街又是商业街,街上还保存着几棵百年老树和众多古旧民居,是海口老城区最具原生态风貌的商住街。②

琼海路,光绪二年(1876),"琼海关"设立后,在长堤路建码头,泊浅水船只。在白沙门建专用码头一座,并在海口港码头西侧设立海南岛第一个灯塔。清代之前人们多步行,有钱人家才能骑马坐轿。1909 年,从白沙驿站至郡治(海口到府城)修成琼海官马大道,修建了海南第一条公路——琼海路,沙泥路面。清末时已经开始有组织的公路运营,当时"琼州马车公司"有 40 多辆马车在琼海官马大道口从事客货运输。马车由木头制作,停在海口红坎坡村,往返于海口至府城之间,每车坐 4~6 人,不定班次。

饮水设施 明清时期,海口居民饮水主要是泉水、井水和河水。1885 年,美国人在海口建立福音医院和福音堂,为了解决吃水问题,美国人在医院里打了三口手摇机井,深 9 丈。1887 年,法国人在海甸领事馆内打了一口机井,一直使用到解放初期,机井水质要比河水、土井的好,开创了吃机井水的方式。到 1961 年,海口全市手摇机井已经多达

---

① 廖自如:《三亚街:沙洲上建起海口最早的居民所》,第 37 页。
② 廖自如:《振东街:中西合璧的海口早期商业街》,第 23 页。

150 多眼。

电信 清光绪十一年（1885）二月，广东电报机构官电总局在海口设琼州官电分局。光绪十三年，冯子材在海口、兴隆、陵水、南丰、崖州设无线电报局 5 处，供军队专用。光绪十六年，为节省经费，将岛内各局裁撤，仅存海口电报局 1 处。光绪三十四年，琼州分局易名为海口官电分局。民用电报始于光绪三十一年，有商人向上海礼和洋行购买电报机 2 台，分装于琼州、徐闻，与大陆通报，宣统三年（1911）撤销。

邮局 邮局的前身是驿站和民信局，驿站由官方设置，办理官方事务，民信局由私人经营，业务包括寄递信件、物品、经办汇兑，"民信局"是由宁波帮商人首创于明代永乐年间（1403~1424）。到清同治、咸丰、光绪年间，全国大小民信局已经发展到数千家，机构遍布国内及华侨聚居的亚洲、澳大利亚和太平洋地区，形成内地信局、轮船信局和侨批局（福建话发音"信"为"批"，故侨批局也就是侨信局，专门为南洋侨民服务）。较大的民信局在商业中心上海设总店，各地设分店和代办店，各民信局之间还联营协作，构成了民间通信网。清代时，海口已经有昂成利、泰兴号等民信局，收寄民间信函和包裹、承办汇兑、代派报纸、代运货物等业务，并兼营侨批业务，故又称"批局"或"侨批局"。

清光绪八年至二十二年，地方官府在海口设置森昌成办事处，作为地方邮政办事机构，负责传递琼州与香港和通商口岸来往信函。光绪十八年正式创建"琼州大清邮政局"，由税务司阿岐森兼任邮政司主理邮政业务。邮政局设在海口市得胜沙路琼州海关宿舍内。光绪三十一年，"琼州大清邮政局"改为"琼州邮政总局"，下辖代办邮政铺户 5 处：海口北门外广德堂、琼山府城西门内街余永记、定安县城长发号、会同县嘉积恒顺成批信局、会同县城统济号。大清琼州邮政局建立后，收寄和转发的函件逐年增加，光绪三十一年为 59798 件；光绪三十四年为 126133 件；宣统元年为 177900 件；宣统三年为 249700 件。宣统二年，琼州大清邮政总局改为副总局，次年脱离海关独立，归邮传部管辖，并改名为邮政分局，隶属广州邮政局。

书院 翰香书院在县西南暨都，咸丰二年（1852）附贡王中裕、吴攀桂同各图矜耆等捐建；环江书院在县东调塘二图晓坡村张家园之西，咸丰五年贡生张伯琦等10家建。炳文书院在旧州圩，旧为文昌阁，咸丰六年，绅士高锡淳、黄振仁协同各都市衿耆商民等捐建并改为书院；鹊峰书院，光绪年间（1875~1907），雷琼道朱采捐廉饬琼澄两县绅民同建，在安仁市，其市为两县地，光绪三十年改为两等小学校；开文书院在县南开文图，光绪元年建，光绪三十三年改为镜泉学堂；研经书院，光绪十年举人冯骥声与琼山县陈起倬创建，光绪二十九年举行宪政，改书院为学堂，始合入雁峰开办琼山第一高等小学，书院遂废；应元书院在县东大林圩，光绪十四年岁贡陈廷芬等即约亭地改建。光绪三十四年改为两等小学堂；凌霄书院在县西40里许石山圩，光绪十九年知县张士理附贡生王制宜及本都绅士等捐建，宣统庚戌（1910）改为学堂；东山书院在东山圩外，光绪二十二年绅士王鸿章邀众同建，光绪三十四年改为东山二等小学堂；月湖书院在县南官隆一里，光绪二十六年创建，三十二年改为月湖学堂。

第四节　灾荒与西方医疗卫生的传入

海口发生灾荒的频率非常高，道光四年（1824），海南大饥，"民多流亡，鬻男女，渡海者万计。幸番舶米接济"。咸丰十年（1860），大饥，"琼属十三县俱饥，幸有洋米接济，未至如道光甲申之甚。"同治十一年（1872）大饥，"终岁有海米接济"。光绪二十年（1894）飓风为灾，"幸海米接济，不至大饥"。①

每当灾荒发生，就会产生流行性疾病。以史籍记载较近的光绪年间琼山县灾荒为例：光绪三年雨雹、大水，八年郡城瘟疫，十五年瘟疫，十六年地震，十八年地震、寒霜，十九年大旱，二十年飓风，二十一年海口海甸、白沙、新埠各村鼠疫，二十二年府城内外鼠疫，二十三年飓

---

① （清）宋席珍续修《宣统定安县志》卷一〇《杂志》，第845~851页。

风、水灾，二十五年痘盛行，婴儿死者以千计；二十六年海口及沿海各村鼠疫，二十八年大旱，三十二年大旱等，平均二年就发生一次灾荒。①

发生流行疾病的类型：一是瘟疫。道光元年（1821）、二十九年大疫；同治三年（1864）郡城大瘟疫；光绪八年（1882）、十五年瘟疫。二是鼠疫（黑死病）。光绪二十一年海口海甸、白沙、新埠各村鼠疫盛行，死亡千余人；光绪二十二年、二十六年春府城、海口及沿海各村又发生鼠疫。三是痘。光绪二十五年，痘盛行，婴儿死者以千计，少数老人传染者也死。②

近代，美国长老会在海口所设福音医院院长拜尔科比兹经过调查，总结海南主要疾病有：（1）疟疾。该病的症状是发热、腹痛，有三日疟（全岛发生）和恶性疟（山地特有，但当地人已经适应山地没有此病，外人进入容易感染）。（2）钩颈虫病。症状是身体衰弱。海南岛农民容易感染，细菌由赤脚传入身体。（3）黑死病，即鼠疫。（4）癞病。全岛都有。（5）痘疮。（6）红痢。（7）胆石病。（8）虎疫。该病不是海南风土病，而是在近代由东南亚通过水果传播过来。③

1840 年鸦片战争之后，西医伴随着基督教传教士的到来而传入。1885 年，美国长老会康兴利牧师在海口关龙镇创建"福音堂"和"福音医院"（今海口市龙华路，海南省人民医院），这是海南岛上第一所西医院，到 1897 年，内有院长、医生、助手 7 人，该医院设置产科室六间，可收容产妇 59 人，病室 25 间，可收容病人 100 名。1890 年，美国基督教海口总部又在儋州那大镇建"福音医院"，内设内科、儿科、外科和产科等。1907 年，又在琼东嘉积镇（今琼海市）建福音医院等。④ 随后，传教士在海南设置的西医院数量逐渐增加，1910 年，法国天主教在海口得胜沙路建中法医院，内设门诊和接生科，有法籍医生、助手 8 人。男病室 20 间，容纳 60 人；女病室 8 间，容纳 40 人。

---

① 徐淦修、李熙、王国宪总纂《民国琼山县志》卷二八《杂志》，第 1837～1839 页。
② 徐淦修、李熙、王国宪总纂《民国琼山县志》卷二八《杂志》，第 1837～1839 页。
③ 陈植：《海南岛新志》，第 111 页。
④ 陈植：《海南岛新志》，第 112 页。

1840 年鸦片战争后，西方传教士在海南设置医院，同时也带动中医医疗机构的建立。光绪十一年（1885），在海口南门街建立琼台惠爱医局，延中医为群众诊治，贫者仅收药费。1917 年重修院宇，改名为惠爱医院，由海口商会负担经费（海口解放后，惠爱医院停办）。光绪二十二年，琼山县府城建爱生医院，中医二人。广德堂开设于光绪年间（1875～1908），内设制药工场，制作鹿茸膏、鹿角膏、鹿胎膏、龟鹿二仙膏、燕窝肥儿糕等。

第五节　华侨向岛外迁徙

中国很早就与东南亚存在着贸易关系，从汉代兴起的海上丝绸之路经过东南亚进入印度洋，唐宋时期的海上丝绸之路更为繁忙。海南处在中国和东南亚的交通要道上，也存在着贸易关系。在贸易过程中，其中一些人滞留国外不归。海南人大量向外迁徙的历史从明清时期开始，到近代民国时期出现高潮，迁徙的目的地主要是东南亚。

海南人大量外迁始于明中期，这一时期刺激海南人迁徙的直接原因是受福建、广东一带移民影响。东南沿海的福建、广东一带地狭人稠，生活困苦，人们纷纷乘坐贸易船只偷渡到外地谋生。海南岛与福建、广东一带一衣带水，先前一直是福建、广东迁徙目的地之一，比如海南东部就多为闽、广一带移民，两地居民气息相通，加上海南一些地区土瘠民贫，因此，伴随着闽、广人下南洋的热潮，海南人也投靠亲友，到东南亚谋生。所以，前往东南亚的人口以文昌、琼山、乐会、琼东四县最多。先期抵达东南亚谋生的华人许多在经济上取得了成功，又进一步刺激更多的家乡人向东南亚迁徙。

第二次高潮在 1840 年鸦片战争之后，英国、法国、荷兰、美国等西方列强在东南亚殖民活动进入高潮，大量种植橡胶、甘蔗、油料等作物，开采锡、石油等矿业，出于掠夺殖民地原料的需要，大量贩卖华人劳工到东南亚作廉价劳动力，海口也是重要华工出口口岸之一。鸦片战争之后，海南人开始向岛外迁徙。咸丰八年（1858），琼州被辟为通商口岸后，帝国主义国家在海口设立 10 多间"招工馆"，公开招募契约华工，或用欺骗的手段诱骗及绑架许多来自高州、雷州等地和海南岛的贫苦百姓及经济窘迫的劳动者，使之沦为"猪仔"，运往东南亚，如越南、马来西亚、新加坡、泰国等殖民地，为他们开荒拓疆，种植橡胶，开采矿藏，掠夺殖民地的资源，成为失去人身自由的苦力，过着非人的生活。清光绪二年至二十四年（1876~1898），从海南出洋共 24 万余人，其中大多数为"猪仔"苦力。同时，随着海口贸易日益发展，石油、棉纱等商品大量进入，海口传统燃料棠油与原棉加工受到致命打击，从业人员几乎全部破产和失业，漂洋过海当劳工的人数剧增。台湾学者苏云峰认为：海南的"猪仔"贸易开始于 1876 年，一直到 1913 年结束，主持此类活动的是德国商人"森宝洋行"，它自 1886 年在海口设立"招工馆"间，法国商人"哩哩洋行"与"几利幺洋行"，共设"招工馆" 28 间。到 1913 年琼崖绥靖处长邓铿枪毙猪仔客头（名阿二，雷州人），贩运猪仔的活动才告结束。① 陈翰笙《华工出国史料汇编》第 5 辑记载：1876~1898 年，到海外的海南人达 24.17 万人，平均每年 1 万余人。1902 年，海南遭受旱灾，五谷歉收，当年比往年前往曼谷的人口增加 57%。据统计，1902~1911 年间，海南每年迁徙到新加坡、泰国的人口达 2.7 万人。② 因此，在此期间，大批海南人作为劳工被迁徙到东南亚。

第三次高潮是在 1911 年民国成立之后，"民国以来，远游之风益盛，其久客致巨富者殊不乏人"。③ 这一时期的特征是大量女性外迁，与先期到东南亚并定居下来的丈夫或亲人团聚。

第四次高潮出现在 1937 年日本侵华战争之后，为躲避战乱，大批海南人南迁。抗日战争胜利后，接着是国共内战，社会仍然动荡不安，海南人持续外迁。

---

① 张兴吉：《初探近代海南华侨出国潮——产生宋耀如的时代研究》，《新东方》2009 年第 4 期，第 10~13 页。
② 詹长智：《中国人口·海南分册》，中国财政经济出版社，1993，第 20~21 页。
③ 陈铭枢总纂《海南岛志》，第 135 页。

海南人迁出地，以文昌县居多，1950 年海南解放之前，文昌县在海外华侨有 9 万人，琼山、琼东、乐会、定安等县各有数千人。《海南岛志》记载："各县在外侨民最多者当首推文昌，约 9 万人。次则琼山、琼东、乐会、定安等县，俱有数千人。再次则澄迈、万宁、陵水、临高、崖县，各数百人。儋县、昌江、感恩诸地，则寥寥数十人而已。"① 华侨迁居地，以泰国、新加坡、中国香港最多，其次是越南、印度尼西亚、马来西亚等。从事的职业多以旅馆、酒肆、茶室、制鞋、缝衣等，也有少数从事种植树胶、经营航运。海南人向东南亚迁徙，也对海南社会产生深刻影响，海南的服饰、饮食、住宅、婚姻等多方面受到东南亚和西方社会文化的影响。

海口人多为海口经商的祖籍文昌、琼山、琼东、乐会、万宁人，因而，出洋谋生而成为华侨、华人的海口籍人也多为以上数县人。祖籍海口的华侨、外籍华人只占海口华侨、华人的 12.7%。1996 年，海口市的华侨有 92274 人。海口最早出洋谋生者姓名、时间无从考查，较早的居留地是越南。海口解放初期，海口华侨有 87.2% 侨居东南亚。1956 年，侨居越南的海口华侨有 814 人，占华侨总数 17%。20 世纪 70 年代后期，越南排华，华侨纷纷归国或迁往他国。1990 年，旅越华侨只有 736 人。1945 年第二次世界大战结束后，欧美经济迅速恢复和发展，特别是免受战火摧残的美国、加拿大等国家的经济发展迅速，且美国已废除排华法律，许多侨居在经济落后国家的华侨纷纷迁居欧美。他们在异国他乡开中餐馆，或经营小本生意，也有一部分人受雇为职员，并已加入侨居国籍。1990 年，侨居美国的海口华侨 90% 以上都拥有美国国籍，成为美籍华人；少部分人因种种原因仍保留中国国籍。1996 年，海口华侨分布于世界 24 个国家和地区，主要集中在东南亚各国和美国。

光绪八年（1882），琼州第一家侨批局在海口设立（街道门牌、字号已无从查考）。侨批这一名称来自闽南方言。闽南语称信为"批"，寄信称寄"批"。后来，"批"成为南洋华侨寄托银信的代用词。经营侨批

---

① 陈铭枢总纂《海南岛志》，第 135 页。

的民间机构为"侨批局",也称"侨信局"或"批局";负责收送侨批的人叫"派批员"、"批客"或"批脚"。民国期间,南洋经济发展,侨汇增加,最高额每年达 2000 余万元(100 元 = 71.5 海关两),最低 500 万~600 万元,年均 1000 万元,侨批业随之得到发展。1928~1931 年,海口有平民栈、益日隆、泰昌隆、泰原、中民、阜成丰、线泰、实安泰、信安、泰安、信成、琼源通、东南庄、珍发兴、琼源昌、兴隆、同泰兴、会昌兴、荣安泰、琼海丰、琼源兴、裕成光等 23 家侨批局,到 20 世纪 30 年代末发展到 55 家,其中有些银铺、找换店兼营侨汇业务,这是海口侨批业的全盛时期。1939 年日军侵入琼州,20 世纪 40 年代侵占东南亚,因战乱,多数华侨失业,侨汇大量减少,海南多数侨批局停业。抗战胜利后,1946 年海口共有 45 家侨批局恢复营业,以后因法币恶性膨胀,汇价波动很大,海外侨胞多托人携带外币回乡,侨批局业务冷落。1948 年,海口侨批业有大亚、琼成、泰源丰、福昌、和记、广丰利、泰南隆、同安泰、汇通庄、裕安泰、永茂祥、泰兴隆、琼汇通、源昌盛、光亚、美兴、广南、锦和、永记、聚合昌、陈益泰、王会昌、精华、广裕、广源、埠成丰、永源丰、裕成、琼盛、恒安泰、鸿安泰等 40 家,这些侨批局多经营他业得以维持。1950 年 8 月,人民银行海南分行对海口侨批局进行登记,有永源丰等 41 家,资本总额旧币 3740 万元。政府发给执照,准予继续营业。1972 年 5 月,政府决定取消私营侨汇业,海口市侨批局由中国人民银行接管。

民国时期,海口主要的交通、运输、金融、房产都是华侨投资的。1932 年 6 月,国民政府侨务委员会在海口设立办事处,办理侨民出入海口的护照、登记及有关指导等业务。1933 年 1 月 20 日,海口设立侨务局,处理华侨移民、指导华侨出入海口。1936 年 6 月 25 日,海口侨务局改为广东侨务委员会海口办事处。1939 年 2 月日军侵入海口,侨务机构随之撤销。1955 年,全市有华人、华侨、港澳台同胞 92274 人,其中华人、华侨 67434 人,港澳台同胞 24840 人。归侨、侨眷 75000 人,其中归侨 6100 人,侨眷 68900 人。

海口解放初期,有部分华侨回国求学和参加社会主义建设。1954 年

1月，成立海口市归国华侨联谊会，实行团体委员制，作为联系华侨、华人、归侨、侨眷的桥梁和纽带。1955年，成立海口市人民政府华侨事务科，隶属市委统战部。1958年6月12日，海口市人民政府侨务科改为海口市侨务局，与海口市委统战部、资产阶级改造办公室联合办公。1960年，印度尼西亚排华，部分归侨到海口定居。此外，各时期都有华侨陆续回国。"文化大革命"期间，1967年3月，海口市实行军事管制，市侨务局机构随之取消，工作归市革委会政工组负责。1978年，成立海口市侨务办公室，与市外事办合署办公。1978~1996年，在海口投资的三资企业中，80%为华侨投资。海口华侨还积极向社会公益事业捐款，许多人被海南省政府、海口市政府授予"赤子模范"、"爱琼赤子"、"海口市荣誉市民"等称号。

第九章 民国时期海口的建设

1911年10月武昌起义时,时任清朝琼崖兵备道统领的是刘永滇。刘永滇(1878~1933),字滇生,湖南新宁人。11月9日,广东谘议局宣布广东独立,刘永滇见清王朝大势已去,遂改旗易帜,宣布独立,自称琼崖临时都督,以示承认独立后的广东都督府。广东都督胡汉民遂委任林文英为琼崖民政长、王斧军为副民政长,前来海南接管琼崖政权。但刘永滇以未奉广东都督府命为借口,拒交权责,但又自知其位不能久恋,遂称病离职,推荐刚调任三天的琼山知县范云梯替代,并将兵权移交给范云梯。范云梯(1863~1940),字步月,广西永安州(今广西壮族自治区蒙山县)东平里水窦村人。光绪二十八年(1902),范云梯曾被授予"广东琼崖兵备",在海南有政声。

胡汉民接着又派赵仕槐(文昌人)任琼崖安抚使,率琼籍同盟会员陈策、吴伯等二十余人入琼,强行接管政权。赵仕槐带领由参加琼崖同盟会的学生为主组成的学生军,陈策带领由华侨青年组成的炸弹队,约一二百人,配合毛瑟单响步枪数十支,由海口出发,兵分两路,进攻琼崖道首府府城。范云梯率五营兵勇进行抵抗,经过三四小时的战斗,革命党人攻城未果,退守海口。1912年2月12日,宣统皇帝宣布退位,胡汉民又遣派黄明堂替代赵仕槐,范云梯闻讯逃遁,海南军政大权被革命党人接管。

1912年中华民国政府成立后,在海南设置"琼崖绥靖处"。1914年改置道，姚春魁为琼崖道尹，下辖琼山、澄迈、定安、文昌、琼东、乐会、儋县、临高、万宁、昌江、陵水、感恩、崖县等13县。

中华民国成立后，当时的海口市还是一个人口规模很小的小镇，称为海口镇（也称海口所城），位于今天得胜沙、骑楼老街一带，隶属琼山县。1919年，琼崖镇守迁至海口饶园（位于今解放西路和平电影院、乐乐园一带）。第二年又改称"琼崖善后处"，公署仍在饶园。1926年海口镇脱离琼山县建独立市，设市政厅（位置在今新华南路5号），第一任市政厅长为龙道孔，下辖第一、第二、第三等三个警察区。1928年广东省分设东、南、西、北善后区，海口市隶属于"南区善后公署"。1931年2月13日撤销海口市，称海口所，复归琼山县。1934年，海口为琼山县第十一区，区公所设在瀛海书院内（今胭脂园内），辖永安、福安二镇和关龙、龙英（龙昆、秀英）、新埠、盐博（盐灶、博义）、白沙等六乡。

1939年2月10日，日军占领海口，设海口治安维持会。1941年设伪海口市政府。1945年日军投降，废伪海口市政府，海口重隶属琼山县，设海口八乡镇联防处，辖永安、福安、关厂三镇和白沙、海甸、新埠、盐灶、龙昆五乡。1947年，琼山县划分五镇四十乡，设海口办事处，辖永安、福安二镇和白沙、甸埠（海甸、新埠）、关龙（关厂、龙昆）、秀英、那流（长流、荣山、新海三乡镇）五乡。1949年，成立海南特别行政区（省级），海口复设市（县级），辖永安、福安、关龙、白沙、甸埠、秀英六乡镇。①

第一节 海口基础设施建设

在国民政府管理之下，海口市在城市基础设施建设方面获得发展。1924年，城内道路开始大规模扩建。城内南北所内街的北门街、四牌楼

---

① 《中国国情丛书——百县市经济社会调查·海口卷》，中国大百科全书出版社，1992，第12页。

和南门街扩宽为 11.5 米,铺设水泥路面,改名为博爱路。之后又向南北扩建,分为博爱南、北路,全长 800 米。东西所内街,东门街扩为 8.5 米,改称新民路。后又分为新民东、西路,全长 458 米。至海口解放前夕,市内主要街道有新华路、博爱路、新民路、中山路、得胜沙路等 5 条道路。海口开埠后,商业贸易逐渐兴起,清末时用灯笼照明,1914 年海口市主要街道和商业区、街道转弯处安装路灯,以方便夜晚出行。

1939~1945 年日本侵占海口期间为掠夺海南资源,也修建了一些基础设施,以服务其军事战争的需要。

(一) 军事海防

甲午海战之后,旅顺、威海等港被日本占领,海军没有驻泊之所,于是清王朝起议再建筑军港,海军部预筹分为四区:第一区,营口在奉天辽河左岸锦州湾,为渤海两岸之良港。第二区,扬子江口为沿江七省之门户,沙滩连亘,多暗礁。第三区,永嘉湾即瓯江口,三都澳即三沙湾,在福建霞浦县,港口水浅,港内水深,容大军舰。第四区,海口岛在广东琼山县北,与雷州岛对峙,为扼隘之所。榆林港在琼州岛南,背负崖壁,前临东京湾。道光二十九年(1849)倭寇入犯海口,海府地区军民予以反击,经过激烈的战斗,最后得胜海贼于外沙,故得名"得胜沙"。

(二) 交通设施

1. 港口设施

1933 年修建"书场码头",1935 年竣工,因临近书场而得名,为海南人工建造的第一个近代码头。日军侵琼期间,书场码头改名为"秀英码头"。1939 年日本侵占海口期间,在书场码头东侧海岸修筑了长 75 米、宽 6.6 米的"丁"字形栈桥式钢筋混凝土码头,作为军事和运输海南矿石之用。

2. 内河交通

在民国时期,南渡江仍是内陆水上的交通要道,《海南岛志》载:"琼山、定安、澄迈之南渡江,可通航四百余里。有船约三四百艘,每艘容量约百担。由金江载货一船约百担，运至海口需费 20~25 元；由新吴、东山、瑞溪、定安、巡崖至海口，每船载费 15~17 元，搭客费 1 元；由旧州到海口，每船载费 10~12 元，搭客收费 1 角，日开二三次。"① 南渡江内河运输兴旺，船只云集长堤码头。

3. 陆路交通

1919 年 5 月，北洋政府拨款 3.5 万元，修建从琼山县府城镇至海口的公路，时称"琼海路"，长 3.5 公里。1924 年修通海口至丰盈公路，1926 年修通海口至永兴段公路。1936 年琼岛干线公路修通，全长 631.5 公里。1949 年时海口全市公路总长已经达到 25.5 公里，不过却只有 8 公里水泥路面。1922 年琼山县设立公路局，1924 年改为工务局，1927 年复改为公路局，兼管海口公路修筑、运输事务。1927 年 7 月 17 日，海口市加强对公路的管理，禁止居民放猪、鸡出街和街边搭棚，由民政局负责上街抓猪、鸡，变卖充公。

4. 航空设施

20 世纪 20 年代末始建海口机场，1930 年广东省政府试办民用邮运航空，从广州飞海口航线，但因时局变化而停办。1934 年，西南航空公司成立，同年开通广州经茂名至海口航线。1939 年，日军入侵海南，出于军事侵略需要扩建海口机场，修建新跑道及飞机维修厂房，日本投降后变成国民党军用机场。②

（三）邮政

1912 年 1 月 1 日，中华邮政机构在海口设琼州（一等）邮局。1924 年，琼州一等邮局局长始由中国人担任，结束外国人主持的历史，1928 年改为二等甲级局，称海口（琼山）邮局。民间的民信局也十分发达，1933 年，海口（琼山）登记领照的民信局 32 家，海内外业务机构在海口设分号的有 119 家。1928 年，南京国民政府召开交通工作会议，通过决议："民信局应于民国十九年（1930）一律废止。"到 1935 年，民信

---

① 陈铭枢总纂《海南岛志》，第 278 页。
② 海口市志编纂委员会编《海口市志》，方志出版社，2004，第 435 页。

局彻底销声匿迹。①

抗战期间，海口（琼山）邮局仍办理邮政业务，但因日军横行，邮路受阻，营业不正常。1946 年 2 月，海口（琼山）邮局被指定为兼管全岛侨汇分发和票券供应局，局内分设文书、会计、储汇、营业、邮件、转运 6 个组。1949 年增设总务、挂快、包裹 3 个组。同年 6 月，在海口设第四邮务管理段。同年 7 月，海口（琼山）邮局由二等甲级局改为一等乙级局，并于书场、秀英村、大同街、君尧村、椰子园、三亚坡（三亚街）、新兴路设邮政代办所 7 处，在新民路、博爱路、中山路、南门路、少史街设信柜并售邮票。1950 年 4 月，海口（琼山）邮局员工有 104 人。

1. 电信

1916 年，因琼州海峡海底电缆损毁，琼州至大陆有线电报通信停办。1926 年，国民党琼崖当局在海口饶园（今解放路和平电影院处）筹办电台，因工程质量差，未能发报。次年，由国民革命军总司令拨给电报机设备，在饶园设立广东无线电报琼州分局。1929 年更名为交通部海口电报民局，地址迁到大英山祖庙。1939 年，日军侵占海南，电信设备被日军控制，日军在海口设立国际电气通信株式会社海南支社，下设海口、榆林港、嘉积、澄迈、琼山、崖县电报电话局 6 处。1945 年抗战胜利后，琼崖国民党当局设立海口电信局，并在海口设无线电台 1 台，作为政府专用电台。此外，银行、海关等也设有业务电台。

2. 电话局

1916 年 11 月，龙济光率军到琼，安装十余部电话机，供岛内军事联系用。电话为社会利用始于 1923 年。是年，在海口设立琼崖电话总局，有电话十余部。次年在嘉积、文城、定城、金江等地设分局。1929 年，全国电话统归交通部管理，琼崖电话总局改为琼崖电话所，部分县设分所。1932 年，国民党军队旅长陈汉光到琼镇压革命，电话机构和线路有所增加。1939 年，日军在海口设电话局 1 处。1946 年 11 月，除海

---

① 海南地方史志办公室编《海南省志》，南海出版公司，1994，第 512 页。

口市内电话外，长话交广东省政府琼崖办事处接收作军务专用。1947 年 5 月，成立琼崖电话管理所。

（四）能源设施

海口电力工业始于 1914 年 8 月，由清末举人林居升、华侨姚如轩和美国教徒陈正纪三人合股集资创办"海口华商有限公司"，公司位于今海口市文明东路和青年路交叉口处，公司引进总计 200 马力的发电机组。1923 年公司改组，改名为"琼郡启明电灯公司"，由于发电机组有限，只能在夜间发电，供电对象也只限于商店、饭店、旅馆等。1939 年，日本侵占海口期间强行接管了"琼郡启明电灯公司"，改称"日窒电业株式会社海口发电所"，安装 2 台 438 千瓦柴油发电机、1 台 625 千瓦柴油发电机。日本投降后，国民党接管，但一台已经老化，一台尚未安装，只有一台发电。1950 年海口解放后，改称海口电厂，职工 32 人，仅有一台发电机组，年发电量 39 万千瓦。

（五）医疗设施

1923 年，广东省规定各县建立平民医院，琼山、文昌、琼东、乐会等 13 县建起平民医院。随后私立的中医医疗机构也迅速发展，1927 年，海口商行捐资修建的惠爱医院重修，到 1932 年，海南各市县共有个体开办的中药店 87 间。海口较大的中药店有广德药房、张天元药房、同春药房等，琼东县嘉积镇有天和堂、广德药房、卫生堂、德保堂等，崖县有大兴药材店、常兴药材店、贻和药材店等，儋县有运生堂、同济堂、广福堂、天宝堂等。① 至抗日战争前，海口市有中西药店 30 多家。

（六）银行

1914 年在海口得胜沙路设立中国银行琼州分号，这是海南岛的第一家银行，由上海中国银行管辖，首任负责人黄献。1919 年改为琼州支行，1921 年改由香港中国银行管辖，次年复改为办事处。从开业到 1928 年，主要业务是发行钞票和代理国库，经办琼州海关税款项的收存和汇

---

① 林诗泉、林书勇：《海南中医药发展史料》，《中华医史杂志》1994 年第 2 期，第 105~107 页。

解事宜。之后开办有中央银行海口分行、交通银行琼州支行、中国农业银行海口办事处、广东省海口支行、海南银行、私营琼崖实业银行。①

第二节　民族经济的发展

民国时期，虽然废除了封建郡县制度，在海南建立起来新兴的资产阶级政府，但政治上的变革尚未引起农村的经济结构变革。

1937年七七事变后，日本发动全面侵华战争，为实现其向南扩张的目标，1939年2月10日，日军登上海南岛并占领全岛。在军事侵略的同时，日本也加强了对海南经济上的掠夺。日军侵占海南期间，虽然在海南从事农业、林业、渔业、牧业、农产加工、工业（机械、电气、化学工业、造船业、窑业、皮革、制盐、纤维、土木）等产业的活动，但完全是通过掠夺海南资源和榨取华人劳工的血汗，以服务于其军事目的，没有建立资本主义性质的劳资关系，故对海南社会结构没有产生积极影响，或者引起改变。

（一）农业

民国时期，海南农业种植以稻为主，稻分为水稻和陆稻（旱稻）两种，在低洼水田种植水稻，在高亢陆地栽种旱稻。除了种植水稻外，还种植薯蓣、番薯、菽、麦、甘蔗等农业作物。农民仍分为地主、自耕农、佃农、雇工四种，自耕农（含富农和中农）占大多数，佃农占少数，雇工最少。海南佃农向自耕农的转化途径主要有两种：一是海南遭遇天灾人祸，富裕家庭或死亡或流散，土地荒芜，一些佃农乘机耕种而成自耕农；二是下南洋的亲属汇款回家购买土地而成为自耕农。农忙季节，自耕农一般请亲属帮助，故雇工较少。这一时期的海南农业仍是封建生产关系的延续，尚未形成市场经济中的雇佣关系。

渔业，据《海南岛志》载："海口出海甚远，且港水甚浅，故在海

---

① 《中国国情丛书——百县市经济社会调查·海口卷》，第135页。

南渔业港上未见十分重要。渔船均集于海甸第一庙及离海口约 8 华里之白沙上村。第一庙之渔船较小，共有 80 余艘，所捕鱼类以虾为大宗，其他种类亦多。白沙上村现有大拖船 30 艘左右，小船 40 余艘。另东营街有大拖船 2 艘，小船 70 余艘。大船均于 10 月后赴围洲、三亚及其他各地，至 6 月回港。"[1]

（二）工业

这个时期民族工业有了长足的发展，海口纺织业、罐头、玻璃、印刷等制造业兴起，其他如制皮、肥皂、砖瓦等二三十个行业均保持小手工或半作坊式生产。1932 年，据琼崖实业调查团对海口工商业调查，全市已有大小织造厂 20 家（工人 1000 多人），染厂 30 家；牛皮制革厂 44 家，生产皮鞋、皮箱、皮枕等产品；家具厂、店 15 家；印刷厂 23 家；椰雕厂、店 5 家；饼干厂 3 家，制冰厂 1 家，果、鱼罐头公司 6 家，其产品已销往香港、东南亚地区。

日用品工业　1947 年海口市有作坊式肥皂厂 20 余家，每年营业额 4 万~5 万元。1950 年前，海口有石灰土窑近 10 家，以海边珊瑚做原料、木炭做燃料。1936 年，海口制革业 40 余家。

食品工业　（1）罐头。20 世纪 20 年代，海口已经有 4~5 家罐头生产手工作坊，以海南热带各种水果为原料，年产量 2000~3000 罐，如戴宏茂办的丰盛号、郑世宏的民强号、杜永普的亚洲厂、杜晓普的百强厂、陈地金的百代厂等，生产菠萝、荔枝、龙眼等罐头。抗战胜利后至 1950 年前，海口共有十余家生产罐头的食品公司，品种有鱼肉罐头和水果罐头，水果罐头有荔枝、龙眼、菠萝等，年生产 50 万~60 万罐，鱼肉罐头出口中国香港和南洋各国，每年出口约 1 万罐。（2）调味品。20 世纪 30 年代海口兴办了两家生产酱料的酱园。第一家是广珍酱园，创建于 1931 年，位于今海口市沿江路，工人 13 人，主要生产酱油（生抽王），年产量 120 吨，另生产南乳等酱料。协丰酱园，临近广珍酱园。抗战胜利后，全市生产调味品的厂家增加到 10 余家。（3）饮料。1947 年，

[1] 陈铭枢总纂《海南岛志》，第 410 页。

文昌华侨龙兆业、龙学书、龙学岱合资创建华侨建业公司海口汽水厂，生产汽水 1 万打。1937 年海口市有 7 家酿酒手工作坊。

纺织业 清末民初，海口市兴办了萃精、振兴、铜华 3 家织造厂，实行"织机制度"，即业主将织机与原料借给工人并付与工人一定工资的制度。1932 年，规模大的有陈锦兴布厂、梁锦源布厂、德兴布厂、德生布厂等 4 家，织布机数百部；中等的有锦新布厂、美生布厂、美新布厂、德源布厂、和新布厂、锦生布厂等 6 家；另外还有小型布厂若干家。1935 年，海口市有棉布、毛巾织造厂 15 家。均以国外棉纱为原料，从业人数 6000 多人，其中女工占 80%，男工占 20%。其中，70% 集中在今博爱路，30% 集中在大兴东路。①

（三）商业

自第一次世界大战到 1929 年，海口的经济状况有所好转，商业逐步发展，到 30 年代初商业逐渐兴旺起来。据 1932 年 5 月琼崖实业调查团的调查，海口有匹头杂货店 40 家、洋纱面粉店 39 家、牛栏 12 家、汇兑找换店 24 家、米谷店 65 家、纸料店 12 家、书籍印刷店 23 家、牛皮行 19 家、鞋展店 15 家、五金店 25 家、九八行 24 家、油漆箱店 10 家、木料行 13 家、烟丝店 14 家、海味店 39 家、旅店 24 家、中西药店 38 家、生猪栏 34 家、茶楼酒馆 12 家、瓦瓷店 8 家、糖果店 10 家、香港庄 10 家、代理船务 4 家、戏园 4 家、织造业 20 家、白通帽店 5 家、染坊 3 家、槟榔庄 15 家、照相馆 12 家、饼干厂 3 家、冰厂 1 家、家具店 15 家、花砖店 1 家、肥皂厂 3 家、椰雕店 5 家，合计 35 个行业，572 家。从对内贸易来说，海口是海南岛的门户，执对内、对外贸易之牛耳，所有各县货物，皆以海口为吞吐港。

国内贸易 输入方面，主要由广东输入火油、火柴、布类、烟草、药材、纸类、水泥等；由上海输入棉纱、布匹、罗纱、更纱、豆类、美国面粉、杂货、麻类、烟草、药材、油漆等；由汕头输入纸类、陶器、罐头类、玉葱、药材、薯粉等。输出方面，向广东输出盐、咸鱼、牛皮、

---

① 《中国国情丛书——百县市经济社会调查·海口卷》，第 135 页。

西瓜子、椰子、槟榔、橡胶、中药等；向汕头输出胡麻、蜂蜜、牛皮、木棉、白藤等；向上海输出黑砂糖、槟榔、牛皮、姜、中药等。1939年初，日军入侵海南岛，海口沦陷，国内商业贸易受到抑制。抗日战争胜利后，原在海口经商的海南岛商人、外地商人，都陆续回来开店经营。但由于官僚资本控制市场，货源不多，运输工具缺乏，货运不便，海口商业没能很好地复苏。1948年，有"天山"号、"普陀"号、"正祥"号、"海洋"号等轮船不定期由广州经湛江至海口。

票号、钱庄、金铺的兴起 清咸丰、同治年间（1851~1874），海口开设了许多家票号，主营汇兑业务，兼营商业，至辛亥革命时期票号收缩结束。1918年，钱庄兴起，20世纪30年代，兑换外币的钱庄有汇信、五合发、五德记、五合记、利昌、利记、和丰、成信、同信、信记、瑞生、安达、财丰隆、柯容记、琼裕兴等15家。经营汇兑和存放款业务的有捷昌、尚亦庄、陈成记、富安、汇利、统发利、鸿远、汇隆、公信、永信、熙信、丰利、汇丰、巨盛、实源、鸿裕、永昌、合裕、大公、广信、森信、永吉、安本记等23家。1935年冬，国民党政府实施"法币政策"，货币渐趋稳定，以炒买货币盈利的钱庄业务萧条，多数停业。有的改为金铺，经营金银首饰。1938年，海口有金铺10家，1949年3月和1950年6月分别有39家和22家。1950年以后，取消票号、钱庄、金铺，黄金、白银统一由海口市人民银行管理。

运输业 1920年，商人黎晋隆购买3辆汽车组建了"琼州汽车公司"，该公司是海口第一家民办汽车运输公司，在琼海路（今海府路）从事客运。之后，海口又有多家汽车运输公司相继成立，如华兴公司（资本总额1.6万元，汽车14辆）、琼定公司（成立于1924年，资本总额6.31万元，最多时有汽车17辆，公司设在博爱南路）、民安公司（成立于1925年，资本总额0.6万元，汽车4辆）、琼澄临公司（成立于1926年，开设海口分站，汽车5辆）。至1927年时海南全岛已经有8家私营汽车公司，各公司均在海口设有停车点，当时通车线路有8条，如海口至府城、海口至尚道、海口至定安、海口至文昌、海口至澄迈、海口至临高等。至1928年，海南岛共有运输汽车486辆，其中驻海口的汽车公司拥有量占 100 余辆。汽车品牌有"佛甲"（"勿甲"）、"多利"等，司机多为南洋华侨。日军侵占海南时，汽车公司无法经营，汽车损坏报废十分严重，抗战结束至解放前夕，汽车运输一直不景气。1949 年大批国民党军政人员、士兵败退海南，为解决交通问题，兴办海南汽车运输公司，1950 年 2 月又成立大中国营运公司车务部，营运线路主要是海口至府城、海口至秀英。2 个公司共有 20 多辆汽车。1950 年 4 月 23 日海口解放，两公司关门，人员逃散，遗留汽车 18 辆。全海南有 114 辆，大多数是超龄残破的，以日本车居多。①

饮食旅馆业 民国初，在博爱路一带有金华号、金海号、五昌行、琼南酒家等茶楼酒馆，1932 年有中国酒家、长安酒家、富南楼、琼南楼等茶楼酒馆 12 家，20 世纪三四十年代有酒楼酒馆 20 多家，大型的分布在紫竹街（今新华北路），中小型的分布在四牌楼（今新民东路、新民西路、博爱南路、博爱北路等），抗战期间酒楼酒馆生意萧条，抗战胜利之后有所恢复。西式茶店在民国初年就已经出现，由华侨亲属经营，分布在得胜沙路、博爱路一带，经营咖啡、红茶、牛奶、咖啡奶、红茶奶、阿华田等饮料和糕点。一些归侨在新式茶店里喝茶、吃小吃，成为"老爸茶"兴起的源头。旅馆业在民国时期也迅速发展，因华侨归乡等因素，旅馆业十分兴盛。1936 年，海口大厦（5 层楼）兴建，1930～1939 年，有大亚酒店、侨商酒店、侨安酒店、泰昌隆、阜成丰、大丰利、琼源通、金安栈、平民栈等十余家，20 世纪 40 年代增加到 20 余家。②

第三节　人口与社会生活变迁

民国初年，海口是个滨海小镇，城内外有 20 多条街巷，旁及周边农村渔村，人口 3 万多人。1926 年，海口设市后，街道增设、居民增加，

---

① 海口市志编纂委员会编《海口市志》，第 235 页。
② 《中国国情丛书——百县市经济社会调查·海口卷》，第 312 页。

经商者多来自外地，大陆来的以闽广人居多；岛内来的以文昌、乐会、定安、澄迈、琼山人居多。商人或其他职业者为了方便联络，在20世纪二三十年代纷纷建立家乡会馆。其中有福建漳泉商人在白沙门上村的漳泉会馆，泉州商人在水巷口的福建会馆，琼山、定安、澄迈牛皮业者的敖峰会馆，南海、番禺、东莞、顺德、新会在博爱北的广行五邑会馆，兴化、潮州商人在白沙门上村的兴潮会馆，高州商人在关厂坊的高州会馆，潮汕人在西门外的潮州会馆。每一会馆一般由两百名同乡捐建，按以上七个会馆计算，当时在海口经商的客籍人有1000名左右，这批人后来成为海口商人的基本队伍。

服饰 民国时期，海南汉人服饰发生重大变化，"妇女恒纺织吉贝为土布，以供自用。迄洋纱通行，自纺均废"。① 受东南亚华侨和西方影响，城市中男子穿西装，女子多剪发，穿时髦服装。但在海口农村中仍然保留传统服饰，男子仍穿粗布对襟衫袄，妇人衣尚黑色，高髻天足。清末民初，长流人男女服饰相似，上衣成两块缝合，均为大襟，右腋下扣纽，无领（裤子为大筒，有头无袋）。姑娘衣边镶有花纹，或以色布缀边，腰间佩带一个小巧玲珑的荷包。妇女皆留长发，编辫盘髻，发鬟常插银钗，披黑长帕，手戴玉镯或十三鳞镯，耳挂铜（银）坠。渔民妇女常在肩头至胸部衬一块颜色鲜艳的彩料。疍民妇女衣服紧身，上衣大襟右扣，常用一块颜色鲜艳的布料衬于肩头袖筒之上，发鬟常插银钗，手戴玉石、玳镯。男子多穿粗布对襟唐装，上衣4个口袋，下大上小对称；裤子为粗布大筒，灰、蓝、黑、白蓝等色。妇女为大襟衣，扣于右侧腋下，尚蓝色、黑色。人们多光足，夜晚或雨天多穿木屐。少女留对辫，辫尾以彩绸扎蝴蝶结，刘海儿如梳；中青年妇女多剪时髦短发，自然朴素；老妇编独辫，盘高髻于脑勺。民国年间，有身份的男士穿西装，学生有学生装；有钱人家小姐云鬟金钗，戴金项链和戒指。一般妇女多戴竹笠，或披方巾，节日、喜庆、访亲、看戏，手戴玉镯，耳挂金、银环为饰。

饮食 煮粥最为普遍，民国时期，"农家多食粥，每食必和冷水。

---

① 周文海重修，卢宗棠、唐之莹纂修《民国感恩县志》卷一《舆地志》，第42页。

此俗几于全岛如是，当因地带炎热使然，不复计其有无害于卫生也"。①

居住 清末民初海口民居房屋矮小，房屋结构多为一室两房，木柱架子。柱之大者圆径尺。中两行镶木板，房屋四墙多用火山石加泥砌成。富者外墙批石灰，室内木构件以石梓木、波罗蜜木为上，胭脂木、海棠木次之。房屋格式以厅堂居正，左右为卧室。全屋顶瓦，垄为单数，如35垄瓦顶的房屋，分为中堂13垄，两卧房各11垄；41垄瓦的房屋，分为中堂15垄，两卧房各13垄。房屋矮小，两房正面设小窗。中堂后墙上端设神龛，安放神像和祖先牌位。有钱人家院子有两进，中间有天井，两侧有厢房。市民普遍在厅门左墙檐下书"敬天香"三字，用以祀天帝；厅堂内供桌下设"土神"。民国初，海口拆城扩建街道之后，临街为骑楼。小巷角落仍为平房。郊区乡村无变化，瓦屋、草屋、草房兼有。

民国时期，海南房屋受东南亚和西方建筑风格影响，开始发生变化。首先是城市居住风格变化，"自民国以来，风气所趋，各县城次第拆毁，改筑马路，屋宇竞尚西式。如文昌、琼山、定安、琼东等县城及海口、嘉积市等，咸焕然改观，已非昔日之比"。②琼州府城及各县城市区多采用瓦屋，建筑宽敞，屋式开成"二"字，厅堂、窗户设置比较雅适。而乡村居室比城市变化慢一些，茅屋与瓦屋互用，屋式类似城市，但低小窗少，或不设窗户，低屋檐高仅四五尺。房屋布置有寝室、厅堂，但一般不另设厨房、厕所。屋中陈设简陋，贫穷人家室内甚至没有桌椅。几乎各家都有大木板凳，供日常坐卧。无桌凳之家，多用木板围坐而食。一般人家器具很简陋，除桌凳外，箱柜很少。厨房没有烟囱，也没有排水小沟，故常年污湿、炊烟满室。春夏天热，人们多睡在庭院中或屋檐下，不用棉被。秋冬寒冷，人们烧火炉取暖。寝室内不挂蚊帐，平时燃牡荆叶或香木熏蚊子。没有厕所，到屋外僻静处大小便。牛猪栏设在大门外或屋后，上面无盖，下面无垫，牛猪屎尿堆积二三尺，早牧放出，猪牛经过沿路两旁，草叶尽被污染，雨后尤其垢秽。一般来说，琼山、澄迈、临高等地的建筑材料多用石头，儋州、文昌等地石、砖并用。定安城附近房屋，

---

① 陈铭枢总纂《海南岛志》，第127页。
② 陈铭枢总纂《海南岛志》，第126页。

墙四围用砖，墙多中空，再用木柱支顶梁栋。乡村房屋多用泥。①

出行 平民百姓外出步行，结婚迎新娘才能乘轿，富人出远门或访亲会友多乘轿。轿子分官轿和民轿两种，官轿比民轿华丽，民轿有花轿、小轿、快轿等。轿有 2 人抬的，也有 4 人抬的。

婚礼 到民国时期，随着西方文明在中国的传播，海南也出现女子解放思潮，提倡自由婚姻，自由婚恋开始增多。但早婚现象仍然普遍，初婚年龄男性一般在 16～17 岁，女性在 13～15 岁。男女到结婚期，男家送银钱到女家，称作"送日子"。结婚前三天，男家先送米、肉到女家，称作"过礼"。女家接受米、肉后，留下来等新郎、新娘回门时食用。"送日子"时，女家向男家索要金钱，上户约百元，中户三四十元，作为妆奁之资。婚礼日，男家准备仪仗花轿，由新郎到女家迎亲。新妇迎到门后，新郎先入洞房坐到帷幔中，不一会儿出来，然后新妇进入，行拜堂见翁姑礼。这一天，男家大宴宾客。黄昏后闹洞房、放爆竹，新娘女友也可以谑新郎。第二天，新娘、新郎回岳家，行回门礼；岳家设宴招待新婿。新娘家的妆奁多少不一，富家盈箱累箧，贫家只有寒暑衣裳三四套。琼山婚俗，女子出嫁后，三天即返回母家，逢年节庆吊才回丈夫家，直到生育后才落家。中产之家，男子多喜纳妾。再醮妇嫁后，如不适意，可随时返原配夫家，习俗不以为耻。兄若未娶，妹不嫁，弟不婚。②

生育 民国时期，生育由稳婆负责接生。婴儿坠地时，稳婆将婴孩脐带切断扎紧后，用盐水洗婴儿口，然后才喂乳。除喂乳之外，在刚生下来的半月内，用甘草或黄连浸水灌饮婴儿，这与内地婴儿的饮食不同。婴儿诞生后有一些禁忌。比如在产后第三夜，生育家庭请道士设斋醮除秽，同时在门上悬挂青树叶，称为"打青"，拒绝外人出入。外人看到人家门上挂青树叶也要主动回避。生子后要祭祖敬神。婴儿满 12 日后，生育家庭要用酒肉奉祀祖先，生男孩时才奉祀堂神主。生子后要向亲友报喜，送酒肉给岳家，称为"报喜"。满月时，生育家庭要大宴亲友，岳家也邀集亲戚到女婿家贺喜，贺喜者一般携带酒、肉、米等物为贺礼。

---

① 陈铭枢总纂《海南岛志》，第 126～127 页。
② 陈铭枢总纂《海南岛志》，第 129～132 页。

岳母赠送金银颈圈、首饰、衣帽、米肉，比其他亲戚都多。1950年海南解放前，婚后无子的夫妇采用三种迷信方式求子：第一种求神拜佛，主要跪拜临水夫人和金花娘娘赐子。第二种是吃喜蛋、喜果。亲朋邻里如有结婚人家，嫁妆送到男家以后，久不生育的女人就会向主人讨喜蛋或喜果来吃。第三种是偷瓜、送瓜和偷灯。

冠礼 平民家庭中的冠礼主要是命名，民国《海南岛志》中记载：府城、琼山、定安、万州和澄迈一带男子娶媳妇时才命名，并将所命名写在红纸上，贴在正堂墙壁上，向大家宣告。名字一般由父母来命名，如果男子曾经读过书，就由先生命名。而临高、儋州的男子多以所娶妻子的姓氏和自己的姓氏合在一起命名。

岁时风俗 "元宵"，满城妇女尽到总镇衙前折取榕叶，谓之"偷青"，或燃香城门祝之，以祈有子。孩儿则摸总镇衙前两旁石狮，以祈平安。好事者悬谜灯于门首，游人聚观，测中者酬以笔墨、烟草。正月下浣，乡民竞抬本境之神以与邻村所祀者相会，因而刲羊击豕，聚会饮酒，唱演士戏，谓之"装军"。其聚饮也，即素不谋面之人，亦喜延之入会。五月二十七日、六月十一日，迎府县城隍神，儿童则荷纸项械，厮役辈则装为叫花子，笠上采戴各色草木之花以别之。八月十五日。解戏文者使童男瞑目立于月下，持咒诵之，须臾如醉如痴，而步履往来能随其所唱之声，而各肖其人以出，谓之"关月"，又谓之"瞽目戏"。但声不宜寂，寂则张目而醒。十一月。"冬至"酿黑芒稻米为酒藏之，逾年而后用，谓之"老酒"。村家掘姜于城市货之，谓之"冬至姜"。①

第四节 教育、文化和医疗的发展

（一）民国时期海口的教育、文化事业

清代末年，废科举，兴学堂、学校，西式教育兴起。

---

① 朱为潮、徐淦主修《民国琼山县志》卷二《舆地志》，海南出版社，2003，第62页。

幼儿园 民国时期有幼儿园 2 所，1932 年设私立琼海中学附属幼稚园，院址在海口东门；1941 年，日军在海口东门内设置侨幼儿园。

小学 民国时期，小学分为公立和私立，公立学校分为国立、县立、区立几种。据史志记载，1917 年海口有 4 所小学。1924 年，海口市有正规小学 8 所，学生 652 人。1930 年，海口市有小学 13 所，学生 1133 名，其中市立小学 1 所。1933 年海口为琼山县第十一区，全区小学 21 所，其中县立小学 2 所，区立小学 2 所，其他为私立。民国时期的小学一般设修身、读经、作文、习字、史学、舆地、算学、体操、自然、格致、手工等科目，后增设三民主义及党义、童子军操等。

中学 光绪三十年（1904），天主教会在五公祠附近创立私立匹瑾中学，为海口中学教育之始。1923 年 9 月，钟衍林创办私立琼海中学，校址位于府城西门大路街，为扩大学校规模，钟衍林先后于 1927 年、1930 年、1936 年三次赴港澳及南洋等地，发动港澳同胞、华侨捐款数十万元办学，陆续建成雨亭楼、工字楼、凤栖堂、胡文虎体育馆、游泳池及教室、宿舍等，还在香港、昌感等地设有分校。至 1930 年，在校学生会 93 人。日军侵琼时，该校被迫停课，1946 年复课，数年后停办。1946 年，环海中学在大英山创办，仅数年亦即停办。1946 年 9 月，国立第二华侨中学由重庆迁至海口海秀大道金牛岭，随迁教职员 75 人，学生 489 人。次年 5 月，更名为国立第一侨民中学。1947 年春，私立琼南中学在五公祠附近创办，私立丘海中学在秀英村创办（后迁府城城隍庙）。同年下半年，私立建华中学创办于市区龙华路原日本酒厂，海南大学设立附属中学于椰子园。1948 年，长流中学创办于长流镇；私立汇文中学和私立新民中学也分别建于海甸岛和新埠岛。

中等职业教育 1932 年，福音护士职业学校创办于盐灶路，是海口福音医院附设的一所护士职业学校。至 1950 年前，海口有琼崖师范学校、海强医事职业学校、海南艺术专科学校、广东海口高级农业学校、海口长春商业职业学校、海口实用会计学校、福音护士职业学校等。

高等教育 1946 年符拨雄创办的第一所专科学校是海南艺术专科学校，地址在大英山。私立海南大学创办于 1947 年 11 月，时任广东市长的陈策邀请同乡成立海南大学筹备委员会、校董会，宋子文任董事长，聘任颜任光为首位私立海南大学校长，范会国、梁大鹏为副校长，刘平侯为教务长，冯锁凯为总务长。地址在海口椰子园（今424医院），设立农学、医学、文理等3个学院。海南医学院创办于1948年，位于海口市龙华路。海南师范大学创办于1949年秋，位于海口市龙昆南路，每年招一个班，学制4年。①

琼剧 琼剧是在明末清初吸收"闽班"、"潮班"的唱腔和表演，清咸丰、光绪年间吸收粤剧基础上形成。民国初年海口开始演"文明戏"，上演的主要剧目有《林攀桂上金銮》、《倒插金钗》、《王桐乡告御状》、《春水浇桃花》、《荷池映美》、《张文秀》等剧目。民国时期较有名的琼剧团有"长和班"、"三升办班"、"黄文班"等，艺员一般分散在民间，由班主召集。

电影、戏剧 海口市最早的影剧院是1925～1926年间建立的幻真戏院和新民戏园，幻真戏院设在今海口市新民西路55号，新民戏园在今海口市新民西路49号。1926年夏，幻真戏院首映了美国无声电影《白马侠》，开始了海口市电影放映的历史。1928年秋，幻真戏院因押运影片的轮船沉没面临停业，改由新民戏园继续放映。1928年修建冠海戏院。1936年上海出品的有声电影片《五分钟》在海口幻真戏院首次上映。之后，各种有声影片进入海口，在幻真戏院、新民戏院、中国戏院（后改为中华戏院）、胜利戏院（前身是建于1928年的冠海戏院）放映，有声电影逐渐取代了无声电影。直到1950年海口市解放以前，除上述戏院外，还设有晓园（又名竹世界）、琼苑、民乐戏院、大同戏院等影剧院。电影的固定放映点只有中华戏院和胜利戏院，这也是1950年前全海南岛公有的两家电影院。这些戏院座位少，设备陈旧简陋。

报纸 1913年，林文英在海口西门外街（今新民西路139号）创办《琼岛日报》，这是海口最早的报纸，该报每日印刷，四开一张，日印量5000份。林文英自任编辑兼记者，向民众宣传爱国思想，抨击时弊，因

---

① 海口市志编纂委员会编《海口市志》，第315页。

此遭到军政当局的忌恨。1915年4月，遭敌人杀害，殉难时年仅42岁。此后，又出现《琼崖日报》、《新琼岛报》、《南星日报》、《国民日报》、《新民时报》、《国光时报》、《琼州日报》、《海南迅报》和《海南日报》等。

图书　民国时期，海口经营图书文具的商店有海南书局、会文书局、广智楼书局、华文书局、文教书局、大光书局、琼崖书局和文化书局等，除经营图书、文具外，还兼营教学用品等。

（二）民国时期海口的宗教信仰

1912年3月8日，以孙中山为首的南京临时政府公布的《中华民国临时约法》第5条中规定了宗教信仰自由："中华民国人民一律平等，无种族阶级宗教之区别。"第6条第7款规定："人民有信教之自由。"这是中国第一次以宪法形式宣布各种族、各阶级一律平等、信教自由的原则。在宗教信仰自由政策下，民国时期，海南宗教继续发展。

天主教　1922年，海南天主教监牧区改由法国巴黎双圣心会直接领导，主教布拉德。1925年由广西北海教区管辖。1929年，法国巴黎双圣心会派来了9名神甫。加上原来在海南的余礼灼、谢传芳、师决等3位神甫，共有12位神甫。1932年，从北海教区分出，正式成立海南天主教传教区，成为独立教区，由法籍余礼灼主教负责，时有神甫12人。其他神甫则分派往各地教堂任职。其中，德文彬、贾危亚在海口分堂会任正、副主教；谢传芳任孤儿院院长，林启儒在海口堂任神甫。除林启儒属西班牙籍外，其余均为法国籍。余礼灼主持海南传教区有13年之久，先后在岛内各县增设新教堂6间，维修10多间。有天主教修道院（1935年10月建于海口市铜锣园）、天主教女修院（1930年建于海口市铜锣园）、海口堂会、海口中法医院、海口市私立德育小学校等。1936年起，海南天主教传教区由德文彬继任主持。1939年天主教徒达到2000人。至海南岛解放前夕，教徒发展到3419人，其中男教徒2051人，女教徒1368人。1933年，教堂在新兴路（今新华北）购买一所私人楼房作为活动场所，第二年在该楼房附设海口私立德育小学。1936年，法国领事馆以教堂创办中法医院。同时，在铜锣园天主教堂附近兴建天主教修道院。海南总教会设于海口，传教会士 6 人，以余礼灼神甫为总理，计受洗礼教徒约千人。在琼山、文昌、定安等县分设教堂大小 12 座，并附设学校 4 所。海口总会则附设育婴堂 1 所、天门女学 1 所。育婴堂为法国圣保禄会女修士管理，所收育女婴几百名，抚养成人，教授普通知识。

基督教 美国长老会也派出牧师前来海南进行活动。1924 年，美国纽约长老会又先后派王保罗、张约逊、纪路文（日本侵琼时返回纽约）、白铺德、唐玛西（西班牙籍）等到琼传教。1934 年成立"中华基督教海南大会"，主席唐玛西，会址设在琼山县府城北官村中西女学堂（后改称私立匹瑾女子中学）内，该会受香港中华基督教总会的领导，香港中华基督教总会则受美国北美长老会的领导。中华基督教海南大会每年召开两次会议，大会领导核心以美国籍牧师为主体，华籍收师为一般委员。大会成立后，以海口、那大、加积为重点教区，在岛内各县设立堂会 14 个。除了以上堂会，中华基督教海南大会还设立 41 个分会，广设教堂，大力发展教徒。除了设教堂传教，美国西差会还派来陈大业、毛凤美等 13 名医务人员来海南开办医院、学校、麻风院、孤儿院等"慈善事业"。中华基督教海南大会规定所属的各堂会、分会均在每周三和周日传道，海口堂会还每天晚上进行布道活动。大会还将国内外寄来的刊物，如汉口教会的《圣经读本》，美国驻香港新闻处的《读书文摘》、《时代》、《新闻周刊》、《大西洋杂志》、《生活》、《今日美国》、《铁暮是真的吗?》及香港的《南华早报》等分发给各个堂会、分会广为传播。据统计，从 1912 年到 1950 年止，基督教美国长老会先后派来海南的美籍神职人员就有 49 人，在海南发展教徒近万人。

在民国时期，由法国和美国派到海南岛的传教士总共达到 50 多人，开设教堂、堂会近 30 间，开办各种学校、医院、孤儿院 10 多所，发展教徒达 13000 多人，传教事业空前发展。1950 年后，神职人员先后离开海南，中华基督教海南大会基本停止活动。

（三） 医疗机构与设施

早在清末时，海口就有传教士兴办的医院，如 1885 年美国人办的海口福音医院，1906 年英国人办的海口中法医院，这些诊所、医院为海口带来了西方先进的医疗技术力量，带有慈善性质，同时为传教服务。

1911年辛亥革命之后，海南青年纷纷到国外留学，学习包括西医在内的各种西方科学技术，1921年以后，陆续回到海南，其中有学习医学的徐天恩、朱润深、蔡时椿、林筱海、李家凤等近40人。另一方面，在海外华侨、商会的支助下，创办起海南人的西医院。比如琼山公医院、惠爱医院、海南医院、爱生医院等，其中以海南医院设施最为齐全、规模最大。①

海南医院　1927年由海口市商会发起，商会及华侨捐资，聘琼籍医学博士朱润深主持筹建并起草医院章程，名为海南医院。1930年竣工，地址在海口市椰子园。医院设有内科、外科（产科、妇科）和耳鼻喉科，有病床100多张，医师7人，护士18人。1936年购入X光机成立放射室。1949年，有职工46人，病床120张。

海口市人民医院　位于海甸岛人民大道43号，其前身为光绪二十七年（1901）法国天主教会设立的中法诊所，当时共有3栋简易平房。宣统二年（1910）扩建为中法医院，能进行简单的内、外科治疗。1929年，该院有法籍医生及助手8人，设病床（包括产床）100张，平均住院人数80余人，日门诊量80多人。该院先后由法国驻海口领事馆、法国天主教海南教会管理。在日军侵琼期间，该院陷于停顿状态。海口解放前夕，该院占地0.62公顷，建筑面积537平方米，共有病床10张，工作人员28人。1951年，因该院医务人员少，设备简陋，不设留医病床，改称中法诊所。1953年10月，海口市军事管制委员会接收该所，将市传染病医院并入，成立海口市人民医院，有诊病室、手术室、消毒室、检验室、配药室各1间，工作人员26人，仅有1名医生。

琼崖麻风院　1933年，海口社会贤达与上海麻风救济会联系，由美国麻风救济会拨款在市郊秀英灯楼坡建立琼崖麻风院，由福音医院兼管医疗。

卫生保健与防疫　1922年通令各县设立卫生局，1928年，各县成立

---

① 林诗泉等：《海南西医之传入和发展》，《海南文史资料》第8辑，南海出版公司，1993，第204~207页。

卫生委员会，由卫生人员及董保甲长为卫生委员，在各市县普及医疗和卫生事项，比如每年春天巡回种痘，白喉患者须到医院诊治并注射血清，奖励民众捕鼠，禁止停柩待葬恶习，住户清洁厕所卫生消灭蚊蝇，禁止麻疯人婚娶，推广爪洼式厕所，饮料化验，各县建立统一屠宰场杜绝注水，禁止儿童吸食烟类，改良有害健康的职业，取缔凉冷食物摆卖，设置垃圾箱，等等。①

美国传教士和海南留学归国医学人员在创办医院的同时，也创办学校，培养医学人才。1931年，海南医院附设护士技术学校，半工半读，学制三年，开设护士道德、内科学、外科学、儿科学、妇科学、药学、护病学等17门课程。1932年，福音医院附设一所护士学校，教师全部是美国人。

1946年，海口海港检疫所成立。1948~1949年间，海口市又陆续兴建海南特区热带病防治院（先在秀英码头附近，1949年迁到琼山府城）、海南妇婴保健院（地址在博爱南路，设妇产科、儿科门诊和留产部）、私立振东医院（内儿、妇产科和留产部），1950年从大陆迁入南京中央医院（未正式开业）。

海口解放前夕，卫生机构很少，而且设备简陋、技术水平低，老百姓缺医少药。据1950年5月统计，全市共有医院6所，病（产）床400多张，防疫保健机构2所，个体西医诊所、留产所27家；西医155名，中医50名。②

第五节　海口市的琼崖革命

1920年8月，上海共产党早期组织正式成立，参加者有陈独秀、李汉俊、李达、陈望道、俞秀松等，陈独秀任书记。之后，北京、武汉、长沙、济南等地纷纷成立共产主义小组。各地共产主义小组成立后，有

---

① 陈铭枢总纂《海南岛志》，第481~482页。
② 海口市志编纂委员会编《海口市志》，第412页。

组织、有计划地扩大马克思主义的研究和宣传，批判各种反马克思主义思潮，发起建立社会主义青年团，创办工人刊物，开办工人学校，领导工人成立工会，开展工人运动。1921年7月23~31日，在上海召开了中国共产党的第一次全国代表大会。大会通过了中国共产党的第一个纲领和决议。大会选举产生党的领导机构——中央局，陈独秀为书记，张国焘负责组织，李达负责宣传，掀起全国共产主义运动高潮。

1921年12月，徐成章、罗汉、鲁易、吴明、李实等人在海口最早开展革命活动。

1926年1月，国民革命军渡琼，王文明、冯平等27名共产党员随军到海口，筹建党组织。同年2月底，中共琼崖地委在海口市竹林村成立，位于今海口市龙华区解放西路竹林里131号的邱氏祖宅。邱氏祖宅坐北向南，占地面积1839平方米，为二进三间、有东西厢房的四合院式布局，是典型的海南民居。海口工人运动发展很快，府海地区建立了27个基层工会。4月中旬，海口市总工会正式成立。同月，海口市总工会党支部成立，书记林平，党员有吴清坤、何万桂、严鸿蛟、陆国宪、谭荣光、潘子裕等。

1926年6月，中国共产党琼崖第一次代表大会在海口市竹林村邱宅召开。参加会议的有王文明、罗文淹、冯平、许侠夫、周逸、何德裕、李爱春、黄昌炜、陈三华（女）、陈垂斌、罗汉等，代表党员240多人。大会分析了全国和琼崖的革命形势，讨论了琼崖党组织的主要任务，通过了关于职工运动、农民运动、政治工作、军事工作等决议，选举产生了中国共产党琼崖地方委员会。中共琼崖地委成立后，领导琼崖人民掀起了革命高潮，对巩固广东革命根据地，支援国民革命军北伐战争起到积极的推动作用。1926年八九月间，在海口成立了高级农民政治军事训练所，并成立学员党支部，支部书记陈国栋。1926年夏秋之间，府海市郊各村庄都成立了农会。从1926年4月到1927年5月，海口市郊各村庄先后建立党支部。1926年，府海地区学生运动日益高涨，党组织得到进一步发展。1926年夏，省立第六师范、琼海中学、琼山中学、琼山师范、环海中学等学校都建立了党支部，每所学校有党员2~30名不等。

1927年1月，中国共产党在海口市基层工会发展了一批工运骨干分子入党，发展壮大了工会党组织。4月，驻琼国民党军队发动琼崖"四二二"政变，海口市的革命运动遭到严重破坏，革命斗争重心转移到市郊农村。1927年秋，柯嘉予等人将从海口撤退的党员组织起来，在海口市郊的东城村成立中共海口市委员会，柯嘉予任书记，负责海口、府城市区和郊区革命工作。12月，中共琼崖特委鉴于中共海口市委对组织城市暴动工作不力，对市委进行改组，改组后的市委领导成员为书记蓝浚，委员陈祖宪、周成钦。

1928年8月上旬，中共琼崖特委书记黄学增到海口市整顿党组织，在市白沙乡三望村召开党员会议，改选中共海口市委，严鸿蛟任书记，云昌江、陆国宪任委员。1928年12月，黄学增、官天民、陈大机等带领的中共琼崖党团特委机关迁到国民党在琼崖的政治、军事中心——海口市和府城镇。1929年2月中旬，中共海口市委书记严鸿蛟被捕，叛变革命，供出特委和市委机关所在地，敌人随即派兵包围，捕获了陈大机、云昌江等特委和市委领导成员、机关干部共13人。7月，由于叛徒告密，敌人包围了海口福音医院，官天民、黄学增牺牲，特委机关遭破坏。8月中旬，琼崖各县代表联席会议在定安县内洞山召开。会议决定成立中共琼崖特委临时委员会，选举王文明、冯白驹、陈一先、傅佑山、谢翰华、蒙汉强（女）、符明经、王志超、熊侠等为临时特委委员。这次会议确立了冯白驹在中共琼崖地方组织的实际领导地位，是一次具有重大历史意义的会议。

1936年5月，在冯白驹的主持下，中共琼崖特委在琼山县演丰乡锦山村召开四届五次扩大会议。会议决定成立琼崖红军游击队司令部，朱运泽任司令，王白伦兼任政治委员，司令部下辖7个支队。红军游击队开展了一系列军事行动，扩大了党和红军的声威。

1937年7月7日，日本发动全面侵华战争后，国共两党加快合作步伐。琼崖特委根据中共中央的方针政策和南委指示，就琼崖国共两党团结抗日问题向全琼人民发表了告同胞书——《团结抗日，保卫琼崖》。1938年10月22日，琼崖国共两党终于达成合作抗日的五条协议。12月

5日，各地红军游击队集中在琼山县云龙墟举行改编暨誓师抗日大会。改编后的部队番号为"广东民众抗日自卫团第十四区独立队"，冯白驹为独立队队长，马白山为队副，张兴为政训室主任，黎民为政训员，谢李森、陈玉清为副官。黄大猷为第一中队长，黄天辅为第二中队长，张缵薪为第三中队长（后为吴克之），陈克邱、林豪、莫逊分别任三个中队的司书，负责中队的党务和政治工作。此外，按国共两党谈判协议，国民党委派刘振汉为独立队队副，符荣鼎（中共地下党员）为第一中队队副，陈卓为第二中队队副，吴定中为第三中队队副。中共琼崖特委选择了琼（山）文（昌）公路干线的云龙墟及其附近乡村为独立队驻地。

1939年2月10日，日军入侵琼崖，占领海口、府城后，旋即向东推进。为掩护人民群众转移，驻扎在云龙墟附近的琼崖抗日独立队队长冯白驹命令第一中队长黄大猷、副队长符鼎，率领80多人赶赴潭口渡口东岸阻击。日军在向潭口推进时，以飞机配合轮番狂轰滥炸，第一中队全体官兵沉着应战，有力地阻击了日军向文昌、嘉积等地的进犯，除班长李文启壮烈牺牲外，整个中队奉命撤出阵地。潭口渡口阻击战极大地鼓舞了琼崖广大人民群众的抗日斗志，坚定了抗战信心，同时也提高了琼崖抗日独立队的威望，扩大了影响。

抗日战争时期，在城市开展抗日救亡工作已成为党组织的一项刻不容缓的任务。1936年，中共琼崖特工委派林诗耀到海口月华鞋店进行筹备工作委员会工作。同年秋，在海口市成立中共海口市临时工作委员会，林诗耀任书记。1937年1月，成立中共海口市工作委员会，隶属中共琼崖特委领导，书记林克泽，委员林诗耀、仆周、蒙国恩。林克泽以月华鞋店经理的身份领导工委工作，在海口开展秘密活动。市工委成立后，恢复和建立一批市属基层党组织。1939年2月10日，海口沦陷后，海口市工委停止了工作，全部工作人员撤离海口，在市郊的苍东、苍西、秀英、高坡、沙坡、永秀、苍英、大样等地继续抗日。1939年6月，中共琼山县委和平区委主要管辖海口等地，区委书记苏文道、组织部长徐清洲、宣传部长王健民、民运部长陈在仁。1940年1月，中共琼山一区委成立，负责领导府海西郊工作，王国中、王健民、谢志德、丁庆光先后担任区委书记，邓维新、王惠民、曾令柏、符国道、黎传经、朱庆明先后担任区委委员。当时，海口有党的特别支部一个，归中共琼崖特委领导，在海口坚持地下抗日，但市一级党组织一直到抗日战争胜利仍未得到恢复。1936年至1945年8月，中共海口市工委所领导的基层组织共有16个。

1946年初，国共内战爆发，中共琼崖特委将抗战时期建立的海口阜成丰情报站扩大为海口地下情报联络站，作为特委在海口、府城开展地下工作、坚持斗争的活动地点。6月，地下站被破坏。1947年5月，成立中共海口东区工委，隶属中共琼山县委领导，区工委书记徐清洲、组织部长吴必兴、宣传部长周少史。1947年7月，琼山县三区区委委员符国道受党组织委派，到海口市郊的九村、攀丹、亮脚、亮壮等村建立联络站，到1948年3月，中共海口市工委先后建立起20个地下交通点。1948年4月，中共府海特别区委员会成立，管辖海口、府城镇和琼山县一区党的工作，书记王健民，常委王惠民、蒋益忠。1949年5月，因需要加强党在城市工作的领导，中共琼崖区党委派中共琼崖北区地委常委祝菊芬兼任中共府海特别区委书记，王健民改任副书记。中共府海特别区委成立后，抓紧恢复和发展一批基层党组织，同时恢复各乡的民主政权机构，为迎接海南解放做好准备。1949年至1950年初，府海郊区各乡都成立了支前委员会，负责做好迎接野战军渡海作战，解放海南的组织、宣传、接应、情报、物资和救援等工作。

第六节　日本侵占时期的海口

1938年10月21日，日本侵略军攻占广州。接着，日军动用海军和陆军进攻海南，进攻海南岛的日陆军方面由"台湾混成旅团"担任主攻，旅团长为饭田祥二郎少将，该旅团下辖"台湾步兵第一、第二联队"和一个山炮兵联队。日海军方面由第五舰队担任主攻，指挥官为近藤信竹中将，舰艇主要包括排水量达1.3万吨的"妙高"号重巡洋舰，众多轻巡洋舰以及运兵船和其他舰只。1939年2月10日，日军攻占了海口、琼山，继而侵入定安、文昌、三亚、榆林、崖城等地，琼崖沦陷。自 1939 年 2 月 10 日日军侵占海南岛至 1945 年 8 月 15 日日本投降，日本为将海南岛变成其"南进"的经济及军事基地，曾经对海南岛人民实施了血腥的殖民统治，犯下了滔天的罪行。海口作为日本侵占海南岛的主要基地，遭到严重破坏。

（一）军事和行政机构

日本占领海南岛期间，在海口设立许多机构，以满足其统治海南岛的目的。

1939 年 2 月 10 日，日本侵略军在海口设立"第四基地队"。同年 11 月 5 日，第四基地队改为"海南岛基地队"，下设特务部，主管长官简称为"总监"。特务部下分设官房（管理秘书、人事、会计、庶务等行政事务）、政务局（管理民政、教育、外交、情报等行政事务）、经济局（管理农业、工矿、交通、金融、贸易、专卖等行政事务）、卫生局、地政局以及嘉积、三亚、那大、北黎 4 个支部。1941 年 4 月 10 日，海南岛基地队改称为海南海军警备府，掌管海南岛的军政大权。

日本领事馆　1939 年 2 月 12 日日本在海口市得胜路 94 号（今海口市得胜沙路）设立总领事馆临时办公所，办理涉外事项与保护日侨事宜。此后，日本的帝国总领事馆在海口开馆，负责日本在海南岛的涉外事务和来到海南岛的日本人的指导保护任务，第一任总领事是昌谷忠。

新闻机构　在日军侵入海南岛的同时，日本的"文化战士"也进驻海口，强行征用坐落在海口博爱路的海南书局房屋及设备，归日本海军报道部使用，而后开始招募人员，2 月 13 日创立"海南迅报社"。"海南讯报社"由日军直接指挥，其主编也是日军军官，主管海南岛的新闻事业，发行中文日报及月刊杂志等。在设立"海南讯报社"之后，日本人还设立了"海南新闻社"。1943 年，"海南新闻社"与"海南讯报社"合并，并委托日本每日新闻社来经营。抗战时期的海南岛，在日本占领区除此之外，再没有其他新闻机构。

医疗机构　台湾总督府将以台湾博爱会医院的职员为中心组成的海南岛防疫诊疗班派往海口、榆林，协助日本军方的医疗机构展开活动。

1941 年末，台湾博爱会并入日本同仁会，其设施也全部转让给日本同仁会。太平洋战争爆发后，日本军方又没收了由美国长老会在 1896 年创立的海口福音医院，并入同仁会医院。①

治安维持会 日本采取"以华制华"的政策。1939 年 5 月，在海口设立"治安维持会"，之后改为"琼崖自治委员会"，委员长赵士桓，副委员长吴直夫，委员詹松年（兼琼崖自卫军司令）、毛镜澄（兼海口维持会会长）、吴柏、吴世俊、李志健、王钦宇、李树标、梁发彭。"琼崖自治委员会"下设机构有财经、民政、政法、绥靖、复兴、警务六个处和物资统制局、盐务局、卷烟专卖局、物资推销合作社、农事试作场、贸易协会、华侨协会等机构。1942 年，"琼崖自治委员会"改为"琼崖临时政府"，同时撤销处、局建置，设立琼崖临时政府警务厅、民政厅、建设厅。并在琼崖的琼山县、文昌县、定安县、澄迈县、琼东县、乐东县、万宁县、陵水县、临高县、儋县、崖县、昌江县、感恩县、保亭县 14 个县城和乡镇及重要地区建立了伪维持总会、维持会、维持分会或办事处，共计 195 个。海口治安维持会，会长毛镜澄，地址在中山路。下设民政、财政、教育、建设、工商等科。由日本海军特务部派官员进行监督。下辖永安、福安、关厂三镇和海甸、白沙、新埠、盐灶和龙昆五乡，推行十户为一甲、十甲为一保的保甲制度。1945 年 8 月 15 日，日本投降。日本侵略军在海南建立的地方军政权和伪政权全部解体。②

（二）日本占领期间的暴行

在日军占领期间，海口人民生活在水深火热之中。日本人占领海口第二天，居民陈清照与工友乘坐一辆车逃往文昌，开至五公祠附近，被埋伏在丛林中的日军以轻机枪扫射，全车十余人全部被杀害。日军占领期间，对中国人采取管制方法，每个成年人发一张"良民证"，随身携带。日本人在许多关口设置检查站和哨所，如果没有"良民证"，以"敌人"论处，遭到拘押和坐牢。

---

① 张兴吉：《论海南沦陷时期的日本占领政策》，《日本学论坛》2002 年第 2 期，第 36~40 页。
② 海南省地方史志办公室编《海南省志》，南海出版公司，1997，第 65 页。

（三）日本占领期间的经济

基础设施建设 为掠夺海南的优质石碌铁矿，日本人进行了一系列"开发建设"：在海南修铁路、建港口、发电厂以及其他配套设施。1942年4月，日本轮船首次运载约1000吨从海南岛开采的石碌铁矿石驶向日本。1943年5月，日本运输船"松江丸"在一天之内就装了7250吨海南矿石。日本在海南开采的石碌铁矿石共计约69万吨。日本在海口也对码头、机场、公路等设施进行扩建和修筑，把原来的书场码头扩建为秀英码头，在府城和海口之间的琼海路上修建机场，并沿机场东侧另建琼海路；从新华南路和文明西路交叉口起，经大英山、白坡至秀英坡建新公路，直至秀英码头；在琼山县尚道坡修建南渡江铁桥（1940年6月开工，1942年3月建成），便于日本军车通往崖城。

货币 日本占领期间，强制民众使用"军票"，正面印有"大日本帝国政府军用手票"字样，背面印有"此票一到即换正面所开日本通货，如有伪造、变造、仿造或知情行使者，均应重罚不贷"等警示说明，票面金额有拾元、伍元、壹圆、伍角、贰角、壹角等6种。因物资短缺，不久便发生通货膨胀，猪肉从1.5元一斤涨至5元一斤，至战争后期，伍拾元、壹佰元大额军票出现，物价腾贵。日本控制着海关和各类经营行业，如银行、洋行、商店、茶楼、咖啡店、烟厂、水产、糖业等，一些物资供应短缺。

工业 日本侵占海口期间也兴办了一些工业，为日军占领军服务，如在振东街设立油脂株式会社生产肥皂。1943年8月，在府城镇东门外设立下津麟寸株式会社生产火柴，该厂主要机器有排梗机4部，计划年生产1.5吨火柴，后因原料供应不足，产量只有原计划的1/4。1940年，日本人在今海口市文明东路建"岛日制炼所"造窑烧砖，有土窑2座，民工80人，日产红砖2000~3000块，1945年停产。1940年，日本人在今龙华路西端建永恒食品公司，主要加工牛肉罐头，生产设备有水塔1个、封口机2部、高压杀菌锅2个、切肉机2台等，日产约2万罐，供日军食用，抗战胜利后停办。1939年，兴办木村军用汽水厂及民营美利公司生产汽水。

文化教育 1938年广州沦陷后,日本飞机不时轰炸海口,省立琼崖第六师范学校、琼山中学、私立琼海中学、匹瑾女校等四所中学和众多小学被迫停课。日本占领期间,先后创办培养"顺民"的小学数所,市内有南门一小(校址在今市六小)、西门外二小(校址在今市三小)、东门外三小、海甸四小等,学生人数约1000人,占学龄儿童10%以下。日本当局派员任教,强制学习日语,小学课程设有日语、国语、算术、音乐、体育和劳动。高年级设自然和地理,日语课程较多,没有历史课,推行同化政策。① 1940年6月5日,日人在海口设立日本语学校,称为大龙日语学校,学生430名,同年7月又在海口设立一所幼儿园。

---

① 《海口市文史资料》第11辑,南海出版公司1995,第87页。

第十章 海南解放至建省前的海口

1950年4月23日,中国人民解放军解放海口市。5月1日成立了海口市军事管制委员会,负责海口市的接管工作。6月1日,成立了海口市人民政府,驻地位于解放路。1954~1963年,先后召开海口市第一、第二、第三、第四、第五届人民代表大会,选举产生了海口市第一、第二、第三、第四、第五届人民政府。1966年5月,"文化大革命"开始后,1967年3月,广州军区命令成立海口市军事管制委员会,对海口市实行军事管制。1968年4月,经广东省革命委员会批准成立海口市革命委员会。1976年"文革"结束后,1982年4月、1984年7月、1987年7月、1990年11月分别召开海口市第七、第八、第九、第十届人民代表大会,选举产生了海口市第七、第八、第九、第十届人民政府。

1958年12月1日,琼山县并入海口市,1959年7月,成立海口市郊区人民委员会,辖原市郊区和原琼山县全境。1959年12月27日又恢复琼山县建制。

1950~1957年,海口市为广东省直辖市(地级)。1958~1974年,海口市作为海南行政区直辖市(县级),1975年11月22日,海口市升为广东省直辖市(地级)。1983年至1986年4月,海口市是海南行政区直辖市(县级)。1986年5月31日,国务院批准海口市升格为广东直辖市(地级)。1988年3月11日,第六届全国人民代表大会常务委员会第二十五次会议将《关于设立海南省、建立海南经济特区》的提案请第七届全国人大第一次会议审议。4月13日，第七届全国人民代表大会以举手表决形式通过了《关于设立海南省、建立海南经济特区的决议》，海口市成为全国最大经济特区省的省会。

1950年6月，海口市人民政府刚成立时，下辖永安、福安、关龙三镇和白沙、甸埠、秀英三乡。同年12月成立第一、第二区人民政府（市区）和第三区人民政府（郊区），下辖16个乡。1951年，海口市将新划入的府城镇与环城乡合并成立第四区人民政府，下辖3个办事处和3个乡，同年下半年将全市20个乡合并为8个乡，不久又合并为4个乡。1955年夏，撤销第三区人民政府，成立市郊区人民政府。10月将琼城镇划归琼山县。1956年4月撤销市郊区政府，改设市委农村工作部农村科。1958年成立红旗人民公社，辖郊区4乡。同年12月，长流区划归海口市，琼山县并入海口市，红旗公社改称府城公社，辖原琼山县所属公社和府城镇。1959年7月成立郊区人民委员会，行使县一级职权。同年10月，恢复琼山县制，恢复市郊区人民委员会，成立市郊区办事处，将长流、石山、红旗、渔业4个公社划分为红旗、海联、铁桥、长流、荣山、石山、美安、新海8个公社。1962年9月撤销市郊区办事处，成立市郊区公所。1965年9月将铁桥、石山、美安划归琼山县。1968年10月撤销市郊区公所，成立农村办公室，辖红旗、长流、荣山、海联、新海等公社。1969年10月成立市郊区革命委员会。1984年1月撤销市郊区革委会，成立市农业委员会，下辖6个区公所、37个乡政府。1987年成立长流、新埠2个镇政府和海秀、荣山、新海、白龙4个乡政府。

第一节　城市基础设施建设的完善

海口解放后，市政建设得到全方位的发展，这一期间的海口市城市建设分为两个阶段：第一阶段1950～1978年，海南岛因处在海防前线，对海口市城建投资较少，在近30年中仅投资2亿元（包含工业建设）。第二阶段1978年改革开放至1988年建省，全国实施改革开放政策，海口市城市基础设施建设也进入快速发展时期。

（一）城市交通设施建设

1. 陆路交通

解放初海口市内只有36条街道，7辆公共汽车。至1978年，全市拥有城市道路48公里，比解放前增加95.92%。至建省前，先后又新建街道36条，改扩建街道18条，开通了内环市路，新建、改建桥梁4座。除公共汽车外，还有2000余辆出租汽车。长堤路（新埠大桥—海军424医院，长2880米，始建于1925年，1952年改建扩建）、滨海大道（海军424医院—秀英港，长6600米，宽14米。1965年修建土路基，1973年铺设沥青路面）、和平路（长堤路—海府路，长1586米，始建于1971年，建成于1980年）、白龙路（新埠大桥—海府路，长3500米，始建于1972年）、海府路（海口宾馆—五公祠，长4200米，1965年、1984年多次扩建）、人民大道（人民桥—白沙门村，长2827米，1970年建成人民桥，1978年土路基填平建成），另外，疏港大道、龙昆路、大同路、海秀大道等主干道建成。桥梁方面，解放前夕海口市区共有石桥10余座和一些临时性木桥，解放后新建有新埠大桥（1986年建成，把新埠岛和市内道路连接起来）、人民大桥（1970年建成）、和平大桥（1990年建成）、东风桥（1988年建成）、南大桥（1985年建成）、大同桥（1959年建，1984年扩建）。

2. 水路交通

解放后，海口市大力建设对外交通设施。（1）渡口。1987年，海口市有6个渡口，其中，六庙（海甸六庙对开至长堤路）、三庙（三庙对开至长堤路）和新埠等三个渡口在市区，过港村（位于白沙堤岸对开至过港村）、儒房（位于流水坡村河岸对开灵山镇日户村）、麻余（位于白沙坊河岸对开至灵山镇麻余村）等三个渡口在郊区。（2）港口建设。海口港（又称秀英港），1952年在原来基础上扩建了栈桥码头、防波堤和重力码头，1954年竣工，可停泊500~1000吨级船舶，年吞吐量32.6万吨。其后又多次重修、扩建，至1986年，泊位12个，其中500吨级4个、1000吨级3个、3000吨级3个、5000吨级2个，年吞吐量170万吨。海口新港，1952 年正式开港，1953 年修建码头，长 90 米。由于泥沙淤塞，影响船舶进出，1973 年疏浚、扩建，500 吨级以下船舶可自由进出，年吞吐量 40 万吨。1990 年有泊位 13 个，其中客泊位 2 个，500 吨级货运位 6 个。海甸港，由市航运公司等运营，是海南最大的民营港口，1986 年动工，1988 年运营，可泊 500 吨级货轮 2 艘，年吞吐量 9 万吨，收入 84 万元。

（二）航空

解放初，海口仅有大英山简易军用机场，只能起降小型飞机。1955 年扩建为军民合用机场，1956 年首航，当年起降 149 架次，客运 1167 人，货运 72.9 吨。20 世纪 60 年代，年客运量 8000 人左右，货运 610 吨。1978 年扩建大英山机场，可起降"波音 757"等大型客机。1956 年，海口有飞至湛江、广州航线，每周 4 个航班。1960 年，海口至三亚航线开通，1963 年停飞。20 世纪 80 年代，开通海口至香港、曼谷、新加坡等航线，1987 年开通至北京航线。1989 年，国内航线 17 条，国际航线到新加坡、曼谷等。1993 年，经国务院批准建设美兰机场。

（三）邮电设施

解放初，海口市有邮电支局 4 个（包括邮电局 1 个、邮电支局 1 个、邮电所 2 个），私人邮电代办点 47 个。开通的电报电路：国内有广州、湛江、台北、北海、榆林等地，国际有中国香港、中国澳门、新加坡、越南等国家和地区，当时还没有长途电话有线电路。无线电话电路开通广州、湛江、北海、台北、重庆和岛内县城等城市。到 1988 年海南建省时，海口市内电话总容量为 5240 门（不含用户小交换机容量），其中纵横制电话 5000 门，小程控电话 240 门，实装 4972 门，用户小交换机容量为 9771 门，话机普及率为 2.82%。1987 年末长话业务电路 231 路，电报业务电路 45 路，电报、长话出租电路 53 路。1988 年 3 月末用户电报 65 户，长途直拨用户 219 户，公众电话 4 部。1987 年末邮电支局（所）11 个，长途汽车邮路 18 条、2848 公里，市内转趟邮路 20 条、152

公里。

（四）供水设施

解放初，海口市民饮水仍主要依赖河水、井水和机井水三种方式，1961 年全市手摇机井虽然已有 150 多眼，但是全市人口已达 14.1 万，吃机井水需要排长队，花很长时间才能挑到一担水。有些民户和店户雇挑夫担水吃。1962 年 3 月，海口市自来水厂正式投产，1975 年日最高供水量 1.8 万吨，年供水 425 万吨。1975 年建成秀英自来水厂，日供水量 1400 吨，全市用自来水人数达 12.92 万人，自来水普及率达 68.3%。1981~1985 年，对原有水厂进行扩建和改造，用水人数达 21 万，市区自来水普及率达 90%，郊区自来水普及率达 30%。

（五）能源供应设施

解放初，海口市大部分居民使用木柴、草梗、石油制品等传统能源。随着一些水电站建设、交通运输和工业企业的建立，现代能源比重逐渐增加，建省前后现代能源所占比重已经达到 80%~90%。（1）煤炭和液化气。1980 年后，部分市民开始使用煤炭，1984 年开始从广东茂名市调运液化石油气，约有 200 多户使用。1987 年供气总量 1899 吨，其中家庭用气 1590 吨，用气人口 4.2 万人，气化率 13.5%。海口市煤炭能源主要来自山西省。（2）发电。1951 年海口电厂恢复生产，1952 年发电量 54 万千瓦，装机总量为 1200 千瓦，工业产值 4 万元。1953~1957 年，海口电厂发电机组由原来 3 台增加到 6 台，装机容量由原来 1200 千瓦增加到 2180 千瓦，发电机组也由柴油改为汽轮机。1958~1965 年，经过技术改造和投入，海口发电厂电量为 1548.9 万千瓦时，工业产值总产值为 102.35 万元。1966~1976 年，电力发展受"文化大革命"干扰，年发电量最低时只有 2 万千瓦时，一般保持在 20 万~30 万千瓦时。1980~1987 年，海口电力进入健康发展轨道，1986 年，马村火电厂破土动工。①

---

① 《中国国情丛书——海口卷》，第 130 页。

第二节 公有制社会经济的发展

海口解放后,社会经济各行业得到全面发展,这期间大致分为两个阶段:第一个阶段从解放初期到1978年,社会经济虽然有所发展,但是受"文化大革命"和海防前线的影响,发展较为缓慢;第二阶段从1978年改革开放到1988年建省,海口市经济获得快速发展,至1987年,全市实现国内生产总值8.89亿元,比1978年增产2倍,年均递增13.1%。

(一)工业

海口解放初期,仅有汽车修理厂、机械厂、造纸厂、粮食加工厂、纺织厂、印刷厂和容量250千瓦的火力发电厂等少数工厂,此外还有私营企业39家,工人626人,手工业作坊187家,工人500多人。这些工厂规模不大、设备陈旧,工业生产能力很低,年产值1000万元,但是仍占全市工农业总产值的78.3%。1952年,海口市工业企业迅速增长到1410家,其中全民所有制企业10家,集体所有制企业4家,私营企业169家,个体1227家,职工总数5698人。工业总产值1180万元,其中重工业产值357万元,占30.3%;轻工业产值823万元,占69.7%。全民所有制工业产值41万元,占3.5%;私营工业产值547万元;个体工业产值402万元,占34%。1956年,国家对私营企业、个体手工业进行了生产资料所有制的社会主义改造,恢复并新建了8家工厂,实现了合作化。到第一个五年计划末的1957年,全市有工业企业370家,其中全民所有制企业29家、集体所有制企业86家、个体企业255家。工业总产值达到3277万元,比解放初期的1952年增长了2.78倍。这个时期,海口市工业发展速度较快,平均每年增长22.66%。

1958年,在中央"全面跃进"的精神下,与全国其他各地一样,海口市也掀起大办工业的热潮,当时民办工业共建立起136家工厂(组),就业2750人。1958~1960年间,工业总产值从1957年的3277万元增长到1960年的7579万元,平均年增长23%,并且生产资料的增长速度开始超过生活资料的增长速度。但从 1961 年开始，工业生产遭到大幅度压缩。1962 年全市工业总产值仅 3758 万元，比 1960 年下降 50.4%。经过 1962～1964 年的工业调整后，海口工业生产开始有所回升。1965 年，工业企业上升到 324 家，工业总产值达到 6726.6 万元，比 1962 年增长 29%。1966～1970 年第三个五年计划期间，工业企业调整、合并，到 1970 年剩下 111 家。1976～1980 年第五个五年计划期间，海口市贯彻国民经济"调整、改革、整顿、提高"的方针，通过关、停、并、转解决工业布局和生产方向问题，使产品结构和生产力有了新的变化，工业生产出现转机。轻工业的增长速度超过了重工业的增长速度。1980 年全市轻工业产值的比重由 1979 年的 61.4% 提高到 67.2%，重工业产值的比重由 38.7% 下降到 32.8%。

进入 20 世纪 80 年代，全国实行改革开放，海口市工业企业跨入了一个崭新的发展阶段。这个时期，海口市工业坚持走"改革、联合、改造"的路子，进行了一系列的联合与专业化协作，组建了一批专业化公司，大幅度提高了市场适销产品的生产水平和竞争能力。1985 年全市工业企业有 201 家，其中全民所有制企业 94 家、集体所有制企业 98 家、合营企业 9 家。工业生产总值达到 37080.3 万元，占工农业总产值的 92.7%。其中全民所有制企业产值 29504.3 万元，占全部工业总产值的 79.57%；集体所有制企业产值 6341.85 万元，占 17.1%；合营企业产值 48.99% 万元，占 0.13%。从 1986 年开始，中央给海南的优惠政策增多，特别是自海南建省兴办大特区以来，海口市工业获得较快发展，工业产值以每年 40% 的幅度增长。到 1988 年底，全市拥有橡胶、纺织、机械、食品、饮料、电子、制药、制糖、木材加工、汽车制造、塑料、制革、日用五金、建材、服装工艺品等 15 个门类工业企业 206 家；按企业规模分，全市有大型企业 16 家、中型企业 7 家、小型企业 198 家；按轻重工业分，轻工业 119 家、重工业 87 家；按经济类型分，全民所有制工业 100 家、集体所有制企业 95 家，其他经济类型 11 家。1988 年全市工业总产值突破 9 亿元大关，为 90363 万元，是 1952 年的 81.3 倍。[①]

---

① 海口市志编纂委员会编《海口市志》，方志出版社，2004，第 246 页。

海口市拥有工业行业30类，企业239家，主要行业有食品制造业、饮料制造业、纺织业、缝纫业、印刷业、电力生产和供应业、化学工业、医药工业、化学纤维工业、橡胶制造业、塑料制造业、金属制品业、机械工业和电子及通信设备制造业等。从主要行业中同类合并，可分为8个主要工业部门，而它们在全市工业总产值的比重分别是：纺织工业（含化纤、缝纫业）占33%，橡胶化学工业占15.8%，电子工业占15.6%，医药工业占10.3%，食品制造业（含饮料业）占7.6%，机械工业（含金属制品业）占5.5%，印刷塑料业占3.7%，电力工业占2.7%。

纺织工业 纺织工业是海口市古老而新兴的工业。1990年拥有海南化学纤维厂、海德涤纶厂、海口纺织印染厂、海山织造厂、昌达针织厂、海联经编厂、海口针织厂、海口麻纺厂、海口毛巾厂、海口服装厂、海口被服一厂、海南云海针织厂等21个企业，现有生产能力纺纱3万锭，涤纶丝1万吨，织布生产能力2000万米，针织生产能力1500吨，服装200万件。已经初步形成了纺、织、印、染、服装加工比较完整的一条龙生产体系。1990年纺织工业产品产量分别是：合成纤维9731砘，棉纱3225吨/17689件，棉布54.35万米，黄、红、青麻麻袋74.73万条，聚烯烃编织袋1854万条，服装118.67万件，涤纶长丝机织物1236.14万米。1990年纺织行业总产值达36978.1万元，比1989年增长9.85%，占全市工业总产值的33%，成为海口市工业当时发展最快的行业。

橡胶化学工业 橡胶工业拥有30家工厂。橡胶业主要产品有轮胎类、胶鞋类、胶管类、胶布类、胶布制品、乳胶制品、胶汁制品和翻新轮胎等。化工业主要产品有油漆类、二辛类、二丁酯、不饱和树脂、涂料类、烧碱、盐酸和氧气等。由于引进国内外先进技术和设备，广泛开展横向技术联合，使橡胶化学工业得到了迅猛发展。1987年产值突破1亿元大关，创汇520万美元，成为海口市创汇最多的行业之一。1990年产值1.74亿元，比1989年增长9.36%。

电子工业 电子工业是海口市新兴工业。拥有19家企业，主要是海南电子公司、海口电子公司，内联企业的长海电子公司、海菱电子公司，三资企业的南大电子实业公司、黄海美机电公司、光大半导体有限公司及海南电子元器件厂、南宝联合磁性材料厂等。从电子元器件材料生产到各种电子整机,如收录机、放像机、录像机、彩色电视机、传真机、电冰箱等产品,1990年总产值17993万元,比1989年增长26.5%。

食品工业 海口食品工业和其他行业比较,堪称历史悠久的行业。到1990年,海口市已经拥有罐头厂、饮料厂、糖奶厂、饼干厂、酱料厂、啤酒厂、味精厂、咖啡香料厂、米面厂等28家企业,总产值8463万元,比1989年增长17.3%,占全市工业总产值的7.6%,产品具有明显的地方特色,原料大多采用该岛资源,具有得天独厚的热带口味,主要产品有罐头、饼干、糖果。饮料、酱料、香料等,其中有许多名优新特产品,诸如海口糖奶厂生产的"珠江牌"椰子系列产品,尤其是天然椰子汁属世界首创,这些产品除畅销国内,还出口亚、欧、拉美20多个国家和地区。

机械工业 海口市机械工业发展较早,从行业发展水平上看,机械工业尚不发达,设备陈旧、产品老化,主要产品是较为简单的一般性产品,缺少高、精、尖的技术性产品和名优产品。1990年海口市机械行业拥有海南机械厂、八一手扶拖拉机、海口电机厂、海口电线厂、海口标准件厂、海口变感压器厂、海口通用机械厂、海口模具电器厂、海南轴承厂、海南汽车制造厂等49家企业。生产手扶拖拉机、交流电动机、变压器、紧固标准件、蓄电池、制糖、乳胶制品设备、滚动轴承、起重机械、日用精铝制品、电线、工模夹具等产品。1987年机械工业总产值为1892.2万元,上缴税金686.6万元,实现利润8.97万元。1990年总产值为6262.7万元,比上年增长30.45%。

医药工业 海口市医药工业始创于20世纪60年代,有海口制药厂、海联制药厂、金丽制药厂等56个企业,生产中成药100多个品种。1990年医药工业总产值11405.85万元,比上年增长77.66%,占全市工业总产值10.3%。产量888吨,比上年增加2.9倍。海口制药厂是海南医药工业发展较快的企业,建省前1987年已连续实现产值税利翻三番,工业产值1050万元实现利润62.07万元,税金50.4万元。1989年产值为2544万元,

1990 年达 5134 万元，实现利润 400 多万元。主要开发了三九胃泰冲剂、土霉素、红霉素、麦迪霉素等新产品。海联制药厂 1990 年产值 3502 万元，比上年增长 36.1%，海南金丽制药厂是内地单位驻琼独资企业，1990 年产值达 1171 万元，成为海口市 19 家产值超千万元的企业之一。

印刷塑料制品业 印刷报料制品业是海口市发展较快的行业之一，有海南新华印刷厂、海口印刷厂、海口塑料厂、海口塑料二厂、海口塑料三厂、海南国际南丰彩印制品有限公司等 22 个企业。1990 年工业产值 4077.5 万元，比上年增长 71.2%，占全市工业总产值 3.7%。其中，南丰彩印公司 1990 年产值 952.6 万元，其生产规模日产彩盒 50000 个，产品全部出口。海口印刷厂、海南新华印刷厂均从国外引进彩印设备，可生产各种彩色日历、商标、薄膜吹塑、塑料提袋、薄膜复合、高精档烫金啤盒、发票账簿、相筒药袋、铸字电版、美术设计等，中外合作的赛德包装容器有限公司年产 1.25 升聚酯饮料瓶 1500 万只能力已投产，填补了海南省塑料业的空白，产品全部出口。

建材工业 海口市建材工业起步晚、规模小。1988 年海口市建材行业下属 3 个国营工厂和 1 家集体企业。1990 年共 15 家企业，主要从事红砖、瓦、水泥生产和石料加工等。海口砖瓦一厂，拥有两机两窑，主要产品红砖被评为海南第一，年产量 3600 万块。1987 年产值 161.9 万元，实现税利 63.9 万元。1990 年产值 294 万元，比上年 19%。海口砖瓦二厂拥有各种设备 10 多台，拥有 80 年代国内先进水平的入口干燥生产线和自然干燥生产线各 1 条，年产红砖 5000 万块。1990 年产值 158 万元。海口水泥厂拥有主要设备 7 台，主要产品有火山灰硅酸盐水泥，年产能力 3.5 万吨。1990 年产值 91 万元。①

（二）商业

1950 年 4 月海口解放后，以国营商业为主导，同时对私营商业逐步实行社会主义改造。1956 年成立了百货、烟酒、服务、饮食等 11 家公司，从业人员约 3000 人，网点约 175 个。随着工农业生产和城市建设的

---

① 《中国国情丛书——海口卷》，第 204~212 页。

发展，又相继建成了海口百货大楼、海南旅社等，并通过供销系统，使商业活动延伸到郊区的乡镇。海口解放后直到1978年中共十一届三中全会前，商品流通购统销计划分配，逐级批发，与实际市场消费脱离，与区际市场分割，城市的许多生产资料和生活消费品采取凭证分配，定量供应，物品短缺。

1979年中共十一届三中全会以后，海南实行以开放促进发展的方针，打破了长期闭关锁岛的封闭局面，促进了商品经济发展，海口市的商业活动形成了高潮。原有许多网点得到改建、扩建，还新建了一批比较高级的市场、商店、宾馆，出现了以解放路为中心的繁华商业区，商业街区逐步扩展到大同路、新华南路、博爱南路、文明东路、和平南路、龙华路、海府路和海秀路。与此同时，个体经济也发展起来。随着改革开放，国营、集体、私营、个体、三资企业等经商贸易迅速发展，打破了全民所有制国营商业的一统天下，到1989年，集体所有制商业单位718个，占商业单位总数的11.4%；合营商业单位10个，个体有证商业5027户，占商业单位总数的80%。饮食服务业，1989年有单位1115家，从业人员达12603人。其中个体906户，占单位总数的81.25%，从业人员占从业人员总数的18%。[1]

（三）运输业

解放后，海口市海运、陆运、空运等运输设施建设加快。

海运 1952年海口市最大的秀英港货物吞吐量仅16万吨。1953年建造得胜沙码头（最大靠泊能力600吨级货轮4艘），20世纪70年代对秀英港进行改造和扩建，1972~1979年修建新港（最大靠泊能力400吨级客轮6艘），以后又不断扩建。港口已经同日本、朝鲜、越南、马来西亚、新加坡、泰国、印度尼西亚、科威特、沙特阿拉伯、中国香港等20多个国家和地区通航贸易，航线20多条。国内航线30多条，通往天津、上海、大连、秦皇岛、烟台、南京、青岛、宁波、广州、汕头、湛江、北海等港口。

陆运 解放后，全省开始大规模修建公路，1952年10月，修建了

---

[1] 《中国国情丛书——海口卷》，第248~249页。

海口秀英通往通什（今五指山市）直达榆林的海榆中线，全长296公里。同年又修建海口经澄迈、临高、儋县、白沙、昌化、东方至三亚的西线公路，全长429公里。维修了从海口经琼山、文昌、琼海、万宁、陵水至三亚的海榆东线，全长322公里。1951年，海口市内公共汽车公司有旧车2辆，职工10人，设有一条海口—府城线路，1952年公共汽车增加到7辆，2条运营线。长途汽车站一座，通往岛内各市县墟镇集市和湛江、广州、深圳、珠海等地。1954年营运车16辆，线路5条，年运客287万人次；1958年营运车17辆，线路10条，年运客341万人次；1962年营运车18辆，线路10条，年运客431万人次；1978年营运车40辆，线路13条，年运客1346万人次；1986年营运车84辆，线路21条，每日运客5万人次。

空运 1956年2月，中国民航海口站正式营业开航，适用"安－24"等小型客机起落，航线仅通湛江、广州，每周4个航班。1984年机场扩建，可供波音707、737、757等大中型飞机起降和夜航。增辟海口至北京、香港、曼谷、新加坡等国内外航线。

内河运输 解放初期，海南岛之陆路交通不方便，南渡江内河运输成为海南经济的生命线。琼山、文昌、定安、澄迈等县的土特产，大部分都从内河运至海口港口。沿江两岸群众所需的水泥、布匹、食盐、日用品也是从海口假道南渡江装载运进。此外，金江到海口也有客运来往。1951年，南渡江上拥有各类大小帆船10345艘，总吨位为7830吨。全年货物运输量在15898吨，旅客20613人次。1952年，南渡江内河运输仅进出海口港的货物吞吐量达26087.44吨，占海口港当年总量的20%。至1951年增加近一倍。1954~1955年，通过南渡江运往岛内各地的货物有水泥、粮食、杉木以及日杂百货等。1955年，内河货物出口量达67412吨，旅客量也上升为50350人次。1956年初，内河运输仍然繁忙，为集散腹地货物起很大作用。同年4月，琼山龙塘闸坝和澄迈永发大桥先后建成，水闸坝使内河下游水量减少，大桥建成使中线路畅通。陆路运输逐渐取代内河运输，南渡江内河运输仅能进行段与段之间的短程运输。至1956年末，内河运输船舶仅剩301艘，与1951年相比，减少10044

艘，运输量急剧下降。1958年8月，南渡江上游的儋县境内拦江兴建松涛水库，没有注意对河流的综合利用，结果中下游水量减少，6吨以上的木船难以航行。下游河段（海口至龙塘），几吨以下的木船仅能运沙石。内河航运业逐渐衰落。1958年、1962年曾两次整治内河航道。经南渡江从海口可通往的地方有铁桥（13公里）、灵山（15公里）、龙塘（25公里）、新坡（38公里）、东山（65公里）、东营和演海（50公里）、演丰（59.3公里）、三江（77.8公里）。1962年后，南渡江水主要用于灌溉农田，解决沿岸工业用水，致使沿岸生态被破坏，航道被泥沙淤塞，内河失去昔日的价值。[1]

（四）农业

截至1990年，海口有耕地面积68443亩，其中水田19179亩，旱田11747亩，旱地37517亩。海口地势南高北低，由西南向东北倾斜。土壤有水稻土、砖红坑壤、菜园土、潮沙泥土、滨海盐渍沼泽土、滨海盐土、滨海沙土等7个土类、54个土种。东北部为潮沙泥土，土层深厚，呈微酸性，土壤有机质、全氮、碱解氨含量稍高，缺磷钾。北部为滨海沙土，呈微酸性，土壤养分低，并含有毒物质。中部为黄赤土，地势平坦，土层深厚，土壤有机质、全氮、碱解氮中等，磷钾缺乏，是蔬菜、粮食、油料、糖料作物的主要产区。南部和西部为赤土和幼龄赤土，质地偏黏，土壤养分含量较高。赤土土层深厚，幼龄赤土土层较浅，石头裸露，耕作困难。水稻土的肥力较高，但养分不平衡，有机质、氮、磷较多，钾缺乏。

海口广大干部和农民群众利用优越的自然条件，经过努力，大兴农田水利建设，改进耕作方式，因地制宜，发展多种经营，使农业经济不断得到发展。1960年后有三个时期发展速度较快：第一个时期是1960~1965年；第二个时期是1976~1979年；第三个时期是1980年以后。1988年海口市制定了农村经济发展规划，进一步调整农业内部的产业结构和作物布局。1987~1989年共拨款1134万元，加强农田水利建设和副食品生产基地建设。此外，经济作物在农业中也占有相当的比重，尤其

---

[1] 《中国国情丛书——海口卷》，第38~47页。

以甘蔗、油料、水果最为突出。

粮食作物 由于扩大蔬菜和其他经济作物的生产，粮食作物有所减少。1990 年粮食作物总播种面积为 64755 亩，比 1989 年增加 1148 亩；总产量为 12748 吨，比 1989 年增加 762 吨，增长 6.4%。粮食作物主要以种植稻谷为主，1990 年稻谷播种总面积 38940 亩，总产量为 10416 吨，平均亩产 267 公斤；播种面积比 1989 年减少 718 亩，产量比 1989 年增加 793 吨，增产 18.2%。1990 年旱粮播种面积 1855 亩，总产 119 吨，亩产 64 公斤；播种面积比 1989 年增加 829 亩，产量增加 58 吨，增长 95%。薯类播种面积 23960 亩，总产量为 2213 吨，亩产 92 公斤；播种面积比 1989 年减少 1331 亩，产量只减少 89 吨，减少 4%。粮食作物生产的特点是：以水稻为主，番薯占一定数量，旱粮较少；粮食单产增长速度缓慢，产量不稳不高；耕作制多样，水田多数为双季稻，部分为稻稻薯、菜稻稻等三熟制，禾本科作物与豆科、绿肥作物等轮作较少，用地与养地结合不够。粮食产量不高不稳定的主要原因：旱涝灾害的影响，常年受旱和低洼易涝面积达 1 万亩左右；低产田面积大；施肥水平低，用量不足；种子混杂，纯度不高；病虫害的影响。

蔬菜 海口市人民政府采取多种措施保障城市人民的蔬菜供给，蔬菜种植基地的面积从 1987 年的 8500 亩扩大到 1990 年的 67453 亩。1990 年全年播种总面积 67453 亩，比 1989 年增加 11131 亩，总产量达 52366 吨，比 1989 年增加 8110 吨，增长 18.3%。除蔬菜淡季外，每天上市量 10 万~12.5 万公斤，基本满足了市场需要。瓜类种植面积 1990 年为 1290 亩，总产量 1162 吨。蔬菜种类多，全年有 100 多个品种可在露地栽培，但由于两风（台风、干热风）、两雨（暴雨、低温阴雨）、洪涝（雨季为 5~10 月）以及小范围内出现的冰雹、霜冻等灾害，尤其是台风、暴雨威胁最大，造成每年出现 8 月至 11 月上旬蔬菜生产的大淡季（秋淡），其次是低温雨阴也造成 4 月至 5 月上旬衔接不好的小淡季（春淡）。

经济作物 郊区经济作物种类较多，主要有甘蔗、油料、水果等，其中以甘蔗最为突出。1990~1991 年，糖蔗种植面积 12029 亩，总产量达 48559 吨。油料作物以花生为主，芝麻次之，1990 年花生播种面积为

6042 亩，平均亩产 70 公斤，总产达 426 吨。花生产区主要是海秀乡和长流乡。1990 年芝麻种植面积 11751 亩，总产量 258 吨，水果栽种面积 1990 年未达 676 亩，收获面积 327 亩，总产量 347 吨。水果品种主经有柑橘、香蕉、菠萝、荔枝、龙眼和其他品种的水果。

热带作物 海南岛是中国热带作物栽种的重要基地，热带资源丰富，种类繁多。海口市位于海南岛的北端，可栽种的热带作物主要有橡胶、椰子、胡椒、咖啡、槟榔等。到 1990 年底，橡胶栽种面积 2981 亩，产量 59 吨；椰子栽种面积为 779 亩，产量 12.4 万个；胡椒栽种面积 108 亩，产量 3.2 吨；咖啡种植面积 281 亩，产量 2 吨；槟榔栽种面积 40 亩，产量 0.7 吨。

畜牧业 海口市郊区的畜牧业发展较快，引进许多外地的优良品种，使畜牧业出现了繁荣的景象。畜禽种类主要有生猪、鸡、鸭、鹅、牛、羊，还有少量的火鸡、鹌鹑、鸽子、蜜蜂等。1990 年末，生猪存栏 30099 头，全年饲养生猪 53090 头，出栏 22991 头，猪肉产量达 1876 吨。家禽饲养量 195.63 万只，其中鸡 64.9 万只、鸭 128.8 万只、鹅 1.3 万只，出栏总数 140.5 万只，禽肉产量 2034 吨，禽肉产量超过猪肉产量。鸭的饲养主要集中在荣山乡博养村。1990 年末，牛存栏 14290 头，其中用于农事劳役的 9193 头，肉牛、产奶牛存栏 5027 头，牛肉产量 72 吨，牛奶产量 31 吨。山羊存栏 5539 头，羊肉产量 58 吨；海口市郊区饲养的山羊属琼州黑山羊，品种优良，肉质好，主要分布在海秀、长流镇、荣山乡的部分地区。

水产业 海口市发展水产业有良好的条件，水文气象条件优越，海岸线长 40 多公里（包括海岛），渔场广阔，海洋水生生物资源丰富，为发展海洋和淡水养鱼业生产提供了水、光、热条件。除适宜养殖青、草、鲢、鳙、鲮、鲤鱼等优良品种外，从国外引进的莫桑比克罗非鱼、罗氏沼虾、尼罗罗非鱼、福寿鱼、泰国胡子鲶、埃及革胡子鲶等热带品种也能长年生长。海岸主要鱼类有 100 多种，淡水养殖鲤类也有 10 多种，还有虾蟹和贝类产品。1990 年海水养殖面积 4300 亩，产量 347 吨，淡水养殖面积 3960 亩，产量 353 吨；海洋捕捞 4509 吨；水产品总量达 5209 吨，比 1989 年增加 501 吨，增长 10.6%；渔业净产值 2683 万元，增长 31.1%。郊区有新埠、新海两个渔业乡镇，从事渔业的劳动力有 4223 人，占农村劳动力总数的 10.7%。

林业 海口市全市有林业用地 4.23 万亩，有林面积 3.64 万亩，森林覆盖率为 17.6%。1990 年完成造林面积 1565 亩，其中速生丰产用材林 1238 亩。郊区认真落实了林业生产承包责任制，充分调动群众造林性，对大面积的宜林荒地、沙滩，发动群众组织造林联合小组，个人向集体承包造林，取得了较好的效果。林区主要有沿海、沿江防护林、用材林。经济林和四旁植树及苗圃。树种以木麻黄为主，主要植被有木麻黄、桉树、苦楝、黑墨、东风桔、九节木、基及树、飞机草等。①

第三节　人口和民族结构的变化

（一）人口结构

海口解放初期，由于人民生活水平的提高和医疗卫生技术的改善，以及鼓励生育政策的影响，人口高速度增长，出现历史上的人口发展高峰期。1953 年第一次人口普查，全市总人口为 120337 人，比 1949 年增加 15109 人，增长 14.36‰。1964 年第二次人口普查，全市总人口为 176150 人，比 1953 年增加 55813 人，增长 46.38‰。1982 年第三次人口普查，全市总人口为 262585 人，比 1964 年增加 86435 人，增长 51.18‰。1990 年第四次人口普查，全市总人口为 410068 人，比 1982 年增加 147483 人，增长 56.17‰。1996 年末，全市总人口 603900 人，与 1949 年相比，47 年间增加了 498672 人，增长 373.9‰。海口市人口自然增长可分为四个时期。

第一个时期，1949～1957 年，人口处于无计划增长状态。这一时期，海口市人口自然变动变化大，人口出生率从 1949 年的 24‰ 提高到

---

① 《中国国情丛书——海口卷》，第 231～238 页。

1953 年 26‰，1957 年达到高峰 44‰；人口死亡率从 1949 年的 9‰下降到 1957 年的 5.2‰；人口自然增长率从 1949 年的 15‰上升到 1957 年的 38.8‰。这一时期的人口特点是：出生率高，死亡率低，自然增长率高。

第二个时期，1958～1962 年，是人口自然增长高峰期。这一时期，虽然经济工作出现失误，人民生活困难但人口自然增长率仍然居高不下。1962 年，随着国民经济的好转，人口自然增长率大幅度上升，为新中国成立以来的最高峰，达到 35.7‰。人口再生产的特点是：高出生，低死亡，高增长。

第三个时期，1963～1966 年，为人口自然增长下降期，1967～1977 年为第三次人口出生高峰期。1963 年，人口出现了补偿性再生产高峰，自然增长保持了较高的发展速度。1963 年，人口自然增长率为 32.9‰。1964 年以后，人口出生率、自然增长率开始下降。1969 年出生率为 12.5‰，自然增长率下降为 4.5‰。"文化大革命"期间，人口自然增长率回升，1970 年达到 20.8‰，人口再生产类型仍然是高出生，低死亡，高增长。这是海口市第三次人口出生高峰期。

第四个时期，1978～1990 年，为人口稳定增长时期。这一时期党中央提出人口问题和计划生育工作是"重大的战略问题"、"长期的战略任务"、"基本国策"。海口市各级领导重视计划生育工作，20 世纪 70 年代末至 80 年代，人口增长速度减慢。在这一时期，出生率、死亡率基本稳定，出生率 12.47‰～18.69‰，死亡率 4.70‰～5.46‰（见表 10－1）。[①]

表 10－1　海口市人口出生、死亡、自然增长情况

年份	出生		死亡		自然增长	
	人数（人）	出生率（‰）	人数（人）	死亡率（‰）	人数（人）	增长率（‰）
1949	2487	24	933	9	1554	15
1950	2689	25	914	8.5	1775	16.5
1951	2921	26	899	8	2022	18

---

① 海口市志编纂委员会编《海口市志》，第 280 页。

续表

年份	出生		死亡		自然增长	
	人数（人）	出生率（‰）	人数（人）	死亡率（‰）	人数（人）	增长率（‰）
1952	3118	26	875	7.3	2243	18.7
1953	3147	26	884	7.3	2263	18.7
1954	3474	28	658	5.3	2816	22.7
1955	2703	21	579	4.5	2124	16.5
1956	4010	30	695	5.2	3315	24.8
1957	6109	44	722	5.2	5387	38.8
1958	4897	34	979	6.8	3918	27.2
1959	4754	32	1738	11.7	3016	20.3
1960	3218	21	1272	8.3	1946	12.7
1961	4110	26	1265	8	2845	18
1962	6990	43	1187	7.3	5803	35.7
1963	6751	40	1198	7.1	5553	32.9
1964	5908	34	1251	7.2	4657	26.8
1965	5532	30.84	967	5.39	4565	25.45
1966	4545	24.72	1145	6.23	3400	18.49
1967	2422	13	1304	7	1118	6
1968	2256	12	1692	9	564	3
1969	2371	12.5	1517	8	854	4.5
1970	5143	26.96	1158	6.07	3985	20.89
1971	4643	23.89	1119	5.76	3524	23.89
1972	4816	34.08	1064	5.32	3752	34.08
1973	4409	21.4	1094	5.3	3315	21.4
1974	3303	15.7	1137	5.4	2166	15.7
1975	3074	14.5	1107	5.2	1967	14.5
1976	2684	12.47	1176	5.46	1508	12.47
1977	3119	14.22	1170	5.33	1949	14.22

续表

年份	出生		死亡		自然增长	
	人数（人）	出生率（‰）	人数（人）	死亡率（‰）	人数（人）	增长率（‰）
1978	3887	17.18	1073	4.74	2814	12.44
1979	4390	18.69	1188	5.06	3202	13.63
1980	4044	16.59	1259	5.16	2785	11.43
1981	4563	18.09	1161	4.6	3402	13.49
1982	3959	15.24	1333	5.13	2626	10.1
1983	3268	12.28	1263	4.75	2005	7.53
1984	4488	16.4	1145	4.18	3343	12.22
1985	4017	14.14	1170	4.12	2847	10.02
1986	4681	15.87	1214	4.11	3467	11.76
1987	5515	18.02	1433	4.68	4082	13.34
1988	6094	18.87	1565	4.85	4529	14.03
1989	6163	17.95	1310	3.82	4853	14.13
1990	6394	17.68	1587	4.39	4807	13.3

资料来源：海口市统计局：《海口五十年》，中国统计出版社，1999，第319页。

（二）民族结构

据1982年第三次全国人口普查统计，海口市有汉族、蒙古族、回族、苗族、彝族、壮族、布依族、水族、仫佬族、锡伯族、京族等20种民族成分。海口全市汉族人口为265478人，占总人口的99.69%；少数民族人口822人，占总人口的0.31%；外国人加入中国国籍者123人。同1964年比较，汉族人口增加89683人，增长51.01%，少数民族人口增加470人，增长43.03%。

1990年第四次全国人口普查统计，居住在海口市的有汉、蒙古、回、藏、维吾尔、苗、彝、壮、布依、朝鲜、满、侗、瑶、白、土家、哈尼、傣、黎、畲、水、纳西、土、仫佬、羌、布朗、撒拉、毛南、仡佬、锡伯、俄罗斯等民族。其中汉族人口为406136人，占99%；各少数民族人口为3932人，占1%。其他未识别的民族588人，外国人加入中国国籍者1人。同1982年人口普查数据相比，8年间汉族人口增加了141248人，增长5302%；各少数民族人口增加了2518人，增加3倍多。少数民族人口中，以黎族为最多，1496人；其次，壮族1131人、满族173人、回族131人、苗族123人，分布于市区的新华、博爱、振东几个区，其他少数民族人口较少。

第四节　教育、文化和医疗的发展

（一）教育

1950年4月，海口解放，全市在校小学生有6855名，教职工358名；中学生1911名，教职工185名，中专及职业学校初级部学生184名、中级部学生688名，教职工154名；海南大学有学生137名，教职工68名。经过几十年的发展，学校由1950年的67所发展到1988年的95所；普通中学由1951年的4所发展为1988年的23所，高等学校、中等专业学校和职业教育都是从无到有。1986年底海口市有普通高等学校2所，成人高校3所，中等专业学校8所，中等技工学校6所，中等成人学校18所，职业、农业中学4所。

20世纪80年代以前海口市的教育事业发展较为缓慢，除中、小学有常规发展外，高等教育、成人教育、中等技术教育和职业教育相当落后，有些几乎是空白。据1982年全国第三次人口普查，全市具有大专以上和相当程度学历的人口共5002人，占全市人口的1.88%；具有高中文化程度的人口有47785人，占全市人口的17.94%；具有初中文化程度的人口为76524人，占全市人口的28.74%；12岁以上的文盲和半文盲人口为34829人，占全市人口的13.08%。中共十一届三中全会以后，海口市委、市政府重视并采取切实措施发展教育事业。1983年普及了初等教育。在中共海南省委、省政府重视和支持下，由各方投资，陆续兴建了3所大学（海南大学、海南医学院、海南师范学院），兴办广播电视大学、教育学院和海口市职工业余大学等成人教育高校和 17 所各类中等专业技术学校，发展了成人教育和职业教育。

幼儿教育 1950 年 8 月，海口市人民政府创办了第一所海口市立幼稚园，全园工作人员 10 名，开设大、中、小各一个班，收托幼儿 100 人。到 1990 年，全市幼儿园达到 82 所，365 个班，收托幼儿 14120 人，幼教人员 889 人。

小学教育 1953～1957 年全市小学 57 所，共 331 班，在校小学生 14256 人，学龄儿童入学率达 76.5%，教职工 486 人。1990 年全市有小学 95 所，828 个班，小学生 38200 人，教职工 1692 人，学龄儿童入学率达 99.9%。

中学教育 1950 年 3 月，全市有侨中、海大附中、建华、汇文、匹瑾、新民、琼南共 7 所中学，52 个班，1932 名学生，185 名教职工。1996 年，全市有中学 25 所，548 个班，在校学生 28691 人，其中初中 407 个班，21367 人；高中 141 个班，7324 人，教职工 2462 人。

大学教育 1989 年，市内高校有海南大学、海南师范学院、海南医学院 3 所，教职工 2130 人，其中教授 26 人，副教授 167 人，讲师 405 人，在校生 6811 人。

科技 海口新中国成立前，全市没有科研机构，公有的几家小厂，技术状况非常落后。1950 年 4 月后，随着海口市工业的发展，科学技术也得到逐步提高。1990 年，海口市属全民所有制独立的科学研究和技术开发机构有 26 个；普通高等校 3 所；工业企业有 222 家，其中市属企业 174 家。海口市属全民所有制单位自然科学技术人员 3404 人，其中工程技术人员 1473 人，农业技术人员 84 人，卫生技术人员 1184 人（其中有教学人员 674 人），科学研究人员 10 人，教学人员 653 人。全民所有制单位社会科学、技术人员 2685 人，其中科学研究人员 3 人，教学人员 756 人，会计人员 577 人，统计人员 114 人，新闻出版及播音人员 43 人，翻译人员 8 人，体育教练人员 16 人，经济人员 970 人，图书档案资料人员 92 人，工艺美术人员 10 人，文艺人员 50 人，律师、公证人员 45 人。

（二）文化事业

1990年全市共有艺术表演团体6个，文化馆、艺术馆、公共图书馆、博物馆、档案馆各一座，广播电台、电视台各二座，电视节目覆盖率和收视率达85%以上，各类电影放映单位46个。全年出版各类杂志6591册，发行各类报纸7253万份。通过"一手抓整顿，一手抓繁荣"，群众业余文化活动更加丰富多彩。1990年底全市有业余剧团7个，文化室33个，图书室32个，电子游戏室114个，歌舞厅、卡拉OK厅73家，市报刊亭40个，录像放映点35个。

图书馆、艺术馆、博物馆 海口市图书馆，设在海口市新华南路。1956年10月创建，馆址在新华南路，1984年12月在原址建新馆，建筑面积4272平方米，设有借书处、报刊阅览厅、特藏文献柜、少年儿童阅览厅、科技阅览厅、报告厅、视听室、宣传室、办公室等。馆内有报纸100多种，期刊800多种，图书16万册，装订期刊2万册，可同时接纳1000多名读者。1987年购进图书约8000册，1988年购进约5000册。

海口艺术馆（前身为市文化馆），馆址在海甸岛，1950年建立。

海口博物馆，馆址在五公祠，下面设有五公祠管理处、海瑞墓管理处等。

电影 海口解放后，一批旧影剧院陆续停办，随之而起的是一大批设备较好的新建影剧院。海南建省前，海口市的电影事业有长足发展，海口市电影公司下属48个放映单位。和平影城（前身为和平电影院，1956年建立），1988年经过改建和装修，成为多功能的影城。另有解放、中山纪念堂、工人文化宫等电影院10家；青少年宫、和平南路、秀英、沿海等露天剧场11家，总座位近3万个。

戏剧 海口市琼剧团的前身是新群星琼剧团，由一些琼剧老艺人创建于1952年春。1956年，新群星琼剧团改制转为国营海口市琼剧团，1959年，海口市琼剧团并入新成立的广东琼剧院。1963年10月，海南行政区公署和海口市人民政府为了适应文化事业发展的需要，复建了海口市琼剧团。"文化大革命"期间曾改称为文艺宣传队，1975年恢复原名。海口市琼剧团现有高级职称表演艺术家、编剧和曲作家6人，其他中青年业务骨干 202 多人。

广播、电视 1985 年经国家广播电视部批准成立海口人民广播电台，1986 年 2 月正式播出，设有办公室、总编室、新闻室、文艺部、技术部、播出部、广告部等。节目设有 6 个板块共 20 个栏目：《晨钟敲响》、《五彩缤纷》、《空中知己》、《艺海浪花》、《晚霞生辉》、《今夜良宵》等，其中《人生舞台》、《特区风采》、《一曲传情》等节目受到好评。1989 年 2 月经国家广播电视部批准正式建台海口电视台，台址在海口市金融开发区傍海小区，播出使用 31 频道，发射功率 3000 瓦。

图书、新闻、出版 1950 年 4 月前共有报纸三四种，发行量各为 1000 份左右。1950 年 5 月中共海南区党委成立时，作为区党委机关报的《海南日报》创刊，这是海南历史最久、影响最大、发行量最多的一份报纸。1988 年发行量达 13 万多份。当时海口市还有《海口报》、《海口导报》、《海口日报》、《比学赶帮》等，后均因故停刊。

（三）医疗、救济

1950 年海口解放后，整顿了私立和教会办的医院，积极发展卫生医疗机构和培训医疗卫生人员。1951 年，在原海南医事职业学校的基础上成立了海南医学专业学校，培养专业医务人员。1953 年，在接管的中法医院基础上创办了海口市人民医院。1952 年有医疗卫生机构 71 个，其中医院 2 所，共有病床床位 526 张，卫生技术人员 405 人，其中西医师 20 人、中医师 40 人、医士 11 人、护士 67 人、助产士 9 人，平均每千人口有卫生技术人员 3.88 人，病床 3.68 张。到 1990 年，全市除部队医院外有医疗卫生机构 208 个，是 1952 年的 2.9 倍；病床床位 4026 张，是 1952 年的 7.6 倍；专业卫生认员 5164 人，是 1952 年的 12.7 倍，其中医生 2327 人（含中、西医师 2094 人）；护师护士 1017 人，分别为 1952 年的 38 倍和 24 倍；平均每千人有卫生技术人员 13.94 人，病床 10.33 张，分别是 1952 年的 3.8 倍和 15 倍。

救灾与扶贫 1984 年统计，全市农村共有贫困户 488 家，1987 年、1988 年受灾后上升到 2364 家。1984 年以来，市、区、乡政府对他们进行了重点扶持，同时采取包干、建立扶贫小组等措施，帮助修建住房、发展家庭副业和多种经营，帮助摆脱贫困。在此期间，国家拨款11.17万元，用于扶贫致富；市政府发放临时救济款581.9万元，解决城乡11632人（包括"五保户"）的生活困难。

社会福利院 全市有福利院一处，长流镇和白龙乡各有敬老院一处，收养孤寡老人、残废幼儿少年和弃婴73人。市福利院是全市唯一综合性福利设施，设有医疗室、文化娱乐室等。建省初，人均月生活费70.85元、零用钱3元，每年还发放新衣、被单等实物。乡镇办的两处敬老院，由乡镇公益金及其他福利基金中统筹资金，平均生活费每人每月35～45元，米面10.5公斤，零用钱5元。对分散供养的"五保"老人，实行乡镇统筹粮钱供应办法，保证人均月供应口粮10.5～15公斤，生活费18～22元，不足部分由民政部门临时救济解决。建立30个（有71人参加）的"五保老人服务小组"，对生活不能自理的"五保"老人包干护理到户，使孤寡老人安度晚年。

第五节 社会生活的变迁

随着新中国的成立，中国共产党对社会实行了一系列的移风易俗、革故鼎新的措施，其中在经济、文化、日常生活方式上，在整个社会范围内依照社会主义理想进行一场天翻地覆的变革。这项工作的开展对清除旧社会遗留下来的弊风陋习、净化社会环境和社会风气起了很大作用，同时使整个城市社会面貌焕然一新。

服饰 海口市像全国其他地方一样，服饰经历了几个阶段的变化：一是20世纪50年代至60年代前半期。市区流行新时装有中山装、苏式女装、列宁装等，工装裤和齐耳的短发为时髦的装束。女性以简单朴素的列宁装、布拉吉和齐耳的短发为时髦的装束；男性则以中山装、军装等庄重、朴素的衣服为主要服饰，既体现出人们着装上的实用性、审美性、追赶时髦的特点，又反映了当时的中国国情。二是20世纪六七十年代，"文化大革命"开始，毛泽东等国家领导人穿着草绿色军装接见全国各地的青年学生后，草绿色军装便迅速成为人们尤其是年轻人追求的对象。中青年人穿干部装、军装和工作服，颜色多为蓝、黑、灰、绿色。人们大多穿着灰、蓝、草、绿等几种单调的颜色，服装基本上只限于军装和制服等款式。三是 20 世纪 80 年代改革开放后，海口人服饰多样化、时髦化，男着西装、女穿裙子十分普遍。少男少女、青年男女的服装色调、款式丰富多彩。中青年男女戴金戒指、金项链等，老年女人爱戴金耳环和玉镯等。

饮食 海口居民饮食的主食为大米。20 世纪 50～70 年代，海口市居民夏天多数吃稀饭，冬天吃干饭，辅食有番薯、大薯、毛薯、芋头、木薯和豆类以及面制品等。20 世纪 70 年代后多为日吃三餐，丰俭有别。过年家家备鱼和芹菜，象征年年有余、勤劳致富。因为粉丝白而长，寓意全家长寿，活到胡子银白修长。海南粉、抱罗粉等风味小吃深受居民喜爱，其中海南粉为海口本土风味小吃。居民做菜煲汤讲究季节，区分食物的冷、热特性。海南气候炎热，故形成"饭前先喝汤"的饮食习惯。海口人有喝茶习惯，称为"老爸茶"，在节假日和工作之余，亲朋好友共进茶店，沏上一壶老爸茶，叫上一两件糕点或其他食品，边饮边聊天。海口风味小食有凉拌海菜、凉粉（膏）等。①

居住 在破四旧、立四新的移风易俗运动中，逐渐破除了看风水建房的习俗，低矮平房逐渐减少，楼房逐渐增加。20 世纪 80 年代开始，许多先富起来的居民都建起了小洋楼，干部职工住房也有了明显改善，市郊区农民也告别了往日的草房，住上了瓦房、小洋楼。

出行 20 世纪 50 年代，单车取代轿子。海口至府城、海口至秀英的市内公共汽车开通，方便市民往来，但仍以自行车为主。20 世纪 70 年代初，机动二轮、三轮摩托车投入市内客运。20 世纪 80 年代初，在市区出入仍以公共汽车、机动三轮车为主。1985 年开始出现小汽车载客。1988 年建省后，"的士"（出租车）迅速增加，机动三轮车被禁止载客。20 世纪 90 年代，市区道路经过多次改修，中巴、的士、公共汽车

---

① 海口市志编纂委员会编《海口市志》，第 238 页。

来回穿梭，交通十分方便。

婚姻 1950 年 5 月 1 日施行《中华人民共和国婚姻法》，这是中华人民共和国成立后颁布的第一部法律。1980 年 9 月 10 日第五届全国人民代表大会第三次会议通过新的《中华人民共和国婚姻法》，体现男女平等、一夫一妻、婚姻自主的精神。20 世纪 80 年代后，在政府"晚婚、晚育"的号召下，婚姻年龄平均 24.05 岁。20 世纪 50 年代初，海口民间操办婚事基本沿袭过去的做法，只废除了花轿。六七十年代后，带有封建迷信色彩的形式程序大部分被废除，婚礼从简。60 年代以自行车迎亲，80 年代后以小轿车迎亲。婚宴在 70 年代前多设在家中，80 年代后多在宾馆设宴迎宾。八九十年代，旧时婚俗有所复燃，讲排场、铺张浪费之风日增。

生育 20 世纪 60 年代，海口市出现生育高峰；70 年代初，政府开始号召晚婚晚育，人口计划正式纳入了国民经济发展计划。1973 年明确了"晚、稀、少"的方针，经过逐步发展，政策明确要求一对夫妇生育子女数最好一个，最多两个，生育间隔 3 年以上。1982 年 10 月开始推行计划生育，中共中央、国务院提出要普遍提倡一对夫妇只生育一个孩子，1982 年把计划生育作为基本国策，地方政府把计划生育当作"政治任务"来抓。

丧葬 解放初期，海口仍延续传统土葬习俗。20 世纪 70 年代前，海口市实行土葬。"文化大革命"期间，号召"破四旧、立四新"，海口建设了火葬场，殡葬部门开展移风易俗活动，推行火葬，开追悼会、献花圈，1977～1979 年市殡葬管理所停办土葬，80 年代后，火葬成为主要丧葬方式，土葬基本绝迹。

岁时节日 民间贺岁时节日习俗基本不变，封建迷信内容有所减少，同时也发生了一些新的变化。春节期间，机关团体组织开展一些文体活动以及茶话会等欢度节日。党、政领导人还在春节期间向英雄模范、烈军属、困难户和老干部、老工人和老教师以及坚持生产、工作的职工进行慰问。20 世纪 80 年代末至 90 年代，出现以电话、贺年卡拜年等新风尚。元宵节，20 世纪 50 年代初海口元宵灯会渐废，80 年代初府城镇恢复元宵灯会，换香（1986 年改换花）活动，海口市青年男女多往府城镇参与或观看换花，市内几乎不举行传统民间活动。清明节，新中国成立后，民间祭扫墓坟习俗基本不变。1966~1976年，祭祖活动骤然减少。20世纪80年代开始恢复，祭品不断变化，除银宝香烛外，还有纸制小轿车、摩托车、电视机、电冰箱等。清明节期间，中小学校多组织学生祭扫革命烈士墓，进行革命传统教育。端午节，新中国成立后，端阳节封建迷信色彩已淡化，吃粽子、"洗龙水"、赛龙舟的习俗犹存。

宗教信仰 中央政府实施尊重和保护宗教信仰自由政策，第一届中国人民政治协商会议通过的《中国人民政治协商会议共同纲领》，1954年9月公布的《中华人民共和国宪法》中均规定："中华人民共和国公民有宗教信仰的自由。"宗教信仰自由有了宪法的保障。1953年至1957年，在中国共产党的推动下，中国宗教界先后成立了中国伊斯兰教协会（1953年5月）、中国佛教协会（1953年6月）、中国基督教三自爱国运动委员会（1954年7月）、中国道教协会（1957年4月）和中国天主教友爱国会（1957年8月）。这些宗教团体，在协助政府宣传和贯彻党的宗教政策，推动各教人士的团结、教育、改造，参加反帝爱国运动，团结各教爱国人士和信教群众进行宗教制度的民主改革，参加社会运动和社会主义建设等方面做了不少工作，取得了一定成绩，在国内外产生了良好影响。

在中国共产党政府的影响下，中国的天主教和基督新教组织改造旧教会，使其逐步脱离了国外宗教团体的领导和干涉而独立出来。新的教会以"独立自主、自办教会"为方针，也可称作"三自"原则，即"自治、自养、自传"，中国的教会不再从属于罗马教廷和国外的基督教教会。之后，中国宗教政策受"左倾"思想和"反右扩大化"国内政治形势的影响，出现了严重偏差，宗教问题被完全等同于政治问题，并被提升到维护国家政治安全的高度，甚至直接把削弱和放弃宗教信仰作为维护国家政治安全的手段。宗教政策和工作从以安全为主、统战为辅转变为取消统战乃至全盘"安全化"，致使中国的宗教活动受到重大破坏，宗教工作也陷入停顿状态。1957年"反右"以后，破除迷信和宗教界"大跃进"思想开始出现，"消灭宗教"成为流行口号。

解放初期，天主教于1954年1月成立海口市天主教"三自"革新委员会，委员8人。1957年改为海口市天主教爱国会，主席蔡正德（教徒），委员 7 人。1982 年 3 月，召开市天主教代表会议，改选海口市天主教爱国会，主席谢瑞光（神甫），副主席黄中文（神甫），委员 3 人。1987 年，海口市天主教爱国会进行换届，增设教务委员会。天主教爱国会主席谢瑞光（神甫），副主席李子瑛（教徒，兼秘书），委员 3 人；教务会主任黄中文（神甫），副主任杨德静（修女会长），委员 3 人。基督教于 1952 年成立海府地区基督教"三自"革新筹备委员会。1954 年召开海府地区基督教代表会议，成立海口市基督教"三自"爱国运动委员会。1961 年召开海府地区基督教第二次代表会议，总结教会工作，提出教会管理工作意见，改选海口市基督教"三自"爱国运动委员会。1966 年"文化大革命"初期，教徒转入家庭聚集活动。1980 年，海口市人民政府落实党的宗教政策，归还教堂和教会附属房产，批准在教堂做礼拜活动。1982 年，召开海口市基督教第三次代表会议，制定基督教爱国守法公约，改选基督教"三自"委员会组织。1985 年，召开海口市基督教第四次代表会议，传达广东省基督教第四次代表会议精神，增选委员。1989 年，召开海口市基督教第五次代表会议，总结几年来海口市基督教的工作和提出今后的工作意见，增补"三自"委员会委员，增设海口市基督教协会机构。

佛教 解放初期，海口市全市佛教寺庵总共有 10 处，分别是广济庵、光塔、仁心庵、善庆庵、永庆寺、潮音庵、泰华庵、慈惠庵、积善寺、法隆寺等。寺庵经费靠收取信徒香油费及寺庵园地租金维持。海口市人民政府也赋予宗教人士较高的政治地位，1950 年海口市政协第一届委员会召开，佛教人士王家齐（屯昌人）当选委员。1952 年，寺庵所有土地归合作互助组所有，寺庵人员被迫还俗参加农业互助组，有的由人民政府安排就业，1953 年后海口市的寺庵宗教活动基本停止，但民间自发的佛事活动依然存在。

道教 解放初期，海口市道教信徒很多，道观遍布，其中以小型的土地庙居多。道观中有道士主持，道士分为专职和业余两种，职责主要是打醮、扶乩、做法事，并收取香火钱。1953 年，海口人民政府明令取缔先天道、同善社等道门，道观改作他用，但民间求神祭鬼现象没有间断。

天主教 解放初期，海南岛全岛有天主教徒 3419 人（男 2051 人、女

1368人），1953年法籍神甫德文彬被驱逐出境，由华籍神甫韩铁城任代理主教。1970年，原海口天主教堂被拆除改建他用。1980年，落实宗教团体房产政策，按有关规定折价赔偿，归市天主教爱国会。1981年，市人民政府批准天主教恢复活动。1982年，在振东街127号修建"圣心堂"，作为海口天主教活动场所。时有神甫2人，修女42人，教徒149人。

基督教 解放初期，基督教活动场所海口福音堂被海南军政委员会征用，基督教教徒又在永乐街（今解放东路47号）购置1幢楼房，作为基督教会的活动场所，购置费用来自基督教徒的捐款，牧师潘先和主持堂会活动（见表10-2）。

表10-2 海口市宗教场所分布情况

宗教	名称	详情
佛教	广济庵	信奉观音菩萨。光绪四年（1878），建于红坎坡18号，主堂1间，附属房屋4间，房屋建筑面积300平方米。解放初由李永莲和尚主持。1954年，广济庵房屋由红坎坡居委会接管使用，人民政府对庵中的和尚妥善安置。20世纪60年代初期改建为学校。
	光塔	位于白龙乡，建于明代嘉靖年间，八角状，7层，高34米，底半径6米，土木结构。在塔附近有间尼姑庵，建于何时无考，解放前为当地群众作佛事的场地。1958年"大跃进"期间，塔、房屋全部拆掉。1979年，当地群众自发捐款，在原塔址旁边新建1间70多平方米的平房，作为群众信佛教活动的场地。
	仁心庵	信奉观音菩萨。地址设在海甸六庙82号，正堂二进，附属4间，建筑面积合计227平方米。20世纪90年代仍存正堂后进。解放初期，该庵住持人柯修慈（男）。住庵信徒先后有9人，均系女性。
	善庆庵	位于大东路52号，房屋建筑面积70平方米。解放初期，该庵主持人柳能徒（男）。住庵信徒4人，均系女性。
	永庆寺	地址设在博爱南路2号，房屋建筑面积70平方米。解放初期主持人林瑞融，住寺信徒1人。

续表

宗教	名称	详情
	潮音庵	地址设在盐灶下村7号，房屋建筑面积80平方米。解放初期交学校使用。1983年拆除。解放初期主持人符善梅（女），住庵信徒1人（女）。
	泰华庵	地址设在永兴街（今解放东路）62号，房屋建筑面积50平方米，解放初期住庵主持人陆正玉（女）。后交市解放路居委会使用。
	慈惠庵	地址设在居仁坊12号，房屋建筑面积100平方米。解放初期住庵主持人李地全，住庵信徒2人（女）。后交居仁仿居委会使用。
	积善寺	地址设在大英村27号。解放初期主持人陈庆元，住寺信徒3人。后被拆除建海口人民公园。
	法隆寺	地址设在大英村5号。解放初期主持人曾维安，住寺信徒1人。50年代末，寺庙被拆除建海口人民公园。
道教	文明宫	敬奉"师主道吾后帝"。地址设在南门外7号，房屋建筑面积150平方米，1950年有常年驻宫道姑。1953年，因违反人民政府宗教管理条例，划为反动会道门被取缔。房屋归公，由市房产部门管理。
	聚善堂	敬奉"天师道"。地址设南门外园内里22号，房屋二进，建筑面积200平方米，1950年有常年驻堂道士。1953年，因违反人民政府宗教管理条例，划为反动会道门被取缔。道堂房屋全部归公，由海口市房产部门管理。20世纪50年代至70年代，阶级斗争抓得紧，民间道士活动停止。80年代，民间道士做斋、驱鬼降魔、作法事等活动时有出现。
天主教	海口会堂	光绪三十二年（1906）创办，在长沙坡租用民房，后迁到铜锣湾新建教堂，广州教区派神父主持。
	海口天主教女修道院	1930年建成，在铜锣湾24号（今大同路4号）天主教堂前侧，钢筋水泥结构三层楼房，建筑面积224平方米。解放初期被政府征用，1983年落实宗教政策返还。
	天主教修道院	1935年10月建成，位于海口铜锣湾24号（今大同路4号），天主教堂右侧300米，钢筋水泥结构二层楼房1座，建筑面积368平方米。建国初期被政府征用，1983年落实宗教政策返还。

续表

宗教	名称	详情
基督教	海口福音堂	清光绪十一年（1885）设立，建筑面积3379.15平方米，主教堂建筑面积206.44平方米，采用西方风格，是海南岛最大福音堂。由美籍牧师康兴利主持，信徒约500余人。康兴利离开之后，又有美籍牧师王保罗、谢大辟，西班牙籍牧师唐玛西等主持传教。新中国成立后，被海南区军政委员会接管使用，1983年落实宗教政策，归还。

资料来源：海口市志编纂委员会编《海口市志》，第356页。

参考文献

一 古代及近代文献

宋去非著，杨武泉校注《岭外代答校注》，中华书局，1999。
张庆长：《黎岐纪闻》，光绪三年刻本。
顾岕：《海槎余录》，周厚堉家藏本。
赵汝适著，杨博文校释《诸蕃志校释》，中华书局，1996。
郦道元：《水经注》，世界书局，1936。
乐史：《太平寰宇记》，中华书局，2007。
刘恂：《岭表录异》，文渊阁《四库全书》本。
庞元英：《文昌杂录》，商务印书馆，1936。
屈大均：《广东新语》，中华书局，1985。
李昉：《太平御览》，中华书局1960年影印本。
顾炎武：《天下郡国利病书》，上海商务印书馆，1936。
李昉：《太平广记》，中华书局，1961。
戴熺、欧阳灿总裁，蔡光前纂修《万历琼州府志》，海南出版社，2003。
王赞修，关必登纂《康熙琼山县志》，日本藏中国罕见地方志丛刊，书目文献出版社，1992。
杨宗秉纂修《乾隆琼山县志》，海南出版社，2003。
李文烜修，郑文彩纂《咸丰琼山县志》，海南出版社，2003。

朱为潮、徐淦主修《民国琼山县志》，海南出版社，2003。

陈铭枢总纂《海南岛志》，海南出版社，2004。

二 现代专著论文

海口市地方史志办公室编《海口年鉴》，2006。

《中国国情丛书——海口卷》，中国大百科全书出版社，1992。

海口市志编纂委员会编《海口市志》，方志出版社，2004。

海南省地方史志办公室编《海南省志·建置志》，南海出版公司，1997。

林日举：《海南史》，吉林人民出版社，2002。

方鹏：《海南岛历史民族与文化》，南方出版社，2003。

王俞春：《海南移民史志》，中国文联出版社，2003。

〔日〕小叶田淳：《海南岛史》，张迅斋译，学海出版社，1979。

王建成主编《海南民族风情》，民族出版社，2004。

周伟民主编《琼粤地方文献国际学术研讨会论文集》，海南出版社，2002。

何光岳：《南蛮源流史》，江西教育出版社，1988。

符和积主编《黎族史料专辑》第7辑，南海出版公司，1993。

曾昭璇、张永钊、曾宪珊：《海南黎族人类学考察》，华南师范大学地理，2004。

詹慈编《黎族研究参考资料》，广东省民族研究所，1983。

王国全：《黎族风情》，广东省民族研究所，1985。

伍尚光：《海南先民研究》第1辑，海南省迁琼先民研究会，2001。

海南省地方史志办公室编《海南史志》，1990~1997。

苏英博等主编《中国黎族大辞典》，中山大学出版社，1994。

海南省地方史志办公室编《海南省志》，南海出版公司，1994。

陈序经：《疍民的研究》，商务印书馆，1946。

詹长智主编《中国人口·海南分册》，中国财政经济出版社，1993。

张恒：《世纪之交的中国人口·海南卷》，中国统计出版社，2004。

王学萍主编《黎族传统文化》，新华出版社，2001。

王学萍主编《中国黎族》，民族出版社，2004。

丘刚：《海南古遗址》，海南出版社，2008。

广东黎族社会历史调查编辑组编《黎族社会历史调查》，广东人民出版社，1986。

杨德春：《海南岛古代简史》，东北师范大学出版社，1988。

陈光良：《海南经济史研究》，中山大学出版社，2004。

黎族简史编写组编《黎族简史》，广东人民出版社，1982。

中南民族学院编写组编《海南岛黎族社会调查》，广西民族出版社，1992。

吴永章：《黎族史》，广东人民出版社，1997。

海南黎族苗族自治州概况编写组编《海南黎族苗族自治州概况》，广东人民出版社，1986。

陈立浩：《黎族教育史》，广西教育出版社，1998。

邢关英：《黎族》，民族出版社，1990。

《黎族藏书》，海南出版社，2006。

吴义、王明兴、邵显明等：《中国黎族传统体育文化》，中国社会出版社，2005。

邢植朝：《黎族文化溯源》，中山大学出版社，1993。

王养民、马姿燕：《黎族文化初探》，广西民族出版社，1993。

《琼山国家历史文化名城》，东西文化事业公司，1999。

刘咸：《海南黎族起源之初步探讨》，《西南研究》1940年第1卷第1号。

陈睿：《论黎族文身与刀耕火种文化》，《中央民族大学学报》1998年第5期。

邢关英：《黎族的宗教信仰》，《海南史志》1994年第34期。

姚丽娟：《海南岛黎族妇女文身研究》，《中央民族大学学报》2005年第3期。

王翔：《海南人移民东南亚的历史过程》，《海南师范学院学报》2001年第6期。

后　记

　　本人承担写作的《海口史》是《海南地方史研究丛书》的一个组成部分，自 2014 年初接受任务至今已近两年的时间，时光飞逝。

　　海口市位于海南岛的北端，古来就是大陆向海南岛移民的首选登陆点。我自己也是从海口登陆海南，我的家乡位于黄河流域的华北平原上，自幼便对渔船帆影、碧波万里的大海有一种美好的向往，于是在机缘成熟之际登陆海南岛，当时的海口到处是建省初期金融泡沫留下的烂尾楼，海南大学家属院内也遗留许多低矮的排房，走在大街上周遭大多是本地人的口音，但是阳光灿烂、海风习习、椰树婆娑，热带风景十分宜人，倒也怡然自得。闲暇之时，览胜琼州海峡，怀古五公祠，追思丘文庄、海瑞墓，漫步骑楼老街，对海口的历史和人文日渐熟悉，这个在波浪一次次拍打中成长着的热带滨海城市在我心中也变得愈加厚重。

　　目前，仙沟岭遗址是海口境内发现的文化遗址，考古工作者追溯到四五千年以前的原始社会时期。自汉武帝年间伏波将军率军进入海南，并置珠崖、儋耳两郡，郡治均在今海口市。自此，海口一直是海南岛政治、经济、文化中心，人文荟萃，史籍丰富。在《海口史》一书中，尽管本人努力追述海口市境内先民真实的足迹，但文中所描述的史迹仅仅是浩渺南海中的一朵浪花而已，希望透过这一朵浪花，能够折射出海口市境内先民绚丽的社会生活。

在结稿之际，衷心感谢闫广林及李长青、张朔人、阎根齐、焦勇勤等同人付出的努力，在各方面支持下，使书稿得以顺利完成，在此一并致以谢忱。因才疏学浅，加上时间仓促，错误难免，希各方纠谬。

赵全鹏
2015年8月2日于海甸岛

图书在版编目(CIP)数据

海口史／赵全鹏著． -- 北京：社会科学文献出版社，2016.9
（海南地方史研究丛书）
ISBN 978-7-5097-8498-3

Ⅰ.①海… Ⅱ.①赵… Ⅲ.①海口市-地方史 Ⅳ.①K296.61

中国版本图书馆 CIP 数据核字（2015）第 291893 号

海南地方史研究丛书

海口史

著　　者／赵全鹏

出　版　人／谢寿光
项目统筹／宋荣欣
责任编辑／宋　超

出　　版／社会科学文献出版社·近代史编辑室（010）59367256
　　　　　地址：北京市北三环中路甲29号院华龙大厦　邮编：100029
　　　　　网址：www.ssap.com.cn

发　　行／市场营销中心（010）59367081　59367018

印　　装／三河市尚艺印装有限公司

规　　格／开　本：787mm×1092mm　1/16
　　　　　印　张：16.75　字　数：246千字

版　　次／2016年9月第1版　2016年9月第1次印刷

书　　号／ISBN 978-7-5097-8498-3

定　　价／75.00元

本书如有印装质量问题，请与读者服务中心（010-59367028）联系

版权所有 翻印必究